René Guénon

—

Tradition, Metaphysik, Initiation

René Guénon

Tradition, Metaphysik, Initiation

Ausgewählte Texte

Übersetzt und eingeleitet von
Felix Herkert

Königshausen & Neumann

Bibliografische Information der Deutschen Nationalbibliothek

Die Deutsche Nationalbibliothek verzeichnet diese Publikation in der Deutschen Nationalbibliografie; detaillierte bibliografische Daten sind im Internet über http://dnb.d-nb.de abrufbar.

Gedruckt auf säurefreiem, alterungsbeständigem Papier
Umschlag: skh-softics / coverart

Printed in Germany
ISBN 978-3-8260-7594-0
www.koenigshausen-neumann.de
www.ebook.de
www.buchhandel.de
www.buchkatalog.de

Inhaltsverzeichnis

Einleitung: Leben und Werk René Guénons

von Felix Herkert

I.

Der Franzose René Guénon (1886-1951) zählt zweifellos zu den außergewöhnlichsten Gestalten des 20. Jahrhunderts. Er ist einer jener Denker, denen es in einer Zeit allgemeinen Traditionsbruchs um eine Rückbesinnung auf Ursprung und Wesen von Tradition sowie um eine Vermittlung derselben in einer auch dem modernen westlichen Menschen zugänglichen Sprache zu tun war. Dabei lässt sich Guénons Gesamtwerk kaum in die im heutigen geisteswissenschaftlichen Betrieb gängigen Kategorien einordnen. Sein Biograph und Mitstreiter Paul Chacornac schrieb einmal über ihn:

> „Er war kein Orientalist, auch wenn – oder vielleicht gerade weil – keiner den Orient besser kannte als er; er war kein Religionshistoriker, auch wenn keiner besser als er das gemeinsame Fundament der Religionen sowie die Unterschiede ihrer Standpunkte zu erhellen verstand; er war kein Soziologe, obwohl keiner die Gründe jener Übel tiefer analysierte, an denen die moderne Gesellschaft leidet und an denen sie sicherlich zugrunde gehen wird – zumindest, wenn sie nicht die von ihm angezeigten Heilmittel anwendet; er war kein Dichter, obgleich einer seiner Gegner darum wusste, dass sein Werk wie ein Zauber wirkte und die anspruchsvollsten Vorstellungskräfte befriedigen konnte; er war kein Okkultist, obgleich er Themen behandelte, die vor ihm unter dem Begriff Okkultismus subsumiert wurden; vor allem war er kein Philosoph, obwohl er Philosophie unterrichtete und die Vergeblichkeit ihrer Systeme demonstrierte, wann immer er ihnen auf seinem Weg begegnete.“[1]

Werfen wir zunächst einen Blick auf Guénons geistigen Werdegang und das Umfeld, in dem sein Denken sich entwickelte.[2]

---

1 Chacornac, P., *La vie simple de René Guénon*, Paris 1958, 9.

2 Vgl. zu Leben und Werk Guénons (neben genanntem Buch P. Chacornacs): Robin, J., *René Guénon. Témoin de la tradition*, Paris 1978; Waterfield, R., *René Guénon and the Future of the West*, Wellingborough 1987; Laurant, J.-P., *René Guénon. Les enjeux d'une lecture*, Paris 2006. Eine kürzere biographische Skizze findet sich auch bei

René Guénon wurde am 15. November 1886 im französischen Blois (Anjou) als Sohn eines Architekten geboren und starb unter dem Namen Abd al-Wâhid Yahiâ am 07. Januar 1951 in Kairo als ägyptischer Staatsbürger. In einem katholischen Elternhaus erzogen, begann der junge Guénon 1902 mit dem Studium der Rhetorik, Philosophie und Mathematik und übersiedelte 1904 nach Paris, um sich dort universitären Studien zu widmen. Guénons schon früh ausgeprägtes Verlangen nach authentischem Wissen veranlasste ihn, einerseits den Kontakt zu diversen esoterischen und okkulten Gruppierungen zu pflegen, wie z.B. der *École Hermétique* des berühmten Okkultisten Papus, zum *Ordre Martiniste*, den Freimaurern, der *Église Gnostique d'Alexandrie* und dem *Ordre du Temple Rénové*, welcher sogar von Guénon selber gegründet wurde. Andererseits suchte er den Kontakt zu Vertretern nichteuropäischer Überlieferungen. Über Albert de Pouvourville, auch bekannt unter dem Namen Matgioi – dies ist der Name, unter dem er in Indochina in den Taoismus initiiert worden war –, kam Guénon in Kontakt mit der taoistischen Tradition. Dass er vermutlich bereits um 1905 sein Wissen zum Hinduismus von einem (oder mehreren) Hindumeister(n) der Advaita-Vedānta-Schule erwarb, kann nach Angaben Patrice Brecqs als wahrscheinlich gelten, obgleich über die Identität der betreffenden Person(en) nichts Definitives bekannt ist;[3] und es war im Jahre 1910, als Guénon den schwedischen Maler Ivan Aguéli (Abdul-Hâdi) kennenlernte, der sich in Ägypten in einen Sufi-Orden hatte einweihen lassen und durch dessen Vermittlung Guénon selber in den Sufismus initiiert wurde. Der Zeitraum zwischen 1906 und 1912 war für Guénons geistige Prägung sowie für seinen weiteren Lebensweg von zentraler Bedeutung, und zwar in zweifacher Hinsicht:[4] Einerseits machte sich – nach dem Gang durch diverse esoterische Gesellschaften – bei Guénon eine zunehmende Enttäuschung über ebendiese modernen Gruppierungen breit, andererseits bahnte sich bereits eine Lösung aus dieser Sackgasse an, nämlich durch die initiatischen

Borella, J., „René Guénon and the Traditionalist School", in: *Modern Esoteric Spirituality*, ed. by A. Faivre and J. Needleman, New York 1992, 330-334. Der deutschsprachige Leser sei auf Korger, M., „Annäherung an René Guénon", in: *GNOSTIKA* 36-39 (2007/08) verwiesen.

3 Vgl. Brecq, P., „À propos des Maîtres hindous de René Guénon", in: *Cahiers de l'Unité* n°12 (2018), 7-65, sowie n°13 (2019), 25-64.

4 Vgl. Borella, J., „René Guénon and the Traditionalist School", 331.

Anschlussmöglichkeiten an noch bruchlos bestehende, nichteuropäische Traditionen. Die Abrechnung, die Guénon in den 1920er Jahren in zwei Büchern mit Theosophie und Spiritismus vollziehen wird, wie auch seine radikale und im Grunde unterschiedslose Ablehnung alles „Modernen", waren nicht zuletzt den Enttäuschungen dieser Jahre geschuldet.

1912 heiratete Guénon eine französische Katholikin und erhielt 1915 die Lehrlizenz für Philosophie von der Sorbonne. Zu dieser Zeit pflegte er Kontakte zum katholischen Milieu – was sich u.a. in der Zusammenarbeit mit katholisch geprägten Zeitschriften wie *La France chrétienne antimaçonnique* (1913-14)[5] oder *Regnabit* (1925-27) niederschlug[6] – und zur Akademie, wobei der Erwerb des Staatsexamens 1919 an der mündlichen Prüfung scheiterte. Hatte Guénons bereits seit 1909 regelmäßig in Zeitschriften publiziert, sollte sein eigentliches schriftstellerisches Wirken – das wir im nächsten Abschnitt genauer überblicken werden – in den 1920er Jahren beginnen, namentlich mit der Veröffentlichung seiner *Introduction générale à l'étude des doctrines hindoues*. Dieses Werk war als Dissertation geplant, wurde als solche jedoch abgelehnt und leitete insofern einen Bruch mit der akademischen Welt ein. Letztlich erschien es 1921 im katholischen Verlagshaus „Rivière". Die folgenden Jahre sollten sich für Guénon als sehr produktiv erweisen; er veröffentlichte ein Buch nach dem anderen und kollaborierte ab 1925 mit der Zeitschrift *Le Voile d'Isis*, deren Stoßrichtung er in zunehmendem Maße zu bestimmen vermochte und die er 1936 in *Études Traditionnelles* umbenannte. Nach dem Tod seiner Ehefrau im Jahre 1928 unternahm Guénon 1930 mit Unterstützung einer Mäzenin eine Ägyptenreise. Konkreter Anlass war offenbar die Suche nach seltenen islamischen Handschriften. Zunächst auf drei Monate angesetzt, brachte diese Reise letztlich den endgültigen auch äußerlichen Bruch mit der westlichen Lebensform mit sich. Denn tatsächlich sollte Guénon nie mehr nach Frankreich zurückkehren, sondern in den nächsten zwei Jahrzehnten als

---

5 Es mag paradox erscheinen, dass Guénon – selber Freimaurer – in einer anti-freimaurerischen Zeitschrift publizierte. Doch schloss sein Engagement bei den Freimaurern eine radikale Kritik an gewissen modernen Verfallserscheinungen der Freimaurerei nicht aus.

6 Guénons Verhältnis zum Katholizismus ist u.a. Gegenstand der umfangreichen Studie von James, M.-F., *Ésotérisme et Christianisme autour de René Guénon*, Paris 2008.

Muslim in Kairo bis zu seinem Tode ein zurückgezogenes Leben führen.[7] 1934 heiratete er erneut, diesmal die Tochter eines ägyptischen Freundes, die ihm im Laufe der Jahre vier Kinder schenkte, von denen das letzte erst nach seinem Tode das Licht der Welt erblickte. Guénons Weg – einschließlich seiner Hinwendung zum Islam – ist letztlich als folgerichtiger Einklang von Leben und Lehre zu begreifen. Von einer „Konversion" zum Islam zu sprechen, mag von einem gewöhnlichen Standpunkt aus gerechtfertigt erscheinen – Guénon selbst hätte eine solche Sichtweise freilich abgelehnt. So schrieb er 1947 rückblickend an Alain Daniélou:

> „Ich kann die Behauptung nicht akzeptieren, dass ich ‚zum Islam konvertiert' sei, weil diese Darstellung des Sachverhaltes ganz falsch ist; jeder, der ein Bewusstsein von der inneren Einheit der Traditionen hat, ist deshalb ‚unkonvertierbar' [...] er kann sich allerdings je nach Umständen in dieser oder jener Tradition ‚einrichten', [...] zumal aus Gründen initiatischer Natur."[8]

Diese Auffassung verweist allerdings bereits ins Zentrum von Guénons Denken und wird erst verständlich, wenn man sich sein Verständnis von Metaphysik, Tradition und Initiation, ferner des Verhältnisses von Esoterik und Exoterik, vor Augen führt. Bevor wir darauf näher eingehen werden, sei zunächst ein allgemeiner Überblick über Guénons schriftstellerisches Werk geliefert.

II.

Guénons Gesamtwerk umfasst neben mehr als einem Dutzend zu seinen Lebzeiten publizierten Büchern eine Vielzahl von posthum erschienenen Aufsatzsammlungen, die sich im Wesentlichen aus seinen Beiträgen zu den Zeitschriften *Le Voile d'Isis* und *Études Traditionnelles* zusammensetzen. Diese Beiträge bestehen einerseits aus (zumeist kürzeren) Aufsätzen zu den verschiedensten Themen, andererseits aus einer Unmenge von

---

7 Wann genau Guénon entschied, dauerhaft in Ägypten zu bleiben, ist nicht bekannt. Im Juli 1932 konnte er jedenfalls an L. Ziegler schreiben: „Ich habe hier [in Kairo] in Wirklichkeit meinen festen Wohnsitz und sicherlich für lange Zeit, denn ich fühle mich hier in jeder Hinsicht viel besser als in Frankreich." Der Brief ist abgedruckt und übersetzt in: Ziegler, L., *Briefe und Dokumente (GW 5)*, Würzburg 2005, 303.

8 *La corrispondenza fra Alain Daniélou e René Guénon 1947-1950*, Firenze 2002, 61f.

Rezensionen und Buchnotizen, vornehmlich über Werke zu Themen der hinduistischen und islamischen Tradition, aber auch zur Freimaurerei und anderen Traditionen. Insgesamt kommt man auf ca. 30 Bücher.[9] Hinzu kommen umfangreiche Briefwechsel, von denen manche ediert und publiziert wurden. Guénons wichtigste Bücher lassen sich thematisch wie folgt gruppieren:

Eine Sonderstellung nimmt sein Erstlingswerk, die schon erwähnte *Introduction générale à l'étude des doctrines hindoues* (1921), ein. Es kann (besonders die erste Hälfte) als hervorragender Einstieg in Guénons Denken betrachtet werden, hat dieser doch bereits hier seine Grundansichten über Tradition, Metaphysik, Religion, nicht zuletzt auch seine methodischen Prämissen in allgemeinverständlicher Form darzulegen versucht. Guénon schreibt dort gegen die akademischen Gepflogenheiten seiner Zeit: „Es gibt nur eine wahrhaft fruchtbare Weise, Lehren zu studieren: Um verstanden zu werden, müssen diese sozusagen ‚von innen' studiert werden, wohingegen die Orientalisten sich immer auf eine Untersuchung von außen beschränken."[10] Dieses Studium „von innen", das für Guénon den lebendigen Kontakt mit qualifizierten Repräsentanten einer entsprechenden Tradition voraussetzt, impliziert nicht zuletzt eine klare Absage an die historisch-kritische Methodik.[11] Es ging Guénon niemals darum, nur etwas „über" die von ihm studierten Lehren zu erfahren, sondern vielmehr „von" diesen zu lernen. Seine Motivation war stets von einer Suche nach Wahrheit – bzw. von der Überzeugung, eine solche Wahrheit in den betreffenden Lehren auch finden zu können – getragen. Hieraus erklärt sich sein Desinteresse an historischen Problemstellungen, seine eher nachlässige Haltung bei

---

9 Man vergleiche die Bibliographie bei Accart, X., *Guénon ou le renversement des clartés. Influence d'un metaphysicien sur la vie littéraire et intellectuelle française (1920-1970)*, Paris/Milano 2005, 1091ff. Diese Bibliographie umfasst alle bis dahin erschienenen Auflagen von Guénons Büchern, fast alle seine Aufsätze sowie eine Masse von Sekundärliteratur. Der deutschsprachige Leser beachte auch die kommentierte Bibliographie von M. Korger in *GNOSTIKA* 39 (2008), 56-66.

10 Guénon, R., *Introduction générale à l'étude des doctrines hindoues*, Paris 1976, 49.

11 Vgl. Guénon, R., *Introduction générale à l'étude des doctrines hindoues*, 5: „Da Wahrheit für uns nicht eine Frage bloß historischer Fakten ist, ist es für uns von geringer Wichtigkeit, die genaue Herkunft dieser oder jener Vorstellung zu ermitteln."

der Anführung bzw. Zitation von „Belegen“ in vielen seiner Bücher sowie seine Fixierung auf den Advaita-Vedānta śaṅkarascher Prägung als derjenigen Schule, in welcher die „metaphysische Wahrheit“ am klarsten formuliert worden sei – nicht zuletzt liegt hierin einer der entscheidenden Gründe, warum seine Schrift als Dissertation abgelehnt wurde.

An besagtes Erstlingswerk anschließend, ist auf diejenigen Bücher hinzuweisen, die sich primär der Darlegung doktrinaler und das Wesen der Metaphysik betreffender Sachverhalte widmen. Diesbezüglich wäre zuvörderst Guénons „metaphysische Trilogie“, bestehend aus *L'Homme et son devenir selon le Vedânta* (1925), *Le Symbolisme de la croix* (1931) und *Les États multiples de l'être* (1932), zu nennen. Zwei weitere, aus zuvor in seinen Zeitschriften erschienenen Einzeltexten zusammengestellte Bücher Guénons sind dem Problem der metaphysischen Verwirklichung unter Fokus auf das für ihn so zentrale Thema der Initiation gewidmet, namentlich die *Aperçus sur l'initiation* (1946) und *Initiation et réalisation spirituelle* (1952). Weiterhin hat Guénon Werke mit eher zeit- und kulturkritischer Stoßrichtung verfasst, nämlich einerseits seine beiden frühen Abrechnungen mit dem modernen Okkultismus, *Le Théosophisme, histoire d'une pseudo-religion* (1921) und *L'Erreur spirite* (1923), andererseits seine zeitdiagnostischen und die spirituelle Krise des modernen Abendlandes analysierenden Schriften *Orient et Occident* (1924) und *La Crise du monde moderne* (1927). In einer seiner berühmtesten Schriften, *Le Règne de la quantité et les signes des temps* (1945), verbindet sich Kulturkritik mit der Darlegung traditioneller metaphysischer Grundvorstellungen (zu Raum, Zeit, Geschichte, etc.). Die 1929 erschienene Schrift *Autorité spirituelle et pouvoir temporel* ist, ihrem Titel getreu, der Verhältnisbestimmung von geistiger Autorität und weltlicher Macht in Ost und West gewidmet. Darüber hinaus gibt es eine Gruppe von Werken, die sich stärker mit verschiedenen Aspekten je einer spezifischen Tradition befassen: Das sind im Falle des Hinduismus – neben der schon genannten *Introduction générale* und dem *Vedânta*-Buch, die beide mit gewissem Recht auch hier angeführt werden könnten – die in den *Études sur l'Hindouisme* (1968) gesammelten Texte, im Falle des Islam die *Aperçus sur l'ésotérisme islamique et le taoïsme* (1973), im Falle des Christentums *Saint Bernard* (1929) sowie die *Aperçus sur l'ésotérisme chrétien* (1954). Auch *L'Ésotérisme de Dante* (1925) und die zweibändigen *Études sur la franc-maçonnerie et le compagnonnage* (1964/65) gehören in diesen christlichen Zusammenhang. Eine Sammlung kurzer Texte zu diversen Symbolen verschiedener Traditionen liefert *Symboles fondamentaux de la science sacrée* (1962). Die Verbindung von Metaphysik und vergleichender Symbolik ist kennzeichnend für Werke wie das – oben schon angeführte – *Symbolisme de la croix* (1931) oder das spätere *La Grande Triade* (1946), wobei letzteres Buch gegenüber den früheren metaphysischen Schriften die zentrale Rolle des Menschen als eines Vermittlers zwischen Himmel und Erde stärker akzentuiert. In den Kontext vergleichender Symbolik reiht sich auch eines von Guénons wohl bekanntesten – aber auch rätselhaftesten – Werken ein: *Le Roi du monde* (1927), in dem die Existenz eines die Bewahrung der „Urtradition" verbürgenden „spirituellen Zentrums" diskutiert wird, das in den Mythen diverser Völkerschaften präsent sei. Nur auf den ersten Blick eine Sonderstellung nimmt schlussendlich die Schrift *Les Principes du calcul infinitésimal* (1946) ein, die zwar von der Infinitesimalrechnung handelt, dabei allerdings stets die grundsätzliche Rolle der Mathematik in der Veranschaulichung metaphysischer Wahrheiten im Blick hat.[12]

III.

Aus diesem notgedrungen eher skizzenhaft gebliebenen Überblick mag indessen bereits durchscheinen, welch breites Spektrum an Themen Guénon behandelte – ein Spektrum freilich, dessen innere Einheit dem Leser an jeder Stelle erkennbar bleibt und das seinen Sinn nur von dieser Einheit her erhält. Worin besteht Guénons Kernbotschaft? Das letzte, was er wollte, war, der Vielzahl von theologisch-philosophischen Gedankengebäuden und Systemen, an denen es der abendländischen Tradition nicht mangelt, ein weiteres hinzuzufügen. Sein Geschäft ist vielmehr Erinnerungsarbeit – Erinnerung des *Selben*, das allen großen Überlieferungen zu Grunde liege, Erinnerung der *einen Quelle*, aus denen sie sich speisen – mit einem Wort: Erinnerung ihrer *inneren Einheit*.[13] Dabei steht die Herausstellung dieser Einheit im

12 Schon früh hatte Guénon sich mit mathematischen Problemen befasst, so in seinem Aufsatz „Remarques sur la Notation Mathématique" (1910) sowie in seiner Diplomarbeit *Examen des idées de Leibnitz sur la signification du calcul infinitésimal* (1915).

13 Diesbezüglich bemerkt Vâlsan, M., *L'Islam et la fonction de René Guénon*, Paris 1984, 27: „René Guénon bejaht und lehrt die

Dienste einer Restituierung der Wahrheits- und Autoritätsansprüche der verschiedenen spirituellen Überlieferungen der Menschheit in ihren theoretischen wie praktischen Dimensionen. Hierfür schöpft Guénon aus ganz verschiedenen Quellen: den heiligen Schriften und Weisheitstexten aus Ost und West sowie den großen spirituellen Meistern dieser Traditionen, von Lao-tse über Śaṅkarācārya bis hin zu Ibn ʿArabī. Guénon war nie und wollte nie ein „origineller" Denker im heutigen Wortverstand sein; denn – wie er nicht müde wurde zu betonen – „insofern es sich um die traditionelle Lehre handelt, zählen die Individualitäten überhaupt nicht und müssen völlig verschwinden".[14] Seine *Origin*alität ist von anderer Art und kann sich – seinem Selbstanspruch gemäß – nur an einem einzigen Kriterium bemessen: der Nähe zum Ursprung. Seit seiner ersten Schrift über die Hindulehren hat Guénon für diesen Ursprung, der als Selbes und ihre Einheit Verbürgendes allen echten Traditionen zu Grunde liege, einen spezifischen Begriff geprägt: „tradition primordiale", zu Deutsch „Urtradition" bzw. „integrale Tradition". Ferner sind – teils bei Guénon selber, teils bei ihm nahestehenden Autoren – Begriffe wie *philosophia perennis*, *sophia perennis* oder *religio perennis* im Umlauf. Schon in seinen frühsten Texten von 1909 ist diese Vorstellung zumindest der Sache nach präsent, so wenn Guénon von „der orthodoxen Tradition [spricht], die in den heiligen Büchern aller Völker enthalten und überall dieselbe ist".[15] Diesbezüglich lässt sich eine erstaunliche Kontinuität seines Denkens konstatieren. Eine recht präzise Bestimmung dessen, was unter „Urtradition" genau verstanden werden soll, hat Guénon in einem späten Aufsatz mit dem Titel „Sanâtana Dharma" (1949) geliefert; besagte Begriffe sind bei ihm – mit

grundsätzliche Einheit der bestehenden Traditionen nur aufgrund seiner Einsicht, dass das Wesen von all diesen jeweiligen Traditionen in der Einheit bzw. Nicht-Zweiheit des Wahrheitsprinzips liegt." Anders formuliert: Guénon gehe von dem aus, was die Traditionen selbst lehren – wie es etwa im Islam heißt: „Die Lehre von der Einheit ist eine einzige."

14 *La corrispondenza fra Alain Daniélou e René Guénon 1947-1950*, 61. Mit gleichem Selbstanspruch schreibt er (*Études sur l'Hindouisme*, Paris 1979, 281): „wir haben übrigens niemals irgendetwas ‚konstruiert', da wir uns stets darauf beschränkt haben, in bestmöglicher Weise die traditionellen Lehren darzulegen".

15 Guénon, R., „La Gnose et les écoles spiritualistes", in: *Mélanges*, Paris 1976, 178.

gewissen Vorbehalten – nämlich an eben dieses Sanskritwort angelehnt, und es liegt nahe, sich ihnen von hieraus anzunähern. Den Begriff *sanātana* fasst Guénon als echtes Äquivalent zum lateinischen *perennis* bzw. dem griechischen *aiônios*; er meint soviel wie „Fortbestand“ oder „Dauerhaftigkeit“. *Dharma* leitet Guénon aus der Wurzel *dhri* ab, die „tragen“, „stützen“ oder „erhalten“ bedeutet. *Sanātana Dharma* bezeichne demnach im Hinduismus eine Dauerhaftigkeit, die über ein *Manvantara*, d.i. ein voller Manifestationszyklus, währt und die manifestierten Wesen „erhält“, insofern es ihnen ihr „Gesetz“ bzw. ihre „Norm“ vorgibt. Gestiftet, so Guénon, werde der *Sanātana Dharma* zu Beginn eines Zyklus durch einen *Manu*, eine Art göttlichen Gesetzgeber, der letztlich als Symbol der kosmischen Intelligenz zu verstehen sei.[16] Guénon identifiziert den *Sanātana Dharma* ausdrücklich mit der *sophia perennis*, der Urtradition („tradition primordiale“) bzw. integralen Tradition („tradition intégrale“) und macht sehr deutlich, dass jede der großen Traditionen jeweils nur eine Derivation des *Sanātana Dharma*, eine „Anpassung“ an gewisse kontingente, zeitliche und örtliche Umstände darstelle; die „Urtradition“ sei „die erste Quelle und der gemeinsame Grund aller besonderen Traditionsformen, die durch Anpassung an ein bestimmtes Volk oder eine bestimmte Epoche aus ihr hervorgehen; doch keine dieser Formen kann mit dem *Sanâtana Dharma* als solchen identifiziert oder als sein adäquater Ausdruck angesehen werden, obwohl sie immer wie ein mehr oder weniger verhülltes Abbild desselben bestehen“[17] – wobei der indischen Tradition eine gewisse Sonderrolle zukomme, insofern sie „am unmittelbarsten auf die Urtradition zurückgeht“.[18]

Wie kommt Guénon aber überhaupt dazu, die Existenz einer solchen „Urtradition“ zu postulieren? Worin liegt die Einlösbarkeit einer derartigen Behauptung? Woran kann die „innere Einheit“ der Überlieferungen gegebenenfalls auch heute noch – d.h. in einem Zeitalter, in dem aufgrund der „geistigen Verdunkelung [...] die Urtradition verborgen und unerreichbar für die gewöhnliche Menschheit geworden“[19] sei – ersichtlich werden? Für Guénon ist sie primär anhand der Symbole und gewisser

---

16 Vgl. dazu Guénon, R., *Der König der Welt*, Freiburg 1987, 19.

17 Guénon, R., „Sanâtana Dharma“, in: *Études sur l'Hindouisme*, 112.

18 Guénon, R., „Sanâtana Dharma“, 114.

19 Guénon, R., „Sanâtana Dharma“, 112.

doktrinaler Korrespondenzen zwischen den verschiedenen Überlieferungen erkennbar. Was ist ein Symbol und wodurch zeichnet es sich aus? Im weitesten Sinne ist für Guénon alles Symbol, was als Ausdruck eines „Inneren“ bzw. höheren Prinzips fungiert. Hierunter fällt die Sprache nicht weniger als letztlich die gesamte formhaft manifestierte Welt. Gleichwohl biete das bildhafte oder geometrische Symbol (z.B. Kreuz, Kreis oder Rad) im engeren Sinne aufgrund seines synthetischen Charakters – d.h. seiner Anwendbarkeit auf verschiedene Wirklichkeitsebenen – im Vergleich beispielsweise zum Begriff gewisse Vorteile. Es sei, so Guénon, bevorzugtes Mittel zur Veranschaulichung metaphysischer Wahrheiten sowie geeigneter Ausgangspunkt zur Meditation.[20] Bezüglich Ursprung und Wesen der Symbole unterstreicht Guénon, dass diese keinesfalls menschengemacht seien, sondern im Wesen der Gesamtwirklichkeit selber gründen, und d.h. letztlich: dass sich ihr Sinn nur auf Basis eines traditionellen Verständnisses der Wirklichkeit – im Besonderen der hierarchischen Stufen der Manifestation – erschließe. Die Aktualisierung bzw. Manifestierung gewisser im höchsten Prinzip enthaltener Möglichkeiten lasse sich – in Anlehnung an verschiedene Überlieferungstexte, z.B. das Johannesevangelium – auch als sprachliche Verlautbarung Gottes begreifen und verbürge eine alle Wirklichkeitsebenen durchziehende Korrespondenz, insofern ontologisch höhere Sachverhalte sich notwendigerweise in niedrigeren abbilden bzw. widerspiegeln. Hierin gründe die in verschiedensten Traditionen präsente Vorstellung vom „Buch der Natur“, in dem der Verständige nur zu „lesen“ brauche, um in dieser „Schrift“ auch den Urheber zu erkennen. Der Ursprung der Symbolik liege hiernach im göttlichen Schöpfungsakt als solchen. Es wird kaum wundernehmen, dass sich an Guénons symbolische Betrachtung alles formhaft Manifestierten eine Kritik der modernen Naturwissenschaft anschließen muss. Insofern für ihn „die Natur ihre volle Bedeutung erst dann erlangt, wenn man sie als ein Mittel betrachtet, um uns zur Erkenntnis göttlicher Wahrheiten zu erheben“,[21] die moderne Naturwissenschaft demgegenüber gerade auf einer – nämlich der niedrigsten –

[20] Vgl. Guénon, R., *Symboles fondamentaux de la science sacrée*, Paris 1962, 31: „Die Symbolik ist das geeignetste Mittel zur Lehre von Wahrheiten höherer, religiöser und metaphysischer Natur.“

[21] Guénon, R., „Le Verbe et le symbol“, in: *Symboles fondamentaux de la science sacrée*, 37; vgl. auch *Aperçus sur l'initiation*, 132f.

Wirklichkeitsebene verharre und eine symbolische Betrachtungsweise als „unwissenschaftlich“ und „irrational“ verleugne, ist klar, dass hier kaum ein gemeinsamer Nenner besteht.[22] Für Guénon kommt hier der tiefe Gegensatz zwischen „profaner“ und „heiliger“ Wissenschaft zum Vorschein, wobei betont sei, dass die Sinnhaftigkeit traditioneller Kosmologien sowie traditioneller Wissenschaften (wie etwa Astrologie, Alchemie, etc.) niemals am Maßstab moderner Naturwissenschaftlichkeit gemessen werden kann, sondern mit der Legitimität der symbolischen Betrachtung der Gesamtwirklichkeit steht und fällt.[23]

Was nun die Universalität gewisser Symbole (wie etwa Kreuz, Zentrum, Weltachse, etc.) anlangt, so sei diese ihrer Verwurzelung in ein und derselben „Uroffenbarung“ geschuldet: „Die ursprüngliche Offenbarung, gleich der Schöpfung ein Werk des Wortes, verkörpert sich sozusagen in Symbolen, die seit den Anfängen der Menschheit von Zeitalter zu Zeitalter überliefert wurden; und auch dieser Prozess ist in seiner Art analog dem der Schöpfung als solcher.“[24] Die „innere Einheit“ der Traditionen komme hiernach vor allem auf Ebene ihrer Symbole zum Vorschein. Deshalb hat Guénon der vergleichenden Symbolik – einer der Hauptdisziplinen seiner „Hermeneutik der Einheit“ – eine Vielzahl von Untersuchungen gewidmet, wobei er die Korrespondenzen stets als Beleg für die Existenz einer „Urtradition“

---

22 Im Vorwurf der Willkür oder Primitivität, den die moderne Wissenschaft gegen die symbolische Naturbetrachtung erhebt, liegt für Guénon eines ihrer zentralen Missverständnisse. Vgl. dazu auch Schuon, F., „The Symbolist Mind“, in: Ders., *The Feathered Sun*, Bloomington 1990, 6: „Es wäre irrig zu glauben, die symbolische Mentalität bestünde darin, aus der äußeren Welt Bilder auszuwählen, denen dann eine mehr oder weniger an den Haaren herbeigezogene Bedeutung verliehen würde. [...] Im Gegenteil ist die symbolische Vision des Kosmos a priori eine spontane Perspektive, die ihr Fundament in der wesenhaften Natur – oder der metaphysischen Transparenz – der noch nicht von ihren Prototypen abgeschnittenen Phänomenen hat.“

23 Vgl. dazu Guénon, R., „La science profane devant les doctrines traditionnelles“, in: *Mélanges*, 223-232; Burckhardt, T., „Cosmologia perennis“, in: Ders., *Spiegel der Weisheit. Texte zu Wissenschaft, Mythos, Religion und Kunst*, München 1992, 12-46. Vgl. ferner Michel, M., „Science et tradition, la place de la pensée traditionnelle au sein de la crise épistémologique des sciences profanes“, in: *L'Herne. René Guénon*, ed. par J.-P. Laurant, Paris 1985, 44-70.

24 Guénon, R., „Le Verbe et le symbol“, 37.

herangezogen hat.[25] Ein solches Beispiel ist seine metaphysische Ausdeutung der Symbolik des Kreuzes: „Die Mehrzahl der traditionellen Lehren symbolisiert die Verwirklichung des ‚universellen Menschen' durch ein Zeichen, das überall dasselbe ist, weil [...] es eines von jenen Zeichen ist, die unmittelbar zur Urtradition gehören: Dies ist das Zeichen des Kreuzes".[26] In seinen Texten zur Symbolik gelingt es Guénon durchaus, die dem modernen Menschen fremd gewordenen Zeichen wieder zum Sprechen zu bringen und ihre erkenntnistheoretische Bedeutung zu plausibilisieren. Seine „Hermeneutik der Einheit" will dabei dem Anspruch des aus seiner Sicht falschen – weil in der Fehlentwicklung bzw. im Traditionsbruch einer bestimmten Kultur gegründeten – Universalismus der westlichen Aufklärungsepoche einen „echten", auf Tiefenhermeneutik der heiligen Schriften bzw. des spirituellen Erbes der großen Überlieferungen basierenden Universalismus entgegenstellen. In diesem Sinne lässt sich sein Werk auch als Beitrag zu einem interreligiösen Dialog bzw. zu einer religiösen Ökumene verstehen – für eine Ökumene jedenfalls, die zwar vom Exklusivanspruch einzelner Traditionen abrückt, ohne deshalb auf verbindliche Sinndeutungen verzichten zu wollen, oder anders ausgedrückt: für die das Problem der Wahrheit kein akzidentelles ist. Wie eine solche Ökumene aussehen könnte, hat Guénon einmal in Anlehnung an Joseph de Maistre darzulegen versucht, wobei er die Überzeugung äußert, „dass es keine wahre Eintracht zwischen den Völkern, besonders zwischen denen, die zu unterschiedlichen Zivilisationen gehören, geben kann, als diejenige, die sich auf Prinzipien im wahrsten Sinne des Wortes gründet. Ohne diese streng doktrinale Basis kann nichts von Dauer errichtet werden."[27] Politische und ökonomische Beziehungen seien demgegenüber abgeleitet und damit allenfalls sekundär.

---

25 So fragt Guénon im 1925 publizierten Aufsatz „Le Sacré-Coeur et la légende du Saint Graal" (jetzt in: *Symboles fondamentaux de la science sacrée*, 45) nach seiner vergleichenden Untersuchung einiger Symbole: „Wenn man allseits derartige Übereinstimmungen findet, ist dies nicht mehr als ein bloßes Indiz für die Existenz einer Urtradition?"

26 Guénon, R., *Le Symbolisme de la croix*, Paris ³1957, 25.

27 Guénon, R., „Un projet de Joseph de Maistre pour l'Union des Peuples", in: *Études sur la franc-maçonnerie et le compagnonnage*, Bd. 1, Paris 1977, 28f.

IV.

Im umfassenderen Sinne schließt Guénons Begriff von Tradition auch die Anwendung von deren Prinzipien auf kontingente Ordnungen, z.B. die Gesellschaft, mit ein und entspricht recht genau jener Definition, die Seyyed Hossein Nasr einmal – völlig im Geiste Guénons – formuliert hat:

> „Tatsächlich hängt das Wort *Tradition* etymologisch mit *transmissio* zusammen und umschließt in seinem Bedeutungsumfang den Gedanken der Weitergabe von Wissen, Riten, Techniken, Gesetzen, Formen und vielem anderem, was mündlich oder schriftlich überliefert ist [...] Tradition als Fachterminus meint [...] Wahrheiten oder Prinzipien göttlichen Ursprungs, die der Menschheit und in der Tat auch einem ganzen kosmischen Sektor durch verschiedene, als Engelsboten, Propheten, *avatāras*, als Logos oder andere vermittelnde Wesenheiten intuitiv geschaute Gestalten geoffenbart oder enthüllt werden; es meint auch die Fortsetzung und Anwendung dieser Prinzipien in verschiedenen Bereichen wie z.B. Recht und sozialer Struktur, Kunst, Symbolik, den Wissenschaften, und umfaßt natürlich auch die höchste Erkenntnis nebst den Mitteln zu ihrer Erlangung."[28]

All diese Aspekte spielen im Werk Guénons eine gewichtige Rolle – am zentralsten ist ihm aber wohl die „höchste Erkenntnis nebst den Mitteln zu ihrer Erlangung", was die Frage aufwirft, was Guénon unter „metaphysische Erkenntnis" verstanden wissen will. Denn insofern er die Legitimität und Authentizität einer Tradition sowie ferner auch die innere Einheit der verschiedenen Traditionen primär an ihrer Verwurzelung in transzendenten und universellen Prinzipien festmacht, diese Prinzipien dabei aber gerade Gegenstand dessen sind, was Guénon als „Metaphysik" bezeichnet, erhellt sogleich, dass sein Traditionsbegriff letztlich untrennbar mit einer spezifischen Erkenntnisform verknüpft ist. Im Übrigen setzt die Anwendung von Prinzipien auf kontingente Ordnungen die Existenz von Menschen voraus, die ein Wissen von eben diesen Prinzipien besitzen. Worin aber

---

28 Nasr, S.H., *Die Erkenntnis und das Heilige*, München 1990, 96. Das dortige, dem Traditionsbegriff gewidmete Kap. 2 ist überhaupt sehr erhellend.

beruht für Guénon das Wesen metaphysischer Erkenntnis?[29] Den Begriff „Metaphysik“ greift Guénon zwar aus der abendländischen Tradition auf, gibt ihm jedoch eine andere Bedeutung als die hier (und noch heutzutage) gebräuchliche. Metaphysik betrifft für Guénon die Erkenntnis universeller Prinzipien. Sie ist dem Menschen nicht qua seines Menschseins möglich, sondern lediglich aufgrund seiner wesenhaften Verwurzelung in der Transzendenz. Das Vermögen, das eine derartige Erkenntnis gewährleisten soll, ist demnach auch kein menschliches; es entspricht (in klassischen philosophischen Termin) am ehesten dem, was in der griechischen Antike als *nous*, im Mittelalter als *intellectus* bezeichnet wurde – ein Vermögen, das im Göttlichen wurzele und zur Erkenntnis des Göttlichen befähige. Guénon spricht diesbezüglich auch von einer überrationalen, intuitiven und unmittelbaren Erkenntnis bzw. von „intellektueller Intuition“, die zugleich Mittel der Erkenntnis und die Erkenntnis selbst sei, denn in ihr seien Subjekt und Objekt geeint bzw. identisch.[30] Im strengen Sinne lässt sich Metaphysik für Guénon gar nicht definieren, ist doch jede Definition, ja jede sprachliche Verlautbarung überhaupt, eine Art Begrenzung, und stellt der „Gegenstand“ der Metaphysik (d.h. die universellen Prinzipien) doch in Wahrheit das wesenhaft Unbegrenzte dar. Dies sei auch der Grund, warum Metaphysik sich niemals in ein System bringen lasse.[31] Ein „metaphysisches System“ stellt für Guénon – zumindest solange es nicht die Grenzen der eigenen Ausdrucks- bzw. Darstellungsform berücksichtigt – eine Art „hölzernes Eisen“ dar. Dies heißt freilich nicht, dass man metaphysische Sachverhalte nicht bis zu einem gewissen Grad ins Wort (oder auch in andere Ausdrucksmittel symbolischer oder mathematischer Art) bringen könne, macht genau dies ja sogar einen Großteil der Werke Guénons aus.

Entscheidend ist weiterhin, dass metaphysische Erkenntnis im guénonschen Sinne niemals eine bloß theoretische Erkenntnis

---

29 Vgl. zur „metaphysischen Erkenntnis“ bei Guénon die Kap. „Caractères essentiels de la métaphysique“ und „La réalisation métaphysique“ in der *Introduction générale à l'étude des doctrines hindoues* sowie den Text *La métaphysique orientale*.

30 Vgl. Guénon, R., *Introduction générale à l'étude des doctrines hindoues*, 93.

31 Vgl. Guénon, R., *Introduction générale à l'étude des doctrines hindoues*, 123.

irgendwelcher Sachverhalte sein kann, sondern vielmehr eine geistige Verwirklichung verlangt – eine Verwirklichung, wie sie besonders in den östlichen Traditionen durch spezifische Techniken angestrebt werden (z.B. Yoga). Gemäß dem auch bei den antiken Platonikern maßgeblichen Grundsatz, dass „Gleiches nur durch Gleiches erkannt werde“ bzw. jedem *modus essendi* ein spezifischer *modus cognoscendi* entspreche, verlangt der Erwerb metaphysischer Erkenntnis eine Selbsttransformation, eine Überschreitung der gewöhnlichen *conditio humana*, eine Reintegration ins höhere Prinzip, von dem der Mensch nur eine mögliche Manifestationsweise darstellt. Ziel der Verwirklichung ist das, was die Inder *mokṣa* (Befreiung, Erlösung) nennen, d.i. die Erlangung eines unbedingten Zustandes. Auffällig ist, dass Guénon sich in seinen Darlegungen der metaphysischen Lehre oftmals hinduistischer Quellen bedient. Dies liegt zunächst daran, dass er – wie oben angesprochen – der indischen Tradition eine gewisse Sonderrolle zuspricht. Guénon sieht in ihr die älteste, gewissermaßen dem Ursprung am nächsten stehende Tradition, was sich u.a. darin niederschlage, dass in ihr – im Gegensatz zu den jüngeren Traditionen – noch keine eigentliche Unterscheidung von Exoterik und Esoterik auszumachen sei.[32] Das Wesen der metaphysischen Erkenntnis einschließlich der Mittel zu ihrer Erlangung sowie die von gewissen Prinzipien ausgehende Darstellung der Gesamtrealität sah Guénon offenbar nirgends so klar entfaltet wie im Advaita-Vedānta. Insofern ist ein Buch wie *L'Homme et son devenir selon le Védânta* (1925) eigentlich weniger als Studie „über“ den Vedānta zu verstehen, denn vielmehr als inhaltlich und terminologisch vom Vedānta ausgehender Versuch der Darlegung des Aufbaus der Gesamtrealität unter besonderer Berücksichtigung der Stellung des Menschen, dessen Natur eben von der vedāntischen Manifestationslehre her bestimmt wird, die ihm Ursprung und Ziel vorgibt.

[32] Vgl. Guénon, R., *Introduction générale à l'étude des doctrines hindoues* Kap. II/IX; *L'Homme et son devenir selon le Védânta*, Paris 1978, 23; *La métaphysique orientale*, Paris ²1945, 6f.: „In Indien kann man nicht von einer Esoterik im eigentlichen Wortsinn sprechen, weil man dort keine zweigesichtige, d.h. in eine exoterische und eine esoterische Dimension geteilte, Lehre findet. Es kann dort lediglich von einer natürlichen Esoterik die Rede sein, in dem Sinne, dass ein jeder die Lehre mehr oder weniger vertieft und entsprechend weit fortschreitet, eben nach Maß seiner eigenen geistigen Fähigkeiten.“

Eine derartige Manifestationslehre – wie sie auch in *Les États multiples de l'être* (1932) dargestellt ist – geht von einem wesenhaft unendlichen, höchsten Prinzip aus, das Guénon auch als „universelle Möglichkeit" bezeichnet, da es alle Möglichkeiten der Kundgebung, aber auch der Nicht-Kundgebung, in sich trage und im Grunde nur negativ, durch die Abwesenheit jeglicher Begrenzung und Bestimmung, charakterisiert werden könne. Gleichwohl sei es – metaphysisch betrachtet – aufgrund seiner Unbedingtheit die eigentlich positivste Realität. Grundsätzlich, so Guénon, bestehe ein Primat des Nicht-Seins vor dem Sein, da ersteres letzteres „enthält":

> „Die universelle Möglichkeit enthält notwendigerweise die Gesamtheit aller Möglichkeiten und es lässt sich sagen, dass Sein und Nicht-Sein ihre beiden Anblicke sind: das Sein, insofern sie [die universelle Möglichkeit] die Möglichkeiten manifestiert (oder genauer: manche von ihnen), das Nicht-Sein, insofern sie sie nicht manifestiert. Das Sein umfasst folglich alles Manifestierte, das Nicht-Sein alles Nicht-Manifestierte, einschließlich dem Sein selber [das als Prinzip der Manifestation selber nicht manifestiert ist]; die universelle Möglichkeit aber umfasst zugleich Sein und Nicht-Sein."[33]

Vom Sein als Prinzip der Kundgebung sei zumindest die Einheit aussagbar, während es sich nur in der Vielheit kundgeben könne. Dem Nicht-Sein könne strenggenommen weder Einheit noch Vielheit zugesprochen werden. Es sei – vom metaphysischen Standpunkt aus betrachtet – trotz des Umstandes, dass es sich jeglicher Bestimmbarkeit entziehe, das eigentlich Entscheidende. „Ontologie" im Sinne einer „Lehre vom Sein" müsse daher, so Guénon, gerade das metaphysisch Wichtigste verfehlen.[34] Ausgehend vom höchsten Prinzip erfolge nun die kontinuierliche Manifestation diverser „Stufen des Seins", was dem kosmogonischen Prozess im weitesten Sinne entspricht. Dabei kennt Guénon – wiederum an die Vedānta-Lehre anknüpfend – auch Stufen formloser Manifestation, nämlich den Geist, außerdem feinstoffliche Stufen (Bereich der Seele). Die körperliche Welt stehe hiernach am ontologischen Ende der Manifestationskette

---

[33] Guénon, R., *Les États multiples de l'être*, Paris ²1947, 32f.

[34] Hierin gründet auch Guénons Kritik an der Philosophie, die stets nur einen Teilbereich der Gesamtwirklichkeit in den Blick bekomme.

und sei als solche am weitestem vom Prinzip entfernt, weshalb ihr die geringste Realität zukomme.

Dieses (hier natürlich nur grob skizzierte) Verständnis der Gesamtrealität ist bereits in Guénons frühesten Aufsätzen maßgeblich. Hatte er beispielsweise in seinem ersten veröffentlichten Aufsatz, „Le Démiurge" (1909), die Frage nach dem Ursprung des Bösen aufgeworfen, so geht seine Antwort bereits dort von einer prinzipientheoretischen Betrachtung über das Wesen der Manifestation aus, die sich in keinem entscheidenden Punkt von seinen späteren Erörterungen zu diesem Thema – z.B. in *Les États multiples de l'être* – unterscheidet. Wir finden bereits hier den Primat des Nicht-Seins vor dem Sein, ferner die radikale Ablehnung jedes Prinzipiendualismus, weshalb Guénon das Böse auch lediglich privativ, nämlich als Mangel an Gutem bzw. an Vollkommmenheit, bestimmen kann. Was den Aufsatz jedoch von seinen späteren Schriften unterscheidet, ist die noch unausgereifte Terminologie, die hier recht stark auf gnostische Vorstellungen rekurriert. Gleichwohl wird bereits am Ende dieses Aufsatzes explizit Guénons wichtigster Gewährsmann genannt: Śaṅkara. Und Guénons Begriff von „Gnosis" als einer „integralen Erkenntnis" entspricht der Sache nach bereits dem, was er später (in Entsprechung zu den Sanskritworten *jñāna* oder *brahmavidyā*)[35] schlicht als „metaphysische Erkenntnis" bzw. „Verwirklichung" bezeichnen wird. Es ist mithin erstaunlich, wie klar – von einigen eher terminologischen Ambivalenzen und Verschiebungen abgesehen – Guénons erstmals umfassend in der *Introduction générale* entfaltete und dann in all seinen späteren Hauptwerken vertretene metaphysische Perspektive bereits seinem frühesten Text zugrunde liegt.

V.

Hinsichtlich des Themenkomplexes der „metaphysischen Verwirklichung" rückt in Guénons Schriften seit den 1930er Jahren zunehmend eine maßgebliche Überlieferungsweise ins Zentrum: die Initiation.[36] Gleichwohl hat ihn auch dies – wie seine frühen Einweihungen in verschiedene Geheimgesellschaften bezeugen –

---

35 Vgl. Guénon, R., *L'Homme et son devenir selon le Védânta*, 18f. u. 26.

36 Von besonderer Wichtigkeit sind hier die in Guénons Büchern *Aperçus sur l'initiation* (1946) und *Initiation et réalisation spirituelle* (1952) gesammelten Texte. Vgl. auch Scott, T., „René Guénon and the question of initiation", in: *Sophia: The Journal of Traditional Studies* (2008).

schon sehr früh beschäftigt und man darf auch nicht vergessen, dass Guénon nicht erst nach seiner 1930 erfolgten Übersiedlung nach Ägypten, sondern bereits zwei Jahrzehnte zuvor eine Initiation in den Sufismus empfangen hatte. Weiterhin ist daran zu erinnern, dass Guénon bereits 1913 in der von Oswald Wirth herausgegebenen Zeitschrift *Le Symbolisme* die Ergebnisse einer Konferenz mit dem Titel „L'Enseignement initiatique" („Die initiatische Lehre") publiziert hatte – ein Text, der später sogar in die *Aperçus sur l'initiation* aufgenommen wurde.[37] Ähnlich wie im Falle der metaphysischen Schriften finden wir also auch die Grundlagen der die Initiation betreffenden Auffassungen bereits beim frühen Guénon. Es verwundet daher nicht, dass dieser auch in seinen Schriften zum Hinduismus der 1920er Jahre auf initiatische Überlieferungsweisen zumindest hinweist,[38] obgleich diese dort kaum näher erörtert werden. In späteren Texten wird er diesbezüglich konkreter, wenn er den Yoga ausdrücklich unter die initiatischen Methoden mit einbegreift[39] und die drei in der Hindutradition bestehenden Wege (*mārgas*) – *karma, bhakti* und *jñāna* – drei initiatischen Formen zuordnet.[40] Grundsätzlich setzt der Begriff des „Guru" oder „spirituellen Meisters" für Guénon dessen Anschluss an eine reguläre Initiationskette voraus.[41]

Auch in seinen Ausführungen zur Initiation ist es Guénon in erster Linie darum zu tun, die Grundzüge des Initiatischen als solchen herauszustellen; wie er im Vorwort zu den *Aperçus sur l'initiation* schreibt, „geht es vor allem um die Grundprinzipien,

---

37 Vgl. Baylot, J., „Guénon Maçon?", in: *René Guénon. L'homme et son message*, Paris 1970, 122.

38 Vgl. Guénon, R., *Introduction générale à l'étude des doctrines hindoues*, 263; *L'Homme et son devenir selon le Vêdânta*, 24.

39 Vgl. Guénon, R., *Initiation et réalisation spirituelle*, Paris 1978, 136f. u. 203.

40 Vgl. Guénon, R., „Le trois vois et les formes initiatiques", in: *Initiation et réalisation spirituelle*, 144-155. Guénon unternimmt es hier, die Verschiedenheit der initiatischen Formen innerhalb derselben Tradition ans Gesetz der universalen Manifestation – wie er sie in *L'Homme et son devenir selon le Vêdânta* entfaltet hatte – rückzubinden. Die Vorherrschaft einer jeweiligen Eigenschaft (*guṇa*) konstituiere die jeweilige individuelle Natur eines Menschen und mache verschiedene Initiationswege nötig.

41 Vgl. Guénon, R., *Initiation et réalisation spirituelle*, 193: „Es muss deutlich betont werden, dass ohne diese Rückbindung die Beziehung, welche die sogenannten Schüler mit ihrem *Guru* – als ein initiatisches Band – verbindet, nur eine reine Illusion ist."

die sämtlichen – östlichen und westlichen – Initiationen gemeinsam sind. Denn Wesen und Ziel der Initiation sind immer und überall dieselben; allein die Modalitäten sind durch ihre Anpassung an Zeit und Ort unterschiedlich".[42] Fragen wir also: Was ist eine Initiation? Wie zeichnet sie sich in Guénons Traditionsverständnis ein? Warum hat er sie zur Erlangung metaphysischer Erkenntnis als unabdingbar angesehen? Beginnen wir mit der zweiten Frage: Wie bereits erwähnt, hängen *traditio* und *transmissio* aufs Engste zusammen, weshalb in der deutschen Sprache Tradition und Überlieferung oft sogar synonym verwendet werden. Man wird Tradition – als vom Verb *tradere*, d.h. „übergeben" bzw. „überliefern", abgeleitet –, zumindest solange sie etwas Lebendiges bezeichnen will, im strengen Sinne weniger auf den „Bestand" religiös-kulturellen Erbes (Dogmen, Überzeugungen, Sitten, Gebräuche, Normen etc.) beziehen dürfen als vielmehr auf das Geschehen des Überlieferns selber. Dieser Prozess des Überlieferns kann sich selbstverständlich auf Gehalte ganz verschiedener Ordnungen beziehen, die zumal auf sehr verschiedenen Wegen (z.B. schriftlich oder mündlich) tradiert werden können. Insofern nun für Guénon der Anfang einer jeweiligen Tradition nicht menschengemacht ist, sondern durch ein göttliches Offenbarungsgeschehen konstituiert wird, das als Offenbarung eben zugleich als „Übermittlung" eines höheren Wissens an den Menschen verstanden werden muss,[43] lassen sich grundsätzlich zwei Dimensionen der Überlieferung unterscheiden: „eine ‚vertikale' Überlieferung vom Übermenschlichen zum Menschlichen und eine ‚horizontale' Überlieferung durch die sukzessiven Zustände bzw. Stationen der Menschheit hindurch."[44] Wie aber lässt sich –

---

42 Guénon, R., *Aperçus sur l'initiation*, 10f.

43 Dabei ist zu betonen, dass „Offenbarung" hier nicht zwangsläufig im Wortsinn der abrahamitischen Religionen zu verstehen ist. Wenn Guénon beispielsweise die beiden Schriftkorpora des Hinduismus, *śruti* (das „Gehörte") und *smṛti* (das „Erinnerte"), unterscheidet, wobei ersterer – der höherrangige – auf die Veden bezogen ist, so betont er: „*Shruti* ist nicht ‚Offenbarung' im religiösen und westlichen Sinne des Wortes [...] sondern Frucht einer direkten Inspiration, in dem Sinne, dass sie ihre Autorität in sich selber trägt" (*L'Homme et son devenir selon le Védânta*, 20). Demgegenüber bezeichnet *smṛti* gewissermaßen das abgeleitete Korpus, das auf *śruti* angewiesen bleibt. So ist auch der Vedānta wesenhaft von den Veden bzw. Upaniṣaden abhängig.

44 Guénon, R., „Tradition et transmission", in: *Aperçus sur l'initiation*, 63.

und man geht wohl nicht fehl, hierin das eigentliche Grundproblem von Überlieferung überhaupt zu erblicken – die vertikale Überlieferung in die Horizontale übersetzen? Hier kommt die Initiation ins Spiel. Sie ist diejenige Überlieferungspraxis, die den übermenschlichen Ursprung gleichsam in die Horizontale übersetzen soll. Initiation kommt bekanntlich von *initium*, was „Anfang", „Beginn" oder auch „Eingang" bedeutet. Guénon hat dies auf den Anfang der spirituellen Verwirklichung bezogen, welch letztere nach erhaltener Initiation erst eigentlich noch zu leisten ist.[45] Das *initium* bleibt allerdings stets auch auf den übermenschlichen Anfang bezogen. In der Initiation vollzieht sich, wenn man so will, die *traditio* des *initium*, wobei sie für die Existenz des Initianden zugleich ein existentielles *initium*, d.h. eine Art „geistiger Neugeburt", darstellt. Für Guénon stellt die Initiation letztlich die einzig authentische Überlieferungspraxis dar, die die Erlangung metaphysischer Erkenntnis bzw. die spirituelle Verwirklichung, die diese impliziert, unter den Bedingungen des jetzigen Zeitalters erlaubt. So schreibt er,

> „dass es sich bei der Notwendigkeit initiatischer Rückbindung nicht um eine prinzipielle, sondern lediglich um eine faktische Notwendigkeit handelt, die sich unter Bedingungen wie den unsrigen deshalb nicht weniger streng aufdrängt und die wir somit als Ausgangspunkt nehmen müssen. Für Menschen der Urzeiten wäre die Initiation allerdings nutzlos, ja sogar unvorstellbar gewesen, da – aufgrund ihrer größeren Nähe zum Prinzip – die geistige Entwicklung sich bei ihnen in all ihren Stufen auf ganz natürliche und spontane Weise vollendete. Doch infolge des ‚Abstiegs', der sich seitdem gemäß dem unvermeidlichen Prozess aller kosmischen Manifestation vollzogen hat, sind die Bedingungen der zyklischen Periode, in der wir uns gegenwärtig befinden, ganz andere als damals – weshalb die Wiederherstellung der dem Urzustand entsprechenden Möglichkeiten das erste Ziel der Initiation darstellt. [...] Unter unseren faktischen Bedingungen lässt sich nichts ernten, was nicht vorher gesät worden ist, und dies gilt im geistigen wie im materiellen Sinne gleichermaßen. Nun ist der Same, der in ein Wesen gesät werden muss, um dessen weitere geistige Entwicklung zu ermöglichen, eben jener Einfluss, der – im Zustand der

[45] Vgl. Guénon, R., „A propos du rattachement initiatique", in: *Initiation et réalisation spirituelle*, 47 u. 55.

> Virtualität und ‚Einhüllung' genau vergleichbar mit dem des Korns – ihm durch die Initiation übermittelt wird."[46]

Die Notwendigkeit der Initiation sei demnach den ungünstigen Bedingungen des gegenwärtigen Zeitalters geschuldet; die Initation als solche ist gleichsam die streng methodische Tradierung des Ursprungsgeschehens unter eben diesen Bedingungen. Die Authentizität der Initiation werde allein verbürgt durch eine integrale Initiationskette, die den geistigen (nicht psychischen), überpersönlichen Einfluss übermittle und sich bis auf einen übermenschlichen Ursprung zurückführe (im Falle des Islam beispielsweise auf den Propheten selber). Wie Guénons Vergleich mit dem „Keim" oder „Samenkorn" impliziert, unterscheidet er zwischen „virtueller" Initiation und „effektiver" bzw. „wirksamer" Initiation. Während erstere den Vorgang der Angliederung an eine initiatische Gesellschaft und damit die Übertragung des geistigen Einflusses (d.i. das „Säen" des „Samens") betrifft, so letztere die spirituelle Verwirklichung, die – im Idealfall unter Anleitung eines spirituellen Meisters – im Anschluss an die erhaltene Initiation durch persönliche innere Arbeit erwirkt werden soll (d.i. die „Ernte"). Wenn Guénon – neben der Übertragung des geistigen Einflusses – auch die „Übermittlung der traditionellen Lehre" als weiteren Aspekt der Initiation zuordnet,[47] so bezieht sich letzteres genau auf den Vorgang der „Aktualisierung" bzw. Entfaltung des virtuellen „Samens" und damit nicht auf irgendwelches theoretische Wissen, sondern gewisse spirituelle Techniken.[48]

Grundsätzlich lassen sich mit Guénon drei Bedingungen zur spirituellen Verwirklichung unterscheiden:[49] 1. die nötigen Qualifikationen des Individuums, 2. dessen Angliederung an eine reguläre Initiationskette und 3. die danach zu bewerkstelligende

---

46 Guénon, R., „A propos du rattachement initiatique", 52-54. Im Unterschied zu religiösen bzw. exoterischen Riten, die das „Seelenheil" betreffen, zielt der initiatische bzw. esoterische Ritus auf „Befreiung". Ersteres verbleibt in der Sphäre des Individuellen, letzteres zielt auf dessen Überwindung und die Öffnung zum Universellen.

47 Vgl. Guénon, R., *Aperçus sur l'initiation*, 199.

48 Eine derartige Technik im Islam, die sich der Initiation anschließt, ist der sogenannte *dhikr*, eine besonders im Sufismus verbreitete Praxis des „Gottesgedenkens" (vgl. Schimmel, A., *Mystische Dimensionen des Islam*, Frankfurt/M./Leipzig 1995, 238-253).

49 Vgl. Guénon, R., *Aperçus sur l'initiation*, 34.

innere Arbeit, die ihrerseits verschiedene Stufen umfasst, auf die wir an dieser Stelle nicht näher eingehen können. Es sei hier aber ein wichtiger Punkt betont: Bei aller Fixierung auf Esoterik bzw. den „inneren Kern“ der Überlieferungen, durch die sich Guénons Sichtweise grundsätzlich auszeichnet, ist – gerade mit Blick auf die Initiation – doch darauf hinzuweisen, dass Guénon den Bestand und die Praktizierung einer traditionellen Exoterik (d.h. die jeweiligen religiösen Riten und Gesetze, wie im Falle des Islam die Scharia) als unabdingbar zur geistigen Verwirklichung erachtet hat, weil das „Höhere“ notwendigerweise das „Geringere“ umfassen müsse.[50] Die Verwurzelung in einer lebendigen Exoterik ist hiernach der einzig legitime Ausgangspunkt zur Beschreitung des initiatischen Weges. Guénon hat dies in verschiedenen Bildern zu veranschaulichen versucht, wie in dem von Fundament und Haus[51] oder von Peripherie und Zentrum.[52] Während die Peripherie die Scharia symbolisiere, so das Zentrum die *ḥaqīqa*, d.i. die reine Erkenntnis. Dem (initiatischen) Weg von der Peripherie zum Zentrum entspreche die *ṭarīqa*, deren Authentizität durch eine entsprechende *silsilah* (Initiationskette) verbürgt werde. Ihn begehen zu können, setze einen festen Standpunkt auf der Peripherie, und d.h. im Falle des Islam: die Befolgung der Scharia, voraus.

Guénons Beharren auf der (faktischen) Notwendigkeit einer regulären Initiation ist wohl einer der Aspekte seines Werkes, die dem modernen Menschen mit am befremdlichsten erscheinen müssen, was auch daran liegt, dass diese Überlieferungspraxis dem modernen Abendland fast gänzlich fremd ist und nur bei gewissen Geheimgesellschaften (wie etwa den Freimaurern) noch praktiziert wird. Dies darf jedoch nicht darüber hinwegtäuschen, dass Initiationspraktiken religionsgeschichtlich betrachtet ein völlig normales und weitverbreitetes Phänomen darstellen. Sie sind uns aus fast allen Kulturkreisen – sowohl bei sogenannten „primitiven“ Religionen als auch bei den „Hochreligionen“ – bekannt. Auch im Abendland, namentlich im antiken Griechenland und Rom spielten initiatische Praktiken, z.B. in den Mysterien, eine wichtige Rolle. Nicht zuletzt spricht Guénon dem

[50] Vgl. bes. Guénon, R., „Nécessité de l’exotérisme traditionnel“, in: *Initiation et réalisation spirituelle*, 71-76.

[51] Vgl. Guénon, R., „Nécessité de l’exotérisme traditionnel“, 74.

[52] Vgl. die beiden Texte „L’ésotérisme islamique“ und „L’écorce et le noyau“ in den *Aperçus sur l’ésotérisme islamique et le taoïsme*.

Urchristentum einen initiatischen Charakter zu.[53] Obgleich Guénon zugesteht, dass die genaue Entwicklung des Christentums in den ersten Jahrhunderten in einen dunklen Schleier gehüllt sei, besteht für ihn kein Zweifel daran, dass die frühe Kirche eine – keineswegs an alle sich richtende – geschlossene, initiatische Gemeinschaft war, vergleichbar etwa mit der buddhistischen „Gemeinschaft“ (*Sangha*). Die noch heute bestehenden christlichen Riten, besonders die Sakramente (allen voran die Taufe), wären hiernach gleichsam veräußerlichte initiatische Praktiken. Ferner ist Guénon der Überzeugung, dass es im christlichen Mittelalter authentische initiatische Gesellschaften gab, z.B. die sogenannten „Fedeli d'Amore“[54] oder den Templerorden, in dessen Zerschlagung durch Phillip den Schönen (1312) er sogar einen entscheidenden Bruch mit der initiatischen Überlieferung des Abendlandes sieht.[55] Allein von Guénons Suche nach authentischen initiatischen Linien innerhalb des christlichen Rahmens her wird sein großes Interesse an den Freimaurern verständlich, denen er sich in jungen Jahren anschloss, denen er eine ganze Reihe theoretischer Schriften gewidmet hat[56] und deren Ursprung er in eine Kontinuität zum Templerorden stellt.[57]

[53] Vgl. dazu besonders den späten Aufsatz „Christianisme et initiation“ von 1949 (jetzt in: *Aperçus sur l'ésotérisme chrétien*). Vgl. auch Galletti, F., „René Guénon è il Cristianesimo delle origini“, in: *Perennia Verba 12. Speciale René Guénon*, Torino 2012, 74-109.

[54] Vgl. dazu die einschlägigen Aufsätze in den *Aperçus sur l'ésotérisme chrétien* sowie Hakl, H.T., „Die Getreuen der Liebe“, in: *GNOSTIKA* 4/5/7/8 (1997/98).

[55] Vgl. Guénon, R., „Un projet de Joseph de Maistre pour l'Union des Peuples“, 20; „Les gardiens de la Terre Sainte“, in: *Aperçus sur l'ésotérisme chrétien*, 39. Demgegenüber sieht Guénon in der Ostkirche, namentlich in der Praxis des sogenannten Hesychasmus, Spuren einer initiatischen Überlieferung, die sich ggf. bis heute gehalten habe. Vgl. „Christianisme et initiation“, 25 sowie die den Hesychasmus betreffenden Texte M. Vâlsans in den *Études Traditionelles* 1965-69.

[56] Es ist in diesem Zusammenhang bemerkenswert, dass sich in Guénons Bibliothek, die insgesamt ca. 3.000 Bücher umfasste, mehr als 200 Werke über die Freimaurerei befanden – weit mehr angeblich als über den Islam oder die chinesische Tradition. Vgl. Volkoff, I., „Voyage à travers la bibliothèque de René Guénon”, in: *L'Égypte nouvelle* (09.10.1953).

[57] Vgl. Guénon, R., „A propos des constructeurs de moyen age“, in: *Études sur la franc-maçonnerie et le compagnonnage*, Bd. 1, 15 Anm. 1;

Obwohl Guénon die Freimaurerei als „einzigen Erben" der abendländischen initiatischen Tradition bezeichnet hat,[58] hat er sich über die Möglichkeit christlicher Initiationen in der Moderne – zumindest insofern sie über rein virtuelle Initiationen hinausgehen sollen – grundsätzlich sehr skeptisch geäußert.[59] Nicht ohne Grund hat er sich selbst dem Islam zugewandt und diesen Weg als für moderne Europäer am ehesten gangbar erachtet (dabei gleichwohl die Möglichkeit eines Anschlusses an andere Traditionen – wie z.B. den Hinduismus – keineswegs prinzipiell ausgeschlossen).

VI.

An wen richten sich Guénons Werke? So zeitlos seine Botschaft auch sein mag – die Veranlassung, sie in einer Vielzahl von Schriften so klar zu formulieren, lässt sich nur aus der geistigen Situation des modernen Westens verständlich machen. Guénon hätte sich schließlich – ohne viel zu veröffentlichen – zurückziehen und sich allein dem spirituellen Weg widmen können. Allerdings hat er seinem schriftstellerischen Tun offenbar eine hohe Priorität zugemessen. Nicht zuletzt die Vielzahl brieflicher Korrespondenzen, die Guénon noch von Kairo aus mit den verschiedensten Personengruppen (Freunden, Gleichgesinnten, Lesern, etc.) unterhielt und die einen nicht geringen Teil seiner Zeit in Anspruch nahmen, zeugen von einer starken Überzeugtheit von seiner eigenen Mission.[60] Die Briefwechsel ermöglichten

---

„Un projet de Joseph de Maistre pour l'Union des Peuples". Vgl. auch Bisson, D., *René Guénon. Une politique de l'esprit*, Paris 2013, 205.

58 Vgl. Guénon, R., „A propos des constructeurs de moyen age", 16.

59 Vgl. Guénon, R., „Y-a-t-il encore des possibilités initiatiques dans les forms traditionnelles occidentales?", in: *Études traditionnelles* 435 (1973), 1-8.

60 Guénon schien sich in der Tat verpflichtet zu fühlen, grundsätzlich jedem zu antworten, der ihm schrieb. Vgl. dazu Reyor, J., *Quelques souvenirs sur René Guénon et les »Études Traditionelles«* (Dossier confidentiel inédit), 22: „Guénon war von der Korrespondenz mit vielen Lesern überhäuft, die ihm aus mehr oder weniger treffenden Gründen schrieben. Er antwortete unterschiedslos allen, sogar den beschränktesten und extravaganten. ‚Ich sehe mich nicht dazu berechtigt, schrieb er mir eines Tages, nicht zu antworten, jedenfalls wenn die Leute mir nicht gerade völlig verrückte Dinge schreiben'." Vgl. auch *Paris – Le Caire. Correspondance Louis Cattiaux – René Guénon, de 1947 à 1950*, éd. par R. d'Oultremont, Wavre ²2012, 98.

ihm, auf Einzelne einzuwirken; dass auch seine Bücher sich nicht an die Massen wenden, hat Guénon mehrfach betont, so am 27. August 1947 gegenüber Alain Daniélou: „Ich hatte gewiss niemals die Intention, ‚für den gewöhnlichen westlichen Leser' zu schreiben, sondern im Gegenteil nur für jene, die in der Lage sind, wirklich zu verstehen; und diese sind in unserem Zeitalter sicherlich nicht zahlreich!"[61] Wenn seine Werke und sein persönliches Wirken sich auch nur an die Wenigen und Einzelnen wenden, so doch grundsätzlich an *westliche* Leser.[62] In seinen Darlegungen zur traditionellen Metaphysik bedient sich Guénon einer dem modernen westlichen Menschen grundsätzlich verstehbaren Sprache, und seine folgende Bemerkung über die „Gabe der Sprache" ist wohl nicht zuletzt auf ihn selbst zu beziehen: „Wer wirklich die ‚Gabe der Sprache' besitzt, vermag mit jedem in der ihm gemäßen Sprache zu kommunizieren, dergestalt, dass er sich stets in einer Weise ausdrückt, die seinem Adressatenkreis angemessen ist".[63] Dies ist hinsichtlich der formalen Darstellung von Guénons Botschaft zu berücksichtigen.[64] Für viele bot und bietet das Werk Guénons einen Schlüssel nicht nur zum theoretischen Verständnis der spirituellen Lehren diverser Traditionen bzw. der inneren Sinnstrukturen vormoderner Kulturen überhaupt,

---

61 *La corrispondenza fra Alain Daniélou e René Guénon 1947-1950*, 61.

62 Das heißt nicht, dass Guénons Botschaft nicht auch außerhalb des westlichen Kulturkreises vernommen worden ist; tatsächlich haben über sein Werk vermittelt auch manche Morgenländer einen vertieften Zugang zu ihrer eigenen Tradition gefunden. Vgl. Zarcone, T., „Le Cheikh al-Azhar Abd al-Halim Mahmud et René Guénon: entre soufisme populaire et soufisme de l'elite", in: *L'Ermite de Duqqi*, Paris 2001, 268-286; Pedersen, P., „Traditionalism and Cosmopolitanism in the Life of a Modern Ladakhi: Abdul Wahid Radhu and Marco Pallis", in: *Rivista degli Studi Orientali* 80 (2009), 239-250.

63 Guénon, R., *Aperçus sur l'initiation*, 236.

64 Vgl. zu Guénons Vorgehen auch Gril, D., „Espace sacré et spiritualité, trois approches: Massignon, Corbin, Guénon", in: *D'un Orient l'autre*, Vol. 2 (1991), 62, der das Werk des französischen Metaphysikers als „eine Gesamtheit von Prinzipien [erachtet], deren Formulierung er [d.i. der Leser] so nicht notwendigerweise in der Tradition, Religion oder Philosophie findet, die er studiert, die ihm aber ermöglicht, das zu entdecken, dessen Sinn ihm andernfalls nicht offenbar geworden wäre. Ein Buch wie *Le Roi du monde*, das nur wenige Anspielungen auf den Islam enthält, erlaubt beispielsweise, den so zahlreichen wie verschiedenartigen Hinweisen zur spirituellen Hierarchie und deren Lokalisierung in den sufistischen Texten Sinn zu verleihen."

sondern auch hinsichtlich der praktischen Frage der „metaphysischen Verwirklichung“, d.h. der Realisierung eines Wissens, das Guénon zufolge den Kernbestand aller heiligen Traditionen ausmacht. Die Bedeutung seines Beitrags zur Klärung besagter Themenfelder unterstreichend, meinte die französische Indologin Tara Michaël sogar einmal: „es gibt ein vor und ein nach Guénon, so wie es ein vor und ein nach der Französischen Revolution gibt“.[65]

Wenn Guénon von Paul Chacornac als „der größte spirituelle Meister [bezeichnet wird], den das Abendland seit dem Ausgang des Mittelalters gekannt hat“,[66] so kann diese Klassifizierung als „spiritueller Meister“ irreführend sein – jendefalls wenn man darunter eine Art „Guru“, der eine Gruppe von Schülern um sich schart, begreift. Guénon hat sich zu keinem Zeitpunkt als ein solcher „Meister“ verstanden. In seinen Briefen an Leser, die von ihm konkrete Anweisungen zur geistigen Führung verlangten, ist durchweg eine gewisse Zurückhaltung, eine Beschränkung auf Hinweise eher grundsätzlicher Art, spürbar.[67] An Louis Caudron, mit dem er fast zwei Jahrzehnte lang korrespondierte, schreibt Guénon im Januar 1935: „Überschätzen Sie nicht meine Bedeutung! Denn im Grunde sind meine Werke nur eine ‚Gelegenheit‘, gewisse Verständnismöglichkeiten zu erwecken; jenen, die dieser entbehren, können sie nichts geben“.[68] Und im März 1936 bestätigt er ihm: „Es ist sehr wahr, dass es mir nicht sonderlich gefällt, Ratschläge zu erteilen, vor allem ‚individuelle‘; der

---

65 Michaël, T., „Lettre ouverte de Tara Michaël à Boris Tatzky“, in: *Linga. Revue de la Fédération des Yoga Traditionnels* 34 (1991), 18.

66 Chacornac, P., *La vie simple de René Guénon*, 130.

67 Aufschlussreich ist in dieser Beziehung der in *Soufisme d'Orient et d'Occident* (Nr. 6, 2008, 25-46) abgedruckte, von 1932-1950 reichende Briefwechsel Guénons mit L. Caudron. Vgl. auch Guénons Selbsteinschätzung im „Post-Scriptum“ von *Le Voile d'Isis* (November 1932), 736 und im Brief an F.G. Galvao vom 12. November 1950 (in: *René Guénon (Les Dossiers H)*, 294). Ferner Lings, M., „Introduction“, in: *The Essential René Guénon*, Bloomington 2009, xxii f.: „Guénon war sich dessen bewusst, eine Funktion zu erfüllen und er wusste, was zu dieser Funktion gehörte und was nicht. Er wusste, dass es nicht seine Funktion war, Schüler zu haben; er hatte nie einen. Seine Funktion bestand darin, die Vorbereitung zu einem Weg zu lehren, den Menschen für sich selber finden würden, und diese Vorbereitung betrifft das Füllen von Lücken, die in der modernen Erziehung bestehen.“

68 *Soufisme d'Orient et d'Occident*, Nr. 6, 2008, 26.

Fall liegt durchweg anders, wenn es sich um Sachverhalte allgemeinerer Art handelt".[69] Es ging Guénon also nie darum, die individuelle Führung spezifischer Personen zu übernehmen, sondern dem geneigten (bzw. fähigen) modernen Abendländer bestimmte Wege aufzuzeigen, die im Laufe des Prozesses der Modernisierung und Säkularisierung verschüttet worden sind. Dies heißt freilich nicht, dass Guénon an der Etablierung eines islamischen Initiationszweiges (*ṭarīqa*) in Europa nicht maßgeblich beteiligt war, um Westlern, die sich – häufig nach Lektüre seiner Schriften – zu diesem Weg berufen fühlten, die Möglichkeit einer Initiation bereitzustellen. Eine entscheidende Rolle spielte hierbei Frithjof Schuon, der 1933 in Algerien eingeweiht wurde und seit 1936 selber Initiationen erteilte, was sich in der Bildung dreier Sufi-Gruppen in Basel, Lausanne und Amiens niederschlug. Über die Vermittlung Schuons kam es 1941 und 1949 noch zur Gründung zweier weiterer Sufi-Gruppen, nämlich in Paris unter der Führung Michel Vâlsans und in Südfrankreich unter der Führung Roger Maridorts, ihrerseits jeweils befugt zur Erteilung von Initiationen.[70]

VII.

Der Standpunkt der Tradition ist auch maßgeblich in Guénons eher kulturkritisch anmutenden Werken – und gerade hierdurch unterscheiden sich diese Schriften wesentlich von denen anderer „Kulturkritiker", an denen es in der Moderne durchaus nicht mangelt und die in ihrer Auswahl der kritisierten Symptome oft übereinkommen. Denn wenn er die Moderne kritisiert, dann stets im Namen von „traditionellen", d.h. als universell und objektiv gültig erachteten Prinzipien – und insoweit für Guénon diese Prinzipien einen in jeglicher Hinsicht normativen und letztlich übermenschlichen Charakter besitzen, muss die Moderne in ihrer Abweichung von bzw. ihrer Leugnung dieser Realitäten als eine beispiellose Verirrung erscheinen. Hieraus ergibt sich eine radikale Kritik aller Grundüberzeugungen und -tendenzen, deren sich die Moderne rühmt, wie *Säkularismus* (für Guénon: Verlust der sakralen Dimension des Lebens),

---

69 *Soufisme d'Orient et d'Occident*, Nr. 6, 2008, 34. Ähnlich auch im Brief vom 17. April 1936, Ebenda, 36.

70 Vgl. dazu Bisson, D., *René Guénon. Une politique de l'esprit*, 156ff., 202-210, 332ff.

Individualismus (für Guénon: Verlust des höheren Selbst), *Demokratie* (für Guénon: Herrschaft der Quantität), *Fortschritt* (für Guénon: eine Inversion der traditionellen Lehre der Involution), *Gleichheit* (für Guénon: Einebnung der natürlichen Verschiedenheit der Menschen und Seinszustände sowie der daraus sich ergebenden Hierarchien), *Rationalismus* (für Guénon: Verlust des Intellekts als des göttlichen Vermögens im Menschen), einschließlich der modernen *Wissenschaft*, die sich als Positivismus und Empirismus auf für Guénon defizitäre Formen menschlicher Erkenntnis stützt. Was das „moderne Leben" im weitesten Sinne betrifft, so hebt Guénon in aller Deutlichkeit hervor, dass „Menschen existiert haben und sogar noch existieren, für die das, was sie [die Modernen] ‚gewöhnliches Leben' nennen, das Außergewöhnlichste wäre, was man sich nur vorstellen könnte" und dass aus seiner Perspektive gerade diese Menschen „als wahrhaft ‚normal' angesehen werden müssen, während die Materialisten mit ihrem vielgepriesenen ‚gesunden Menschenverstand' und dem ‚Fortschritt', als dessen vollendete Produkte und ‚am weitesten fortgeschrittene' Repräsentanten sie sich stolz wähnen, lediglich Wesen sind, in denen gewisse Vermögen bis zum Grade völligen Verschwindens verkümmert sind."[71]

Als allgemeiner Referenzrahmen von Guénons Gegenwartsdiagnose fungiert ein Geschichtsbild, das der traditionellen Weltalter-Lehre folgt und von einer Abfolge kosmischer Zyklen ausgeht, welche sich sukzessiv absteigend entfalten.[72] Während der moderne Mensch die Vergangenheit für gemeinhin im Lichte der Gegenwart zu beurteilen (bzw. abzuurteilen) gewohnt ist, nimmt Guénon die umgekehrte Perspektive ein und bewertet die Gegenwart im Lichte der Vergangenheit bzw. der in ihr maßgeblich gewesenen Prinzipien. Die moderne Welt wird so am Ende des letzten Zeitalters – des sogenannten Kali Yuga – situiert, wo der Verfall zwar auf allen Ebenen am weitesten fortgeschritten sei, jedoch andererseits der Umschlag in ein neues „goldenes Zeitalter" erwartet werden dürfe.[73] Bei aller Kritik, die Guénon

---

[71] Guénon, R., *Le Règne de la quantité et les signes des temps*, Paris 1989, 106f.

[72] Vgl. bes. Guénons Aufsatz „Quelques remarques sur la doctrine des cycles cosmiques", in: *Formes traditionelles et cycles cosmiques*.

[73] Das erste Kapitel von *La Crise du monde moderne* trägt nicht zufällig den Titel „Das dunkle Zeitalter". Vgl. auch das letzte Kapitel von *Le Règne de la quantité et les signes des temps*.

an der modernen Welt übt, ist daran zu erinnern, dass von seinem Standpunkt aus die Existenz dieser Welt – so, wie sie ist – gleichsam eine Notwendigkeit darstellt bzw. lediglich dem natürlichen Verlauf der Dinge folgt.[74] Was die Frage nach der „Datierung" des Kali Yuga betrifft, so verortet Guénon dessen Beginn bereits im 6. Jh. v. Chr. Auch andere Denker haben nun diese Periode als eine für den weiteren Gang der Menschheit entscheidende Umbruchsphase darzustellen versucht (man denke nur an Karl Jaspers Begriff der „Achsenzeit"), betrifft sie doch die Geburt dessen, was man gemeinhin als „Geschichte" und „Philosophie" zu bezeichnen pflegt. Was aber aus moderner Perspektive als Anfang eines geistigen Fortschrittes, ja als „Entdeckung des Geistes" (Bruno Snell) erscheinen muss, kommt für Guénon eher einem „Verlust des Geistes" gleich. „So kam das zur Entstehung, was wir die ‚profane' Philosophie nennen können, d.h. eine vorgeblich rein menschliche Weisheit, die – von bloß rationaler Art – den Platz der echten traditionellen, überrationalen und ‚nichtmenschlichen' Weisheit einnimmt."[75] Die Philosophie erscheint hiernach als eine Art Verfallsprodukt bzw. als Kompensation für den Verlust der eigentlichen Weisheit. Was die jüngere und jüngste Vergangenheit angeht, so häufen sich für Guénon – wie er besonders in *Le Règne de la quantité et les signes des temps* (1945) darzulegen bestrebt ist – die Anzeichen, die auf das kurz bevorstehende Ende eines Zyklus schließen lassen. Doch auch hierin, in der Vernichtung der jetzigen Welt, liegt von seinem Standpunkt aus betrachtet nichts „Negatives" oder gar Beklagenswertes, kann doch – wie es am Ende des eben genannten Werkes heißt – „im wahrsten Sinne des Wortes gesagt werden, dass das ‚Ende einer Welt' niemals etwas anderes ist und sein kann als das Ende einer Illusion."[76]

Das Gesagte ist auch mit Blick auf die politischen Implikationen von Guénons Denken im Gedächtnis zu behalten. Woran ist dieses primär festzumachen? Zunächst folgt – auf theoretischer Ebene – aus seinem Verständnis von Tradition und

---

74 Vgl. Guénon, R., *La Crise du monde moderne*, Paris 1999, 42: „Die moderne Zivilisation hat, wie alle Dinge, notwendigerweise ihre Daseinsberechtigung, und wenn sie tatsächlich das Ende eines Zyklus darstellt, so kann man sagen, dass sie die ist, die sie sein muss bzw. die zu ihrer Zeit und an ihrem Ort zum Vorschein kommt."

75 Guénon, R., *La Crise du monde moderne*, 31.

76 Guénon, R., *Le Règne de la quantité et les signes des temps*, 272.

Metaphysik ein spezifisches Legitimationsprinzip politischer Herrschaft. Diese kann für Guénon sich in Einklang mit den traditionellen Prinzipien grundsätzlich nur „von oben" legitimieren. Die demokratische Legitimität „von unten", die sich in der Moderne zunehmend als einzige faktisch noch akzeptierte Grundlage politischer Herrschaft etabliert hat, kann aus Guénons Perspektive lediglich als Symptom der allgemeinen „Herrschaft der Quantität" erscheinen. Mit Blick auf traditionelle Gesellschaften schreibt er:

> „Was wir als normale Zivilisation bezeichnen, ist eine Zivilisation, die auf Prinzipien im echten Sinne des Wortes beruht und in der alles im Einklang mit diesen Prinzipien geordnet und hierarchisch gegliedert ist, dergestalt, dass dort alles als Anwendung und Verlängerung einer dem Wesen nach rein geistigen bzw. metaphysischen Lehre erscheint; dies meinen wir auch, wenn wir von einer traditionellen Zivilisation sprechen."[77]

Politik kann hier niemals als autonomer Bereich neben anderen Bereichen erscheinen, sondern ist – wenn man so will – angewandte Metaphysik, nämlich die Übersetzung metaphysischer Prinzipien auf die Ebene des Sozialen. Die Fähigkeit zu echter Herrschaft, d.h. zu einer Herrschaft im Einklang mit den höheren Prinzipien, setzt freilich die Erkenntnis ebendieser Prinzipien voraus. Insofern ist legitime Herrschaft für Guénon einzig und allein durch den Besitz metaphysischer Erkenntnis zu begründen, die allenfalls Sache einer kleinen Elite sein kann. Der ideale Herrscher ist der metaphysisch verwirklichte Mensch. Paradigmatischer Ausdruck einer legitimen traditionellen Gesellschaftsordnung ist für Guénon beispielsweise das indische Kastensystem oder das mittelalterliche Ständewesen, in dem ein jeder „das Seinige" zu verrichten hat und an dessen Spitze – im Falle Indiens – eine priesterliche Brahmanenkaste steht.[78] Auch den taoistischen Weisen bzw. dessen Herrschaft durch „Nicht-Handeln" hat Guénon gerne als Beispiel bemüht.[79]

---

77 Guénon, R., *Orient et Occident*, Paris ²1948, 215f.

78 Vgl. dazu Guénons Buch *Autorité spirituelle et pouvoir temporel* (1929), dessen Beschreibungen zur „traditionellen Gesellschaftsordnung" weniger historischen denn vielmehr idealtypischen Charakter tragen.

79 Ferner liegt es nahe, Guénons Vorstellung einer gelungenen Gesellschaftsordnung mit dem von Platon in der *Politeia* Dargelegten engzuführen.

Zweifellos ergibt sich aus Guénons Werken eine gewisse metapolitische Perspektive; „die Gesamtheit des guénonschen Unternehmens" allerdings – wie David Bisson – im „Willen, die Politik auf ihren transzendenten Pol hin zurück zu orientieren",[80] erblicken zu wollen, scheint uns indessen stark übertrieben zu sein. Dabei ist richtig, dass Guénon in *Orient et Occident* (1924) und *La Crise du monde moderne* (1927) die Schaffung einer „geistigen Elite" intendierte, die als Basis für eine „geistige Transformation" des Abendlandes fungieren solle.[81] Im Übrigen hatte er bereits im Schlusskapitel seines Erstlingswerks von 1921 drei Optionen zum weiteren „Schicksal des Abendlandes" skizziert: 1. ein völliges Versinken in der Barbarei; 2. eine von östlichen Völkern äußerlich erzwungene „Rettung", bei welcher der Westen *nolens volens* von den östlichen – noch über intakte Bestände verfügenden – Traditionen absorbiert würde und all seine Eigenheiten aufgeben müsste; 3. eine freiwillige und gewissermaßen spontane Rückbesinnung auf jene geistigen Prinzipien, die der abendländischen Kultur in früheren Zeiten (z.B. im Mittelalter) selbst zugrunde lagen. Die dritte Option erachtete er als die grundsätzlich wünschenswerteste. Bezüglich der genaueren Modalitäten der drei Optionen hänge, so Guénon, alles von der im Moment des Umschwungs vorherrschenden Geisteshaltung ab: Sei der Westen nicht dazu in der Lage, sich über die gegenwärtig dominierende Haltung zu erheben, so sei das Eintreten ersterer Option am wahrscheinlichsten. Damit zweitere Option eintreten könne, sei bereits das Vorhandensein einer kleinen geistigen Elite von Abendländern nötig, denen eine Vermittlungsfunktion zukomme und die zu entsprechendem Zeitpunkt die allgemeine Mentalität der Menschen zurück auf traditionsgebundene Prinzipien lenken müsse. Auch in der dritten Option käme einer solchen Elite die maßgebliche Rolle zu, ja von ihr ginge sogar die eigentliche Initiative aus. Nun vermochte Guénon sich eine Wiedergeburt des Abendlandes aus eigenen Kräften (d.i. die dritte Option) formal nur im Rahmen der eigenen orthodoxen Tradition, und d.h. nur als Restitution des Katholizismus, vorstellen. War nach 1930 von derartigen Hoffnungen eigentlich überhaupt

---

80 Bisson, D., *René Guénon. Une politique de l'esprit*, 18.

81 Vgl. Guénon, R., *Orient et Occident*, Kap. II/III: „Constitution et rôle de l'élite"; *La Crise du monde moderne*, Kap. IX: „Quelques conclusions".

nicht mehr die Rede, ist sogar eher unwahrscheinlich, dass Guénon jemals ernsthaft an die Möglichkeit einer Restitution des Katholizismus geglaubt hatte. Am 27. Juni 1936 lässt er gegenüber Louis Caudron verlauten:

> „Die initiatische Restauration in abendländischer Form scheint mir höchst unwahrscheinlich; [...] übrigens habe ich davon im Grunde zu keinem Zeitpunkt viel erwartet, doch konnte ich dies selbstverständlich in meinen Büchern nie allzu deutlich zeigen. [...] Um hier Abhilfe zu schaffen, gibt es kein anderes Mittel als auf eine andere Traditionsform zurückzugreifen und die islamische Form ist die einzige, die sich eignet, etwas in Europa zu bewirken und die die Schwierigkeiten auf ein Minimum reduziert."[82]

In diesem Sinne berichtet auch Julius Evola über Guénons Aufruf an den Katholizismus: „In der Korrespondenz, die ich mit ihm hatte, musste Guénon jedoch wörtlich bekennen, dass er es als seine Pflicht angesehen hatte, diesen Aufruf zu machen, er aber schon im vorhinein wusste, dass nichts dabei herauskommen würde – und so war es".[83] Demzufolge schien Guénon in Wahrheit nie viel Vertrauen in eine Restauration des Katholizismus (sowie der Freimaurerei)[84] gesetzt zu haben. Dann aber bliebe als einzig realistische positive Option für Guénon eigentlich nur die zweite, d.h. eine Art „Übernahme" des im Verfall begriffenen Westens durch eine östliche Tradition, wobei hier faktisch für ihn wohl nur die islamische Tradition – als die der christlichen am ähnlichsten seiende – in Frage käme.[85] Letztlich scheint uns die Annahme naheliegend, dass Guénon zu keinem Zeitpunkt große metapolitische Ambitionen oder Hoffnungen hegte. Was bleibt, ist dann diejenige Ebene, die David Bisson als

---

[82] *Soufisme d'Orient et d'Occident*, Nr. 6, 2008, 37.

[83] Evola, J., *Il cammino del cinabro*, Rom ³2014, 257.

[84] In einem Brief vom 23. September 1938 an L. Caudron heißt es: „Es ist klar, dass die Frage nach einer Wiederbelebung der Freimaurerei allenfalls von theoretischem Interesse sein kann, und wir haben Grund zu der Annahme, dass dies wiederum zeigt, dass es im Westen außerhalb des Islam keine realen initiatischen Möglichkeiten mehr gibt" (*Soufisme d'Orient et d'Occident*, Nr. 6, 2008, 42). Nichtsdestoweniger unterstützte Guénon noch 1946 die Gründung einer „traditionellen" Freimaurerloge durch J. Reyor.

[85] Dazu ausführlich: Vâlsan, M., „La fonction de René Guénon et le sort de l'Occident", in: *Études traditionnelles* 293 (1951), 213-255.

„infrapolitisch" bezeichnet und die sich letztlich auf die existentielle Grundentscheidung Einzelner bezieht – im Falle Guénons eben seine Entscheidung, sich einweihen zu lassen, nach Ägypten überzusiedeln und ggf. andere von der Sinnhaftigkeit dieses Weges zu überzeugen.

VIII.

Guénons Schaffen hat, auch wenn es der breiten Öffentlichkeit eher verborgen geblieben ist und im allgemeinen Kulturbetrieb kaum wahrgenommen wurde, doch eine nicht zu unterschätzende Wirkung gezeitigt. Dies zeigt sich zunächst an der Gruppe sogenannter „traditionaler Denker"[86] wie Ananda Kentish Coomaraswamy (1877-1947), Leopold Ziegler (1881-1858), Julius Evola (1898-1974), Titus Burckhardt (1908-1984), Frithjof Schuon (1907-1998), Michel Vâlsan (1907-1974), Marco Pallis (1895-1989), Martin Lings (1909-2005), Leo Schaya (1916-1986), Jean-Louis Michon (1924-2013) oder Seyyed Hossein Nasr (*1933), die sich teils parallel zu, teils zeitlich nach Guénon, aber zumeist unter seinem Einfluss – und anfangs im Umkreis der Zeitschriften *Le Voile d'Isis* bzw. *Études Traditionnelles* – geistig formiert haben und die ihm nicht selten sogar bis hin zur existentiellen Grundentscheidung gefolgt sind, sich dem Islam zuzuwenden und sich einweihen zu lassen. D.h. wohlgemerkt nicht, dass zwischen den genannten Personen nicht teils auch erhebliche Unterschiede bestünden und es im Rahmen der Weiterführung von Guénons Werk – vor allem nach dessen Tod – nicht auch zu gewissen Meinungsverschiedenheiten und Streitigkeiten innerhalb der „traditionalen Schule" gekommen wäre, die bis heute andauern. Doch ist hier nicht der Ort, auf diese Sachverhalte näher einzugehen.[87]

Auch über den aus genannten Personen bestehenden Kreis wurde und wird Guénons Denken – vor allem in Frankreich, Italien, dem spanischsprachigen Raum, den USA, aber auch in osteuropäischen Ländern wie Rumänien, Russland, ferner teils im islamischen Kulturkreis (z.B. Türkei oder Iran) – sehr lebendig rezipiert, zumal wenn man die eher „freieren" – von Guénon

---

86 Vgl. zum Einstieg die kleinen Portraits dieser Denker bei Borella, J., „René Guénon and the Traditionalist School", 347-354.

87 Vgl. dazu: Houman, S., *De la philosophia perennis au pérennialisme américain*, Milano 2010; Ringgenberg, P., *Diversité et Unité des Religions chez René Guénon et Frithjof Schuon*, Paris 2010.

selber nicht immer wertgeschätzten – Rezeptionsbewegungen in Religions- und Islamwissenschaft, Literatur, Dichtung und Kunst, berücksichtigt. Insgesamt hat Guénons Schaffen in einer Vielzahl von Lagern Faszination (aber auch radikale Ablehnung) hervorgerufen. Aus der intellektuellen Szene Frankreiches im 20. Jahrhundert ist er kaum wegzudenken, obgleich er – wie es im *Dictionnaire des intellectuels français* heißt – vielfach „noch nicht wirklich als der erkannt [wurde], der er war: einer der einflussreichsten französischen Intellektuellen des Jahrhunderts."[88] Inzwischen konnte Xavier Accart unter dem Titel *Guénon ou le renversement des clartés* (2005) ein immerhin mehr als 1.200-seitiges Buch über den Einfluss Guénons auf die französische Intellektuellenlandschaft veröffentlichen.

Allein bezüglich des deutschen Sprachraums kann nichts dergleichen konstatiert werden. 1996 bemerkte Hans Thomas Hakl: „Obwohl es bereits an die vierzig Bücher und umfangreichere Sondernummern von Zeitschriften über René Guénon [...] in französischer, italienischer, englischer und spanischer Sprache gibt, finden wir in der deutschen Literatur nur einige kurze Hinweise auf sein Werk."[89] Während sich die Anzahl an Büchern und Zeitschriften in genannten Sprachen inzwischen noch vervielfacht haben dürfte, ist Hakls Bemerkung zur deutschen Literatur nach wie vor gültig. Nicht auch nur eine einzige deutsche Monographie, nicht ein einziger deutscher Sammelband sind erschienen, die Guénon gewidmet wären.[90] Auch die Übersetzungslage ist in kaum einer europäischen Sprache so schlecht wie im Deutschen. Lediglich vier Werke des Franzosen wurden bislang ins Deutsche übertragen, und auch diese zum Teil nur unvollständig;

---

88 Lindberg, D., „René Guénon", in: *Dictionnaire des intellectuels français. Les personnes, les lieux, les moments*, Paris 2002, 678.

89 Hakl, H.T., „René Guénon und seine Kritik der modernen Zivilisation", in: *Wege zur Ganzheit. Festschrift für J.H. Pichler zum 60. Geburtstag*, Berlin 1996, 35.

90 Dass ausgerechnet M. Sedgwicks Monographie zur Geschichte des Traditionalismus unlängst als erstes Buch zu diesem Thema auf Deutsch erschienen ist (*Gegen die moderne Welt. Die geheime Geistesgeschichte des 20. Jahrhunderts*, Berlin 2019), ist schwerlich als gutes Omen zu betrachten. Sedgwicks Buch entfaltet zwar einige interessante historische Zusammenhänge, ist insgesamt jedoch – aufgrund seines mangelnden doktrinalen Verständnisses und seines eher journalistischen Stils – nur mit großen Vorbehalten zu genießen. Ein adäquates Bild der „traditionalen Schule" bietet es kaum.

und während Guénons Werke in Frankreich oder Italien bei so renommierten Verlagshäusern wie „Gallimard“ (Paris) oder „Adelphi“ (Mailand) verlegt werden, erschienenen sie in Deutschland zumeist eher in kleinen, meist esoterisch ausgerichteten Verlagen.[91] Überdies sind selbst diese Bücher in der Regel längst vergriffen und nur noch antiquarisch – zu teils recht hohen Preisen – erhältlich.

Vorliegende Textsammlung will mithin einen Beitrag dazu leisten, das Denken Guénons einem breiteren deutschsprachigen Publikum zu präsentieren. Was die Auswahl der Texte angeht, so soll ein Einblick in verschiedene thematische Facetten des guénonschen Werks geboten werden. Die Sammlung umfasst Texte eher allgemeineren und einführenden Charakters wie den Vortrag „La métaphysique orientale“ oder die drei eher Grundsatzfragen gewidmeten Kapitel aus Guénons Erstlingswerk, der *Introduction générale à l'étude des doctrines hindoues*; sie beinhaltet ferner Texte zu Hinduismus, Taoismus und Islam, zum Thema der Initiation, zu Guénons Symbolverständnis und zur traditionellen Kunstauffassung. Grundlage der Übersetzungen bildeten die im Quellennachweis angeführten französischen Originaltexte. Lediglich der letzte Text unserer Sammlung (d.h. Text 15) wurde aus dem Italienischen übertragen, da er unseres Wissens in dieser Form niemals auf Französisch erschienen ist.

Inwieweit die hiermit vorgelegten Übersetzungen dazu beitragen werden, Guénon endlich auch nach Deutschland „überzusetzen“, kann nur die Zukunft erweisen. Dass es sich, vor allem in einem Zeitalter, das sich durch eine zunehmende Gleichförmigkeit und Nivellierung der Denkgewohnheiten auszeichnet, lohnt, den Franzosen zu studieren – und zwar auch, wenn man seine Weltauffassung nicht teilt –, hofften wir in dieser Einleitung plausibel zu machen. Kaum jemand ist im 20. Jahrhundert jedenfalls so konsequent – und die modern-westliche Mentalität so radikal kritisierend – seiner eigenen Bestimmung gefolgt wie René Guénon. Mit der Lektüre seiner Schriften verhält es sich in der Tat so, wie Jean Borella einmal konstatierte:

[91] 1950 erschien *Die Krisis der Neuzeit* im „Olten-Verlag“ (2020 in einer guten Neuübersetzung u.d.T. *Die Krise der modernen Welt* bei „Matthes & Seitz“ publiziert), 1987 *Der König der Welt, Stufen des Seins* und *Die Symbolik des Kreuzes* im „Aurum-Verlag“ – letztere beiden Werke wohlgemerkt in unvollständigen Teilübersetzungen.

„Niemand kann Guénon lesen, ohne das recht außergewöhnliche Gefühl zu erleben, dass alles, was die menschliche Vernunft mehr oder weniger undurchsichtig geträumt hat, dass alles, was die großen Weisen in vergangenen Zeiten gelehrt hatten und was verloren schien, dass alles, was in den trügerischen Formen einer mannigfaltigen okkulten Tradition erglänzte – dass all dies letztlich eine Ordnung erhält und möglicherweise wahr ist."[92]

92 Borella, J., „René Guénon and the Traditionalist School", 336.

1. Die östliche Metaphysik

Als Thema meines Vortrags habe ich die östliche Metaphysik gewählt. Vielleicht wäre es besser, schlicht von *der* Metaphysik ohne Attribut zu sprechen, ist reine Metaphysik – weil wesenhaft außerhalb bzw. jenseits aller Formen und Kontingenzen – in Wahrheit doch weder östlich noch westlich, sondern universell. Lediglich die äußeren Formen, von denen sie zum Zwecke der Darlegung notwendigerweise umkleidet ist – um darin das auszudrücken, was ausdrückbar ist –, können östlich oder westlich sein. Unter all den verschiedenen Formen besteht allerdings ein identischer Inhalt, der sich immer und überall finden lässt; dort jedenfalls, wo es wahre Metaphysik gibt, und zwar aus dem einfachen Grund, weil es nur eine einzige Wahrheit gibt.

Wenn sich dies so verhält, warum sprechen wir von östlicher Metaphysik im Besonderen? Weil unter den geistigen Bedingungen, die in der abendländischen Welt gegenwärtig vorherrschen, Metaphysik gemeinhin eine vergessene und unbekannte, ja nahezu gänzlich verlorene Sache darstellt, während sie im Osten noch immer Gegenstand einer echten Erkenntnis ist. Wenn man wissen will, was Metaphysik ist, muss man sich folglich dem Osten zuwenden; und sogar wenn man etwas von den antiken metaphysischen Traditionen, die im Abendland zu bestehen vermochten – in einem Abendland freilich, welches in vieler Hinsicht dem Osten ungemein näher stand als es ihm heute steht –, wiederzuentdecken beabsichtigt, so kann dies vor allem mit Hilfe der östlichen Lehren und im Vergleich zu ihnen erreicht werden, sind diese Lehren im Bereich der Metaphysik doch die einzigen, die immer noch direkt studiert werden können. Schon aus diesem Grund ist evident, dass man besagte Lehren so studieren muss, wie die Orientalen selbst sie studieren, und nicht, indem man sich irgendwelchen hypothetischen, mitunter völlig frei erfundenen Interpretationen hingibt. Man vergisst allzu oft, dass die östlichen Zivilisationen noch immer existieren und noch immer über qualifizierte Repräsentanten verfügen, an die man sich bloß zu wenden braucht, um die wahre Natur der betreffenden Sachverhalte zu verstehen.

Ich sprach von östlicher Metaphysik und nicht nur von hinduistischer Metaphysik, weil Lehren dieser Art, mit allem was sie beinhalten – entgegen dem, was einige zu glauben scheinen, die sich über ihre wahre Natur kaum im Klaren sind –, mitnichten nur in Indien zu finden sind. Der Fall Indien hat in dieser Hinsicht überhaupt nichts Außergewöhnliches an sich; er entspricht vielmehr genau dem aller Zivilisationen, die das besitzen, was man ein traditionelles Fundament nennen kann. Was hingegen außergewöhnlich und abnorm ist, sind diejenigen Zivilisationen, die eines solchen Fundamentes entbehren; und offen gesagt kennen wir deren nicht mehr als eine: die moderne westliche Zivilisation. Um hier nur die wichtigsten Zivilisationen des Ostens zu berücksichtigen, findet man Entsprechungen zur hinduistischen Metaphysik in China, namentlich im Taoismus; ferner in gewissen esoterischen Schulen des Islam (man muss übrigens begreifen, dass diese islamische Esoterik nichts gemein hat mit der äußerlichen Philosophie der Araber, die zum größten Teil griechisch geprägt ist). Der einzige Unterschied liegt darin, dass außerhalb Indiens diese Lehren allenthalben nur einer begrenzteren und geschlosseneren Elite vorbehalten sind. Dies war auch im mittelalterlichen Abendland der Fall, bei einer Esoterik, die der des Islam in sehr vieler Hinsicht vergleichbar und wie diese rein metaphysisch war – deren Vorhandensein von der Mehrzahl der Modernen allerdings nicht einmal mehr geahnt wird. In Indien kann man nicht von einer Esoterik im eigentlichen Wortsinn sprechen, weil man dort keine zweigesichtige, d.h. in eine exoterische und eine esoterische Dimension unterteilte, Lehre findet. Es kann dort lediglich von einer natürlichen Esoterik die Rede sein, in dem Sinne, dass ein jeder die entsprechende Lehre mehr oder weniger vertieft und entsprechend weit fortschreitet, eben nach Maß seiner eigenen geistigen Fähigkeiten. Einem jeden menschlichen Individuum eignen nämlich gewisse, seiner spezifischen Natur inhärente und ihm selbst zu überwinden unmögliche Beschränkungen.

Selbstverständlich sind die Formen je nach Tradition verschieden, weil sie an unterschiedliche Bedingungen angepasst werden müssen. Obwohl ich mit den hinduistischen Formen vertrauter bin, habe ich keinerlei Bedenken, bei Bedarf andere heranzuziehen, sollten diese sich zum Verständnis gewisser Aspekte als hilflich erweisen. Ein solches Vorgehen bringt keinerlei Nachteile mit sich, weil die unterschiedlichen Formen im Gesamten nichts anderes sind als verschiedene Ausdrücke von ein und derselben Sache. Nochmals: Es gibt nur eine einzige Wahrheit und sie ist dieselbe für all diejenigen, die – auf welchem Weg auch immer – zu ihrer Erkenntnis gelangt sind.

Gleichwohl gilt es, sich darüber zu verständigen, was hier unter „Metaphysik" verstanden werden soll. Dies ist umso wichtiger, als – wie ich oftmals konstatiert habe – nicht alle dieses Wort in gleicher Weise verstehen. Ich denke, dass es im Falle von Wörtern, die Anlass zu Missverständnissen geben, am besten ist, ihnen nach Möglichkeit ihre ursprüngliche und etymologische Bedeutung zurückzugeben. Nun bedeutet das Wort „Metaphysik" wörtlich und seiner Zusammensetzung gemäß „jenseits der Physik", wobei „Physik" hier in jener Bedeutung zu nehmen ist, die der Terminus in der Antike stets hatte: „Wissenschaft von der Natur" im allgemeinsten Sinne. Die Physik ist die Erforschung all dessen, was zum Bereich der Natur gehört; die Metaphysik betrifft das, was sich jenseits der Natur befindet. Wie können demnach manche behaupten, dass die metaphysische Erkenntnis eine natürliche Erkenntnis sei, sowohl hinsichtlich ihres Gegenstandes als auch hinsichtlich der Vermögen, durch die sie erlangt wird? Dies ist völlig widersinnig, ja ein begrifflicher Widerspruch in sich; und dennoch, das Erstaunlichste ist, dass mitunter diese Verwirrung gerade von denen befördert wird, die durchaus eine Vorstellung von der wahren Metaphysik haben und diese von der Pseudo-Metaphysik der modernen Philosophen eigentlich deutlicher zu unterscheiden wissen sollten.

Nun wird man vielleicht einwenden: Wenn das Wort „Metaphysik" Anlass für solche Missverständnisse gibt, wäre es nicht besser, ganz von seinem Gebrauch abzusehen und es durch ein anderes, vorteilhafteres Wort zu ersetzen? Um die Wahrheit zu sagen: Dies wäre fatal, weil das Wort aufgrund seiner Bildung dem von ihm bezeichneten Gegenstand eigentlich genau angemessen ist; zumal wäre es kaum möglich, es zu ersetzen, da die abendländischen Sprachen über keinen anderen, der gemeinten Sache derart angemessen, Terminus verfügen. Man sollte nicht einmal daran denken, wie in Indien schlicht und einfach das Wort „Erkenntnis" zu verwenden – denn es geht in der Tat um die Erkenntnis *par excellence*, die einzige, die dieses Namens überhaupt würdig ist –, wäre dies für die Abendländer doch noch unklarer, da sie hinsichtlich der Erkenntnis nichts außerhalb des wissenschaftlichen und rationalen Bereichs zu berücksichtigen gewohnt sind. Ist es im Übrigen nötig, sich so viele Sorgen zu machen um den Missbrauch, der mit einem Wort getrieben wurde? Wenn man sämtliche Wörter zu verwerfen hätte, wo dies der Fall ist, wie viele ständen überhaupt noch zur Verfügung? Genügt es nicht, Vorsichtsmaßnahmen zu treffen, um Irrtümer und Missverständnisse abzuwehren? Wir legen auf das Wort „Metaphysik" nicht mehr Wert als auf irgendein anderes Wort. Allein, solange kein besserer Terminus vorgeschlagen wurde, um es zu ersetzen, werden wir uns seiner weiterhin bedienen, wie wir es auch bislang getan haben.

Leider gibt es Menschen, die den Anspruch erheben, Dinge zu „beurteilen", die sie nicht kennen, und die – weil sie einer bloß menschlichen und rationalen Erkenntnis (die für uns der Wissenschaft oder Philosophie entspricht) den Namen „Metaphysik" verleihen – sich einbilden, dass die östliche Metaphysik nicht mehr bzw. nichts anderes sei als solche Erkenntnis, woraus sie logischerweise die Schlussfolgerung ziehen, dass die so verstandene Metaphysik nicht wirklich zu den gewünschten Resultaten führen könne. Jedoch führt sie tatsächlich zu den gewünschten Resultaten, und zwar weil sie etwas völlig Anderes ist als das, was diese Menschen vermuten. Denn all das, was sie ins Auge fassen, hat in Wahrheit ganz und gar nichts Metaphysisches an sich, insofern es sich lediglich um eine Erkenntnis natürlichen Ranges handelt, um ein profanes und äußerliches Wissen. Es ist mitnichten dieses Wissen, über das wir hier sprechen wollen. Machen wir folglich „metaphysisch" zu einem Synonym von „übernatürlich"? In der Tat akzeptieren wir bereitwillig eine solche Gleichsetzung, denn solange man die Natur, d.i. die manifestierte Welt im weitesten Sinne (und nicht bloß die Sinnenwelt, die davon nur ein äußerst kleiner Teil ist), nicht übersteigt, bewegt man sich noch im Bereich der Physik. Die Metaphysik ist aber, wie wir bereits betont haben, das, was jenseits der Natur ist bzw. diese übersteigt, mithin das „Übernatürliche" im eigentlichen Sinne.

Hier indessen wird man zweifellos einen Einwand vorbringen: Ist es denn möglich, auf solche Weise die Natur zu übersteigen? Wir zögern nicht, sehr deutlich zu erwidern: Es ist nicht nur möglich, die Natur zu übersteigen, sondern dies wird sogar wirklich vollzogen. Aber das ist nichts weiter als eine bloße Behauptung, wird man sagen – welche Beweise kann man dafür liefern? Es ist wirklich seltsam, dass man danach verlangt, die Möglichkeit einer Erkenntnis zu beweisen anstatt selbst zu versuchen, ihrer teilhaftig zu werden, indem man die notwendige Anstrengung zu ihrer Erringung auf sich nimmt. Für den, der diese Erkenntnis besitzt, welches Interesse und welchen Wert können all diese Diskussionen haben? Der bloße Umstand, Erkenntnis als solche durch „Erkenntnistheorie“ zu ersetzen, ist vielleicht das beste Eingeständnis des Unvermögens der modernen Philosophie.

Außerdem enthält jede Gewissheit etwas Nichtmitteilbares. Niemand kann wirklich irgendeine Erkenntnis auf anderem Wege erlangen als durch genuin eigene Anstrengung, und alles, was ein anderer hierbei tun kann, beschränkt sich darauf, Möglichkeiten und Wege zur Erlangung besagter Erkenntnis aufzuzeigen. Deshalb wäre es vergeblich, den Anspruch zu erheben, auf rein geistiger Ebene irgendeine Überzeugung durchzusetzen. Auch die beste Argumentation kann diesbezüglich nicht die direkte und tatsächliche Erkenntnis ersetzen.

Kann man nun Metaphysik, wie wir sie verstehen, definieren? Nein, meint definieren doch immer zugleich begrenzen, und ist das, worum es sich handelt, doch als solches eigentlich und schlechthin unbegrenzt. Mithin lässt es sich weder in eine Formel noch in ein System einschließen. Man kann die Metaphysik in einer bestimmten Weise charakterisieren, z.B. indem man sagt, dass sie die Erkenntnis der universellen Prinzipien darstellt; aber das ist keine Definition im eigentlichen Wortsinn und kann von ihr im Übrigen nur eine ziemlich vage Vorstellung bieten. Dem sei noch hinzugefügt, dass der Bereich der Prinzipien sich viel weiter erstreckt als gewisse Abendländer meinen, die zwar Metaphysik betrieben haben, aber in einer nur partiellen und unvollständigen Weise. Wenn Aristoteles die Metaphysik nämlich als Erkenntnis des Seins als Sein betrachtete, identifizierte er sie mit der Ontologie, d.h. er nahm einen Teil für das Ganze. Für die östliche Metaphysik ist das reine Sein weder das erste noch das allgemeinste Prinzip, weil es bereits eine Determination beinhaltet. Man muss folglich über das Sein hinausgehen, ja das ist sogar das Wichtigste. Hieraus wird ferner ersichtlich, warum in jeder echten metaphysischen Konzeption das Unausdrückbare zu berücksichtigen ist. Alles, was man ausdrücken kann, ist buchstäblich nichts im Vergleich zu dem, was jeden Ausdruck übersteigt; ebenso wie das Endliche, und sei es noch so groß, gegenüber dem Unendlichen null und nichtig ist. Man kann weit mehr andeuten als man ausdrückt und hieraus ergibt sich die Rolle der äußeren Formen. All diese Formen, handele es sich nun um Worte oder Symbole, bilden bloße Hilfsmittel bzw. Ausgangspunkte, um sich zu jenen Möglichkeiten der Anschauung zu erheben, die sie weit übersteigen. Wir werden bald darauf zurückkommen.

Wir sprechen von metaphysischen Anschauungen lediglich in Ermangelung anderer Begriffe und um uns verständlich zu machen. Doch sollte daraus nicht geschlossen werden, dass hier etwas den wissenschaftlichen oder philosophischen Vorstellungen Vergleichbares vorliege. Es geht nicht darum, irgendwelche „Abstraktionen" vorzunehmen, sondern eine unmittelbare Erkenntnis der Wahrheit als solcher zu verwirklichen. Wissenschaft ist rationale, diskursive, stets indirekte, über Reflexion vermittelte Erkenntnis; Metaphysik ist überrationale Erkenntnis, intuitiv und unmittelbar. Diese rein geistige Intuition, ohne die es keine wahre Metaphysik gibt, darf allerdings keinesfalls mit jener Intuition gleichgesetzt werden, von der manche zeitgenössischen Philosophen sprechen, denn diese ist im Gegenteil unterrational. Es gibt eine intellektuelle Intuition und eine sinnliche Intuition. Die eine übersteigt die Vernunft, die andere ist unterhalb derselben angesiedelt. Letztere kann lediglich die Welt der Veränderung und des Werdens erfassen, d.h. die Natur, oder genauer: einen winzigen Teil der Natur. Der Bereich der geistigen Intuition ist demgegenüber der Bereich der ewigen und unwandelbaren Prinzipien, d.i. der genuin metaphysische Bereich.

Um die universellen Prinzipien unmittelbar zu erfassen, muss der transzendente Intellekt selbst von universeller Natur sein. Er ist kein individuelles Vermögen und ihn als ein solches zu betrachten wäre widersprüchlich, weil es nicht im Rahmen der Möglichkeiten des Individuums liegen kann, seine eigenen Beschränkungen zu übersteigen, d.h. aus den Bedingtheiten herauszutreten, die es als Individuum konstituieren. Die Vernunft ist ein genuin bzw. im spezifischen Sinne menschliches Vermögen; das jenseits der Vernunft Liegende aber ist wahrhaft „nichtmenschlich". Es ermöglicht die metaphysische Erkenntnis und diese ist, wir müssen es nochmals wiederholen, keine menschliche Erkenntnis. Anders ausgedrückt: Nicht qua seines Menschseins ist der Mensch befähigt, diese Erkenntnis zu erringen, sondern qua jenes Seins, das zwar in einem seiner Zustände menschlich, gleichzeitig jedoch etwas anderes und mehr als Menschliches ist; und tatsächlicher Gegenstand der Metaphysik, oder genauer: die metaphysische Erkenntnis als solche, ist die Erlangung eines wirklichen Bewusstseins der überindividuellen Zustände. Wir sind hier an einem der wesentlichsten Punkte angelangt, und es ist nötig, darauf zu insistieren: Wenn das Individuum ein vollständiges Wesen wäre, wenn es ein geschlossenes System etwa im

Sinne der Leibnizschen Monade bilden würde, wäre Metaphysik unmöglich; hoffnungslos in sich selbst verkapselt, besäße dieses Wesen kein Mittel zur Erkenntnis dessen, was nicht von der ihm zugehörigen existentiellen Ordnung ist. Allein, so ist es nicht: Das Individuum stellt in Wirklichkeit nur eine vorübergehende und kontingente Manifestation des wahren Seins dar; es ist nur ein besonderer Zustand unter einer endlosen Vielzahl anderer Zustände desselben Seins; und dieses Sein ist in sich völlig unabhängig von allen seinen Manifestationen, ebenso wie – um einen Vergleich anzuführen, der in den hinduistischen Texten häufig auftaucht – die Sonne völlig unabhängig von den vielen Abbildern ist, in denen sie sich widerspiegelt. Solcherart ist die grundlegende Unterscheidung zwischen „Selbst" und „Ich", zwischen Personalität und Individualität. Gleich wie die Abbilder durch die Lichtstrahlen mit der solaren Quelle verbunden sind, ohne die sie keine Existenz und keine Realität besäßen, so ist auch die Individualität – möge es sich übrigens um eine menschliche Individualität oder um einen völlig anderen, analogen Manifestationszustand handeln – mit der Personalität verbunden, mit dem prinzipiellen Zentrum des Seins, und zwar vermittels des transzendenten Intellektes, von dem wir gesprochen haben. Innerhalb der Grenzen dieses Vortrags ist es freilich nicht möglich, diese Betrachtungen vollständiger zu entwickeln, noch auch, eine genauere Vorstellung von der Theorie der vielfachen Zustände des Seins zu geben. Ich denke allerdings, genug darüber gesagt zu haben, um zumindest eine Ahnung von ihrer entscheidenden Wichtigkeit in allen genuin metaphysischen Lehren zu erwecken.

Obgleich ich von Theorie sprach, handelt es sich nicht nur um Theorie und an dieser Stelle stoßen wir auf einen weiteren erläuterungsbedürftigen Sachverhalt. Die theoretische Erkenntnis, die immer nur indirekt und gleichsam symbolisch ist, stellt lediglich eine – allerdings unabdingbare – Vorbereitung zur wirklichen Erkenntnis dar. Sie ist im Übrigen die einzige Erkenntnis, die in gewisser Weise mitteilbar ist, doch auch sie nicht völlig. Aus diesem Grund sind alle Darlegungen lediglich Mittel, um sich der Erkenntnis anzunähern; und diese Erkenntnis, die zunächst bloß virtuell ist, muss in der Folge dann wirklich realisiert werden. Hier haben wir einen weiteren Unterschied zur unvollständigen Metaphysik vor uns, auf die wir zuvor hingewiesen hatten, z.B. jene des Aristoteles, die schon theoretisch unvollständig ist, insofern sie sich auf das Sein beschränkt, und bei der ferner die Theorie als sich selbst genügend präsentiert wird, anstatt ausdrücklich – wie in allen östlichen Lehren – auf eine ihr entsprechende Verwirklichung hingeordnet zu sein. Trotzdem stößt man sogar in dieser unvollkommenen Metaphysik – wir sind versucht zu sagen: in dieser Halb-Metaphysik – dann und wann auf Behauptungen, die, richtig verstanden, zu ganz anderen Konsequenzen führen müssten: Sagt Aristoteles beispielsweise nicht klipp und klar, dass ein Wesen all das ist, was es erkennt? Diese Bejahung der Identifikation durch Erkenntnis ist das eigentliche Prinzip der metaphysischen Verwirklichung. Doch bleibt dieses Prinzip bei Aristoteles isoliert, hat lediglich den Wert einer rein theoretischen Aussage; man zieht überhaupt keinen Nutzen daraus und es scheint, dass besagtes Prinzip – nach seiner Behauptung – gleichsam wieder vergessen wurde. Warum vermochten weder Aristoteles selbst noch seine Nachfolger klarer zu sehen, was damit alles impliziert war? Nun verhält es sich in etlichen anderen Fällen ebenso, und diese Denker erwecken den Anschein, mitunter auch so wesentliche Sachverhalte wie die Unterscheidung zwischen reinem Intellekt und Vernunft zu vergessen, nachdem sie nicht weniger explizit formuliert worden waren; hier bestehen merkwürdige Lücken. Muss man in ihnen die Folgen gewisser Begrenzungen erblicken, die dem abendländischen Geist – abgesehen von einigen seltenen, aber nach wie vor möglichen Ausnahmen – inhärent sind? Dies mag bis zu einem gewissen Grad stimmen; doch sollte man nicht glauben, dass die abendländische Geistigkeit im Allgemeinen auch früher so eng begrenzt war wie im modernen Zeitalter. Gleichwohl sind derartige Lehren (wie die des Aristoteles) letztlich nur äußerliche Lehren, vielen anderen zwar überlegen, weil sie trotz allem einen Teil der wahren Metaphysik enthalten, aber stets vermischt mit Betrachtungen anderer Art, die nichts Metaphysisches an sich haben... Wir für unseren Teil sind dessen gewiss, dass es im Abendland – in der Antike wie im Mittelalter – noch anderes gab, ja dass rein metaphysische und als vollständig zu bezeichnende Lehren, einschließlich deren Verwirklichung, für eine Elite existierten, was für den Großteil der modernen Menschen ohne Zweifel kaum vorstellbar ist. Weil das Abendland mit seinen eigenen Überlieferungen gebrochen hat, ging sogar die Erinnerung an derartige Lehren völlig verloren; deshalb ist die moderne Zivilisation abnorm und vom rechten Weg weit abgekommen.

Wenn die bloß theoretische Erkenntnis ihr Ziel in sich selbst hätte, wenn mithin Metaphysik nicht darüber hinaus ginge, wäre dies gewiss bereits etwas, obgleich noch völlig unzureichend. Trotz der echten Gewissheit, stärker noch als eine mathematische Gewissheit, die eine solche Erkenntnis bereits verleiht, wäre diese theoretische Erkenntnis schließlich – zwar auf einer unvergleichlich höheren Stufe – doch nur ein Analogon dessen, was auf niedrigerer, irdischer und menschlicher Ebene die wissenschaftliche und philosophische Spekulation ist. Dies aber kann nicht recht eigentlich Metaphysik sein. Dass andere sich für „Gedankenspielereien" und Ähnliches interessieren, ist ihre Sache; uns sind Angelegenheiten dieser Art ziemlich gleichgültig und wir sind davon überzeugt, dass die Neugier des Psychologen dem Metaphysiker gänzlich fremd bleiben sollte. Worum es ihm vielmehr geht, ist das Erkennen dessen, was ist, und zwar dergestalt, dass er selbst wirklich all das ist, was er erkennt.

Was nun die Mittel zur metaphysischen Verwirklichung anlangt, so wissen wir nur zu gut um den Einwand, den jene vorzubringen pflegen, die meinen, die Möglichkeit einer solchen Verwirklichung bestreiten zu müssen. Diese Mittel müssen dem Menschen in der Tat erreichbar sein; sie müssen, zumindest in den ersten Stadien, der menschlichen Lage angepasst werden, da dies der Zustand ist, in dem das entsprechende Wesen, das – hiervon ausgehend – höhere Zustände verwirklichen soll, sich nun einmal befindet. Ein solches Wesen wird folglich bei seiner gegenwärtigen Manifestationsstufe zugehörigen Formen seinen Ausgangspunkt nehmen, um sich schließlich über ebendiese Manifstationsstufe zu erheben. Worte, symbolische Zeichen, Riten oder vorbereitende Verfahren gleich welcher Art haben keine andere Daseinsberechtigung noch auch eine andere Funktion: Wie bereits gesagt sind sie Hilfsmittel und nichts weiter. Wie aber, so fragen manche, kann es sein, dass diese rein kontingenten Mittel einen Effekt zeitigen, der sie unendlich übersteigt bzw. von einer völlig anderen Ordnung ist als sie selbst? Wir weisen zunächst darauf hin, dass es sich tatsächlich nur um akzidentelle Mittel handelt, und dass das Resultat, das sie zu erreichen helfen, keinesfalls ihr Effekt ist. Sie versetzen das jeweilige Wesen lediglich in die geforderte Verfassung, den gewünschten Effekt leichter zu erreichen, und das ist alles. Wenn der genannte Einwand in diesem Falle Gültigkeit besäße, wäre er z.B. desgleichen gültig für religiöse Riten und Sakramente, bei denen das Missverhältnis zwischen Mittel und Ziel nicht weniger groß ist. Vielleicht haben manche derer, die den genannten Einwand vorbringen, hierüber nicht genug nachgedacht. Wir für unseren Teil verwechseln ein einfaches Mittel durchaus nicht mit einer Ursache im strengen Sinne des Wortes und wir betrachten die metaphysische Verwirklichung mithin nicht als einen wie auch immer gearteten Effekt, weil sie nicht Hervorbringung von etwas ist, das zuvor noch nicht existierte, sondern die Erkenntnis dessen, was je schon ist, und d.h. was in einer dauerhaften und unveränderlichen Weise – aller zeitlichen oder sonstigen Sukzession enthoben – ist, bestehen alle Zustände des Seins prinzipiell betrachtet doch in einer vollkommenen Simultanität ewiger Gegenwart.

Somit gestehen wir gerne zu, dass es zwischen der metaphysischen Verwirklichung und den zu ihr hinführenden bzw. den sie vorbereitenden Mitteln kein gemeinsames Maß gibt. Deshalb ist übrigens auch keines dieser Mittel streng bzw. absolut notwendig. Es gibt nur eine einzige wirklich unverzichtbare Vorbereitung, und zwar die theoretische Erkenntnis. Diese käme andererseits nicht sonderlich weit ohne ein Mittel, welches in der Verwirklichung die wichtigste und beständigste Rolle spielt: Dieses Mittel ist die Konzentration. Sie ist den mentalen Gewohnheiten des modernen Abendlandes – wo alles bloß zur Zerstreuung und zum unaufhörlichen Wandel neigt – völlig fremd, ja steht zu ihnen in einem krassen Gegensatz. Alle anderen Mittel sind demgegenüber sekundär; sie dienen vornehmlich dazu, die Konzentration zu begünstigen und die verschiedenen Elemente der menschlichen Individualität aufeinander abzustimmen, mit dem Ziel, das tatsächliche In-Beziehung-treten dieser Individualität mit den höheren Zuständen des Seins vorzubreiten.

Hinsichtlich des Ausgangspunktes können diese Mittel also schier endlos variieren, weil sie auf die besondere Natur jedes einzelnen Individuums, auf dessen Fähigkeiten und Dispositionen, abgestimmt sein müssen. Anschließend verringern sich die Unterschiede, da es sich um mannigfache Wege, die allesamt dem gleichen Ziel zustreben, handelt. Ab einem gewissen Stadium schließlich ist alle Vielheit verschwunden. An diesem Punkt hat sich die Rolle der kontingenten und individuellen Mittel erfüllt. Manche hinduistischen Texte vergleichen diese Rolle – um zu zeigen, dass sie keineswegs notwendig ist – mit der eines Pferdes, mit dessen Hilfe ein Mensch schneller und leichter ans Ziel seiner Reise kommen wird, ohne das er aber ebenfalls dort ankommen kann. Riten und diverse vergleichbare Verfahren weisen zwar einen Weg zur metaphysischen Verwirklichung, doch könnte man sie auch vernachlässigen und trotzdem – allein durch die stetige Fixierung des Geistes und aller Wesenskräfte auf das Ziel dieser Verwirklichung – schließlich das höchste Ziel erreichen. Allein, wenn die Mittel den Aufwand verringern, warum sie freiwillig verwerfen? Verwechselt man etwa das Kontingente mit dem Absoluten, wenn man den Beschaffenheiten der *conditio humana* Rechnung trägt – ist es doch dieser (selbst kontingente) Zustand, von dem wir gezwungenermaßen auszugehen haben, wenn wir höhere Zustände, schlussendlich den höchsten und unbedingten Zustand, verwirklichen möchten?

Wir benennen nun die Hauptstufen der metaphysischen Verwirklichung, wie sie sich allen traditionellen Lehren des Ostens zufolge darstellen. Die erste und in gewissem Sinne nur vorbereitende Stufe vollzieht sich innerhalb des menschlichen Bereichs und erstreckt sich noch nicht über die Grenzen der Individualität hinaus. Sie besteht in einer unbestimmten Ausdehnung dieser Individualität, von der die körperliche Ausprägung – die einzige bei einem gewöhnlichen Menschen entwickelte – bloß einen sehr kleinen Teil ausmacht. Von dieser körperlichen Grundlage muss man ausgehen, um mit den der sinnlichen Ordnung entlehnten Mitteln zu beginnen, die allerdings eine Auswirkung auf die anderen Dimensionen des menschlichen Wesens zeitigen müssen. Die Phase, von der wir sprechen, entspricht letztlich der Verwirklichung bzw. Entwicklung aller Möglichkeiten, die virtuell in der menschlichen Individualität enthalten sind und die gleichsam vielfältige Verlängerungen dieser Individualität darstellen, die sich in verschiedene Richtungen über den körperlichen und sinnlichen Bereich hinaus erstrecken; durch diese Verlängerungen ist es möglich, die Kommunikation mit anderen Zuständen herzustellen.

Diese Verwirklichung der integralen Individualität wird von allen Traditionen als Wiederherstellung des sogenannten „Urzustandes“ bezeichnet, eines Zustandes, der dem des wahren Menschen entspricht und der bereits über manche der für den gewöhnlichen menschlichen Zustand charakteristischen Beschränkungen hinausgeht, insbesondere über die der Zeitlichkeit geschuldeten Beschränkungen. Das Wesen, das diesen „Urzustand“ verwirklicht hat, ist immer noch ein menschliches Individuum und nicht im wirklichen Besitz eines überindividuellen

Zustandes. Dennoch ist es nun von der Zeit befreit. Die scheinbare Sukzession der Dinge hat sich ihm in Simultanität verwandelt; es verfügt bewusst über ein Vermögen, das dem gewöhnlichen Menschen unbekannt ist und das man als „Ewigkeitssinn" bezeichnen könnte. Dies ist von äußerster Wichtigkeit, denn wer nicht aus dem Standpunkt der zeitlichen Sukzession herauszutreten und alles in einer simultanen Weise ins Auge zu fassen vermag, ist schon zur geringsten Anschauung metaphysischer Art unfähig. Das erste, was es für den ernsthaft nach metaphysischer Erkenntnis Strebenden zu tun gibt, ist, gewissermaßen aus der Zeit herauszutreten – wir würden gerne sagen: in die „Nicht-Zeit" hinein, würde ein solcher Ausdruck nicht allzu eigenartig und ungebräuchlich erscheinen. Übrigens kann dieses Bewusstsein der Unzeitlichkeit in einem bestimmten Maße – ohne Zweifel sehr unvollständig, aber trotzdem real – bereits erreicht werden, bevor der soeben angesprochene „Urzustand" in seiner ganzen Fülle verwirklicht wurde.

Vielleicht wird man fragen: Warum spricht man diesbezüglich von „Urzustand"? Weil alle Traditionen, einschließlich der abendländischen (denn die Bibel selbst sagt nichts anderes), darin übereinstimmen zu lehren, dass dieser Zustand in den Ursprüngen der Menschheit normal war, während der momentane Zustand bloß das Resultat eines Verfalls darstellt, die Folge einer Art sukzessiver Materialisation, die im Laufe der Zeiten, während der Dauer eines bestimmten Zyklus, eintrat. Wir glauben nicht an die „Evolution" in jenem Sinne, den die Modernen diesem Begriff verleihen; die sogenannten wissenschaftlichen Hypothesen, die sie sich ausdenken, entsprechen in keiner Weise der Realität. An dieser Stelle kann die Theorie der kosmischen Zyklen, die vor allem in den Hindulehren entwickelt wurde, nur angedeutet werden; hierauf näher einzugehen hieße, unser Thema zu verlassen, da Kosmologie nicht Metaphysik ist, obgleich jene ziemlich eng von dieser abhängt. Die Kosmologie ist lediglich eine Anwendung der Metaphysik auf die physische Sphäre und die echten Naturgesetze sind nur Auswirkungen der universellen und notwendigen Prinzipien innerhalb eines relativen und kontingenten Bereichs.

Doch kehren wir zurück zur metaphysischen Verwirklichung: Ihre zweite Phase bezieht sich auf überindividuelle, aber immer noch bedingte Zustände – obwohl deren Beschaffenheiten von denen des menschlichen Zustandes völlig verschieden sind.

Hier ist die Welt des Menschen, bei der wir uns im vorigen Stadium noch befanden, gänzlich und definitiv überschritten. Diesbezüglich ist zu ergänzen, dass das Überschrittene mit der Welt der Formen im weitesten Sinne korrespondiert, einschließlich aller möglichen individuellen Zustände – denn die Form ist die gemeinsame Bedingung dieser Zustände, durch die sich die Individualität als solche auszeichnet. Das Wesen, welches nicht mehr als menschlich bezeichnet werden kann, ist von jetzt an aus dem „Strom der Formen" herausgetreten, um die fernöstliche Ausdrucksweise zu gebrauchen. Es könnten außerdem weitere Unterscheidungen getroffen werden, da diese Phase noch genauer unterteilt werden kann: Sie umfasst in Wahrheit mehrere Stufen und reicht von der Verwirklichung der Zustände, die – wenn auch formlos – noch zur manifestierten Existenz gehören, bis hin zu jenem Grad von Universalität, welcher mit dem reinen Sein zusammenfällt.

Wie erhaben diese Zustände im Vergleich zum menschlichen Zustand auch sein und wie weit sie ihn auch überragen mögen, so sind sie trotzdem bloß relativ, und dies gilt auch vom höchsten von ihnen, der dem Prinzip aller Manifestation entspricht. Ihre Erlangung ist folglich nur ein Zwischenschritt, der nicht mit dem Endziel der metaphysischen Verwirklichung verwechselt werden darf; dieses liegt jenseits des Seins und im Vergleich zu diesem Ziel ist alles andere nur Weg und Vorbereitung. Dieses höchste Ziel ist der völlig unbedingte, jeglicher Begrenzung enthobene Zustand. Genau aus diesem Grund ist er in keiner Weise mit Worten beschreibbar. Alles, was man von ihm sagen kann, ist in negativer Weise zu artikulieren: durch Negation der Grenzen, die jede Existenz in ihrer Relativität bestimmen und definieren. Die Verwirklichung dieses Zustandes entspricht dem, was die Hindulehren – in Beziehung auf die bedingten Zustände – als „Befreiung" sowie – im Verhältnis zum höchsten Prinzip – als „Vereinigung" bezeichnen.

In diesem unbedingten Zustand sind grundsätzlich alle anderen Zustände des Seins miteinbegriffen, allerdings in verwandelter Form, frei von den spezifischen Bedingungen, die sie als besondere Zustände determinierten. All das, was positive Realität besitzt, besteht weiter, weil dort alles sein Prinzip hat. Das „erlöste" Sein ist wahrlich im Besitz der Fülle seiner Möglichkeiten. Was verschwunden ist, sind lediglich die begrenzenden Bedingungen, deren Realität gänzlich negativ ist, da sie nichts anderes als „Privationen“ im aristotelischen Sinne darstellen. Also weit davon entfernt, eine Art von Vernichtung zu sein – wie manche Abendländer glauben –, ist dieser Endzustand im Gegenteil die absolute Fülle, die höchste Realität, in Vergleich zu der alles andere nur Illusion ist.

Es sei hinzugefügt, dass jedes – noch so unvollständige – Resultat, das von einem Wesen im Verlauf der metaphysischen Verwirklichung erlangt wurde, in definitiver Weise erlangt wurde. Das Resultat ist für das entsprechende Wesen eine dauerhafte Errungenschaft, die es durch nichts je wieder verlieren kann. Ein in dieser Hinsicht vollbrachtes Werk – auch wenn es vor dem Endziel unterbrochen wurde – ist ein für allemal vollbracht, und zwar schlicht deshalb, weil es außerhalb der Zeit liegt. Dies ist gleichermaßen gültig für die einfache theoretische Erkenntnis, da jede Erkenntnis ihre Frucht in sich selbst trägt – übrigens im Unterschied zur Handlung, die nur eine vorübergehende Modifikation des Seins und stets von ihren Effekten geschieden ist. Letztere sind zudem vom gleichen Bereich bzw. der gleichen Existenzordnung wie das, was sie ausgelöst hat. Die Handlung kann nicht den Effekt haben, von der Handlung zu befreien und ihre Folgen erstrecken sich nicht über die Grenzen der Individualität hinaus, selbst wenn diese in ihrem vollen Umfang betrachtet wird. Weil keinerlei Handlung der Unwissenheit, d.h. der Wurzel aller Begrenzungen, wirklich entgegengesetzt ist, vermag sie diese auch nicht aufzulösen: Allein die Erkenntnis zerstört die Unwissenheit, so wie das Sonnenlicht die Schatten zerstäubt; nur in ihr erscheint das „Selbst“, das unwandelbare und ewige Prinzip aller manifestierten und nicht-manifestierten Zustände, in seiner höchsten Realität.

Nach dieser sehr unvollkommenen Skizze, die gewiss nicht mehr als eine ziemlich vage Vorstellung dessen vermittelt, was metaphysische Verwirklichung sein kann, gilt es, eine zur Vermeidung schwerer Interpretationsfehler sehr wesentliche Anmerkung zu machen: Keiner der Sachverhalte, um die es hier geht, hat einen Bezug zu irgendwelchen (mehr oder weniger außergewöhnlichen) Phänomenen. All das, was als Phänomen bezeichnet werden kann, ist von physischer Art. Metaphysik ist jenseits von Phänomenen verortet – und zwar auch, wenn wir das Wort Phänomen hier im allgemeinsten Sinne verwenden. Daraus folgt unter anderem, dass die erwähnten Zustände überhaupt nichts „Psychologisches“ an sich haben; man muss dies klar aussprechen, weil diesbezüglich bisweilen eigenartige Verwirrungen aufkommen. Die Psychologie kann *per definitionem* bloß mit menschlichen Zuständen konfrontiert sein und erreicht – so wie man sie heute auffasst – außerdem nur einen eng begrenzten Bereich der Möglichkeiten des Individuums, die sich eigentlich sehr viel weiter erstrecken als die Spezialisten dieser Wissenschaft auch nur vermuten können. Das menschliche Individuum ist in Wahrheit zugleich viel mehr und viel weniger als man im Abendland für gewöhnlich annimmt: Es ist viel mehr aufgrund seiner endlosen Entwicklungsmöglichkeiten jenseits der körperlichen Bedingtheiten, zu denen letztlich alles gehört, was heute normalerweise studiert wird; aber es ist auch viel weniger, weil es – weit davon entfernt, ein vollständiges und sich selbst genügendes Wesen zu konstituieren – nur eine äußerliche Manifestation ist, eine flüchtige Erscheinung, die vom wahren Sein angenommen wurde, dessen unveränderliches Wesen davon zumal in keiner Weise tangiert wird.

Dieser Sachverhalt, also dass der metaphysische Bereich ganz außerhalb der phänomenalen Welt liegt, ist deshalb zu betonen, weil die Modernen üblicherweise fast ausschließlich Phänomene kennen und untersuchen. Diesen allein gilt offenbar ihr Interesse. Hiervon zeugt nicht zuletzt die Aufmerksamkeit, die sie den Experimentalwissenschaften entgegenbringen; ihre metaphysische Unfähigkeit wurzelt in derselben Tendenz. Ohne Zweifel kann es vorkommen, dass bestimmte eigentümliche Phänomene sich im Rahmen des Prozesses der metaphysischen Verwirklichung ereignen – dies jedoch in völlig zufälliger Weise. Es handelt sich hierbei zumal um ziemlich unerfreuliche Resultate, da solcherlei Dinge für jenen, der versucht ist, ihnen irgendeine Bedeutung zuzusprechen, nur als Hindernis fungieren können. Wer sich von solchen Phänomenen fesseln und von seinem Weg abbringen lässt, wer sich vor allem der Erforschung von außergewöhnlichen „Kräften“ hingibt, hat recht wenig Chancen, die Verwirklichung weiter als bin zu dem Grad voranzutreiben, den er schon erreicht hatte, als die Ablenkung plötzlich auftrat.

Diese Bemerkung führt uns begreiflicherweise dazu, einige falsche Interpretationen über den Sinngehalt des Begriffs „Yoga“ zu berichtigen. Wird nicht gelegentlich behauptet, dass das von den Hindus mit diesem Wort Bezeichnete die Entwicklung gewisser dem menschlichen Wesen latent innewohnender Kräfte betreffe? Das bereits Gesagte ist ausreichend, um zu zeigen, dass eine derartige Definition zurückgewiesen werden muss. In Wahrheit meint das Wort „Yoga" das, was wir bereits so wörtlich wie möglich mit „Vereinigung" übersetzt haben. Was es eigentlich bezeichnet, ist folglich das höchste Ziel der metaphysischen Verwirklichung; und der „Yogi" ist strenggenommen nur derjenige, der dieses Ziel erreicht hat. Allerdings ist zutreffend, dass dieselben Begriffe manchmal im weiteren Sinne auch auf die vorbereitenden Stadien der „Vereinigung" angewandt werden oder sogar auf die vorbereitenden Mittel sowie auf das Wesen, welches zu diesen Stadien entsprechenden Zuständen gelangt ist oder welches Mittel verwendet, sie zu erreichen. Aber wie kann man behaupten, dass ein Wort, dessen Primärbedeutung „Vereinigung" ist, an sich und ursprünglich nur Atemübungen oder anderes Derartiges bezeichne? Diese und andere Übungen – grundsätzlich auf der sogenannten Wissenschaft vom Rhythmus basierend – stellen einige der meistgenutzten Mittel zur metaphysischen Verwirklichung dar. Aber man darf nicht für das Ziel halten, was nur ein kontingentes und zufälliges Mittel ist, noch auch für die Ursprungsbedeutung eines Wortes, was bloß eine sekundäre und folglich abgeleitete Bedeutung ist.

Wenn wir davon sprechen, was „Yoga" im ursprünglichen Sinne ist und behaupten, dass dieses Wort im Wesentlichen immer die gleiche Sache meinte, so könnte einem die folgende Frage in den Sinn kommen, die wir bislang noch nicht thematisiert haben: Was ist eigentlich der Ursprung der traditionellen metaphysischen Lehren, denen all das hier Ausgeführte entlehnt ist? Die Antwort ist sehr einfach, obgleich sie die Proteste derer hervorzurufen riskiert, die alles vom historischen Standpunkt aus betrachten möchten: Es gibt keinen Ursprung, womit wir sagen wollen: Es gibt keinen menschlichen Ursprung, der in der Zeit bestimmbar wäre. In anderen Worten ist der Ursprung von Tradition – wenn das Wort Ursprung in diesem Fall überhaupt eine Daseinsberechtigung hat – „nicht-menschlich", genau wie die Metaphysik selbst. Derartige Lehren sind nicht zu irgendeinem Zeitpunkt der Menschheitsgeschichte aufgetaucht: Unsere Andeutung auf den „Urzustand", ferner auch das, was wir über den unzeitlichen Charakter alles die Metaphysik Betreffenden sagten, müssten erlauben, dies ohne größere Schwierigkeiten zu begreifen, gesetzt jedenfalls, man findet sich – entgegen manchen Vorurteilen – damit ab einzuräumen, dass es Dinge gibt, auf die der historische Standpunkt in keiner Weise anwendbar ist. Die metaphysische Wahrheit ist ewig; schon aus diesem Grund hat es immer menschliche Wesen gegeben, die sie wirklich und gänzlich verstehen konnten. Was sich verändern kann, sind nur die äußeren Formen, die kontingenten Mittel; und diese Veränderung hat ganz und gar nichts damit zu tun, was die Modernen „Evolution“ nennen, sondern ist nur eine einfache Anpassung an diese oder jene besonderen Umstände, an die spezifische Beschaffenheit einer bestimmten Rasse oder Epoche. Hieraus resultiert die Vielzahl der Formen; der Grund der Lehre indes wird davon so wenig modifiziert oder berührt wie die wesenhafte Einheit und Identität des Seins von der Vielheit seiner Manifestationszustände berührt wird.

Die metaphysische Erkenntnis sowie die Verwirklichung, die sie impliziert, um wirklich das zu sein, was sie eigentlich sein soll, sind also zumindest prinzipiell überall und immer möglich – jedenfalls, wenn diese Möglichkeit in einem gleichsam absoluten Sinne betrachtet wird. Aber sind sie auch faktisch – man könnte auch sagen: praktisch – und in einem relativen Sinne gleichermaßen möglich in jedem beliebigen Umfeld und unter Absehung jedweder Kontingenzen? Hierauf lässt sich weit weniger entschieden antworten, zumindest, was die Verwirklichung betrifft. Dies ist daraus erklärlich, dass die Verwirklichung zu Beginn ihren Ausgangspunkt im kontingenten Bereich nehmen muss. Die Bedingungen können hier besonders unvorteilhaft sein, wie etwa jene, die die moderne westliche Welt bietet; so unvorteilhaft, dass ein derartiges Werk beinahe unmöglich ist und – mangels jeglicher vom äußeren Milieu gebotenen Unterstützung, zumal in einem Umfeld, das die Anstrengungen dessen, der sie verfolgt, nur behindert, wenn nicht ganz zunichte macht – sogar gefährlich zu bewerkstelligen sein kann. Die Zivilisationen hingegen, die wir traditionell nennen, sind dergestalt organisiert, dass man dort eine wirksame Hilfe finden kann, die zwar zweifellos nicht unbedingt notwendig ist – eben nicht notwendiger als alles Äußerliche –, aber ohne die es ziemlich schwierig ist, wirkliche Ergebnisse zu erzielen. Man ist hier nämlich vor Herausforderungen gestellt, welche die Kräfte eines einzelnen menschlichen Individuums übersteigen, sogar wenn dieses Individuum die anderweitig erforderlichen Qualifikationen mitbringen sollte. Auch möchten wir keinen dazu ermutigen, sich unter den gegenwärtigen Bedingungen leichtsinnig einem derartigen Unterfangen hinzugeben; und dies führt uns geradewegs zur Konklusion.

Nach unserer Auffassung liegt der große Unterschied zwischen Ost und West (und es handelt sich dabei ausschließlich um den modernen Westen), der einzige wahrhaft essentielle Unterschied, da alle anderen sich aus ihm ergeben, in folgendem: einerseits Bewahrung der Tradition mit allem, was sie mit einbegreift, andererseits Vergessen und Verlust von Tradition; einerseits Fortbestand der metaphysischen Erkenntnis, andererseits völlige Unkenntnis bezüglich allem, was sich auf diesen Bereich bezieht. Zwischen Zivilisationen, die ihrer Elite jene Möglichkeiten eröffnen, die wir zu erfassen versucht haben, die ihnen die am besten geeigneten Mittel bereitstellt um besagte Möglichkeiten tatsächlich zu realisieren, und die zumindest einigen wenigen erlaubt, sie in ihrer ganzen Fülle zu realisieren – zwischen diesen traditionellen Zivilisationen und einer Zivilisation, die sich in einem rein materiellen Sinne entwickelt, wie kann man für sie überhaupt ein gemeinsames Maß finden? Und wer – es sei denn, er wäre völlig verblendet – wagte zu behaupten, dass die materielle Überlegenheit die intellektuelle Minderwertigkeit kompensiere? Wir sagen intellektuell, allerdings indem wir darunter die echte Geistigkeit verstehen, welche sich weder auf die menschliche noch auf die natürliche Ebene beschränkt, sondern welche die rein metaphysische Erkenntnis in ihrer absoluten Transzendenz ermöglicht. Es scheint mir hinreichend zu sein, auch nur einen Moment über diese Fragen nachzudenken, um jeden Zweifel und jedes Zögern über die angemessene Antwort auszuräumen.

Die materielle Überlegenheit des modernen Abendlandes steht außer Frage; niemand macht sie ihm streitig, doch niemand beneidet es auch darum. Aber hiermit nicht genug: Über der exzessiven materiellen Entwicklung läuft das Abendland früher oder später Gefahr unterzugehen, wenn es nicht rechtzeitig zur Besinnung kommt und nicht ernsthaft eine „Rückkehr zu den Ursprüngen" in Betracht zieht – um einen Ausdruck zu verwenden, der bei manchen esoterischen Schulen des Islam gebräuchlich ist. Heutzutage ist von verschiedener Seite viel von der „Verteidigung des Abendlandes" die Rede. Leider scheint man die innere Widersinnigkeit dieser Formel, dass nämlich der Westen der Verteidigung bedürfe, nicht zu verstehen, sind die größten und furchtbarsten aller ihn wirklich bedrohenden Gefahren doch seinen eigenen gegenwärtigen Tendenzen geschuldet. Es wäre klug, hierüber etwas genauer nachzudenken, und man kann all jene, die noch des Denkens fähig sind, kaum genug dazu ermuntern.

Hiermit möchte ich meinen Vortrag denn auch beenden. Wenn es mir auch nicht gelungen ist, ein volles Verständnis zu erwecken, bin ich doch zufrieden, zumindest etwas von dieser östlichen Geistigkeit präsentiert zu haben, zu der sich keinerlei Entsprechung mehr im Westen findet, und einen – auch nur unvollkommenen – Eindruck davon geliefert zu haben, was echte Metaphysik ist: die Erkenntnis *par excellence*, die – wie die heiligen Texte Indiens sagen – allein gänzlich wahr, absolut, unbegrenzt und erhaben ist.

2. Was ist unter Tradition zu verstehen?

Wir haben bereits häufiger von Tradition, traditionellen Lehren oder Anschauungen und sogar von traditionellen Sprachen gesprochen; und dies ist in der Tat unabdingbar, wenn man das für das östliche Denken eigentlich Wesentliche in seinen diversen Formen benennen will. Was aber ist unter Tradition im Einzelnen zu verstehen? Um eine Unklarheit zu vermeiden, die hier aufkommen könnte, sei zunächst gesagt, dass wir dieses Wort nicht in dem begrenzten Sinne verwenden, in dem das religiöse Denken des Abendlandes mitunter „Tradition" und „Schrift" einander gegenüberstellt und dabei unter ersterem Begriff ausschließlich Gegenstände mündlicher Überlieferung verstanden wissen will. Im Unterschied hierzu kann – nach unserer Auffassung – Tradition im allgemeineren Wortsinn sowohl schriftlich als auch mündlich überliefert sein, obgleich sie – wie wir erläutert haben – für gewöhnlich, wenn nicht immer, ursprünglich zuallererst mündlich tradiert wurde. Unter den gegenwärtigen Bedingungen bilden der schriftlich verfasste sowie der mündlich tradierte Teil jedoch allenthalben zwei komplementäre Bereiche von ein und derselben Tradition, sei diese von religiöser oder anderer Form, und wir zögern nicht, von „traditionellen Schriften" zu sprechen, was offensichtlich widersprüchlich wäre, wenn wir dem Wort „Tradition" lediglich besagte speziellere Bedeutung zuerkennen würden. Außerdem meint Tradition etymologisch schlicht „das, was überliefert wird" – in welcher Form auch immer. Überdies muss man zur Gewinnung eines vollständigen Begriffs von Tradition auch die Gesamtheit von Institutionen unterschiedlicher Ordnung, die – als zwar sekundäre und abgeleitete, aber nichtsdestoweniger wichtige Elemente – ihr Prinzip in der traditionellen Lehre als solcher haben, mit einbegreifen.

So betrachtet könnte der Eindruck entstehen, Tradition falle schlichtweg mit Zivilisation zusammen, die – einigen Soziologen zufolge – „die Gesamtheit von Techniken, Institutionen und gemeinsamen Glaubensvorstellungen einer Menschengruppe zu einer bestimmten Zeit" ausmacht.[93] Wie treffend aber ist diese Definition? Um die Wahrheit zu sagen, glauben wir nicht, dass es möglich sei, Zivilisation allgemein mit einer derartigen Formel zu charakterisieren, die in mancher Hinsicht stets

---

93 Doutté, E., *Magie et religion dans l'Afrique du Nord*, Einleitung, 5.

entweder zu weit gefasst oder zu begrenzt ist und Gefahr läuft, allen Zivilisationen gemeinsame Elemente außer Acht zu lassen, demgegenüber jedoch andere Elemente, die nur bestimmten Zivilisationen zu eigen sind, mit einzuschließen. So berücksichtigt die angeführte Definition mitnichten das, was in allen Zivilisationen von wesenhaft geistiger Natur ist; denn dies lässt sich nicht einfach unter die sogenannten „Techniken" subsumieren, von denen uns gesagt wird, sie entsprächen „der Gesamtheit von Praktiken, die in erster Linie der Veränderung der physischen Umgebung gewidmet sind". Wenn man andererseits von „Glaubensvorstellungen" spricht und hinzufügt, das Wort müsse „in seinem gewöhnlichen Sinne genommen" werden, wird hier auf etwas Bezug genommen, was offensichtlich den Bestand religiöser Elemente voraussetzt, die man in Wirklichkeit nur in bestimmten Zivilisationen findet, in anderen aber nicht. Zur Vermeidung aller derartigen Unzulänglichkeiten haben wir uns eingangs damit begnügt, schlicht und einfach zu behaupten, eine Zivilisation sei Produkt und Ausdruck einer bestimmten Mentalität, die einer mehr oder weniger umfangreichen Gruppe von Menschen gemein ist. Damit behalten wir uns für jeden spezifischen Fall die präzise Bestimmung seiner konstitutiven Elemente vor.

Wie dem auch sei – mit Blick auf den Osten ist die Identifikation von Tradition und Zivilisation im Großen und Ganzen gleichwohl gerechtfertigt: Jede östliche Zivilisation scheint uns in ihrer Gesamtheit wesenhaft traditionell zu sein; dies ergibt sich unmittelbar aus den Erklärungen, die wir im vorigen Kapitel geliefert hatten.[94] Was die abendländische Zivilisation betrifft, so haben wir bemerkt, dass ihr demgegenüber jeglicher traditioneller Charakter abgehe – mit Ausnahme ihres religiösen Elements, das allein sich in ihr seinen traditionellen Charakter bewahrt hat. Soziale Institutionen müssen, um als traditionell klassifiziert werden zu können, in ihrem Prinzip faktisch an eine traditionelle Lehre (metaphysischer, religiöser oder sonstiger dementsprechender Art) rückgebunden sein. In anderen Worten schöpfen die traditionellen Institutionen ihre tiefere Daseinsberechtigung aus ihrer zwar nicht immer unmittelbaren, aber stets gewollten und bewussten Abhängigkeit von einer Lehre, deren

[94] [Guénon hatte im vorigen Kapitel die Einheitsprinzipien der östlichen Zivilisationen diskutiert. – FH]

grundsätzliche Natur in jedem Falle geistig ist und die vermittels besagter Institutionen auf die Gesamtheit der Zivilisation übertragen wird. Allerdings kann diese Geistigkeit – etwa im Falle einer genuin metaphysischen Lehre – in Reinzustand vorliegen oder mit verschiedenen heterogenen Elementen vermischt sein; letzteres ist der Fall bei religiösen oder anderen Formen, die eine traditionelle Lehre auch anzunehmen vermag.

Im Islam stellt sich die Tradition wie gesagt unter zwei verschiedenen Aspekten dar, von denen der eine als religiös zu bezeichnen ist; auf ihn beziehen sich sämtliche sozialen Institutionen, während der andere, rein orientalische, Aspekt wahrhaft metaphysisch ist. In gewissem Maße gab es etwas Derartiges auch im europäischen Mittelalter, und zwar mit der scholastischen Lehre, in welcher übrigens der arabische Einfluss recht deutlich erkennbar ist. Um die Grenzen dieser Analogie aufzuzeigen, muss man jedoch hinzufügen, dass die Metaphysik dort zu keinem Zeitpunkt klar von der Theologie, und d.h. letztlich von ihrer besonderen Anwendung auf das religiöse Denken, unterschieden wurde, dass außerdem dasjenige, was sich dort an Metaphysischem findet, unvollständig ist. Es blieb gewissen Begrenzungen unterworfen, die der gesamten abendländischen Geistigkeit inhärent zu sein scheinen. Ohne Zweifel muss man in diesen beiden Unzulänglichkeiten die Folgen eines zweifachen Erbes, d.h. der jüdischen und der griechischen Geisteshaltung, erblicken.

In Indien begegnen wir einer ihrem Wesen nach rein metaphysischen Tradition, an die sich – als verschiedene von ihr abhängige Bestandteile und Verlängerungen – diverse Anwendungen derselben anschließen, und zwar sowohl auf gewisse sekundäre Zweige der Lehre selbst (wie z.B. den auf die Kosmologie bezogenen Zweig), als auch auf die Gesellschaftsordnung, die im Übrigen streng von der analogischen Entsprechung zwischen den jeweiligen Formen kosmischer und menschlicher Existenz bestimmt wird. Was hier – vor allem aufgrund der Abwesenheit des religiösen Standpunktes und der außer-geistigen Elemente, die dieser Standpunkt seiner Natur nach impliziert – sehr viel klarer hervortritt als in der islamischen Tradition, ist die völlige Subordinierung der diversen Teilbereiche unter die Metaphysik, d.h. den Bereich der universellen Prinzipien.

In China manifestiert sich die klare Trennung, von der wir gesprochen haben, einerseits in einer metaphysischen, andererseits in einer gesellschaftlichen Tradition, die auf den ersten Blick nicht nur als verschieden (was sie in der Tat sind), sondern sogar als ziemlich unabhängig voneinander erscheinen können – dies umso mehr, als die metaphysische Tradition stets das Privileg einer zahlenmäßig sehr kleinen geistigen Elite geblieben ist, wohingegen die gesellschaftliche Tradition sich ihrer Natur gemäß unterschiedslos an alle richtet bzw. die gesamte Bevölkerung an sich teilhaben lässt. Man muss jedoch beachten, dass die metaphysische Tradition, wie sie sich im „Taoismus“ darstellt, die Weiterentwicklung von Prinzipien einer noch urtümlicheren, namentlich im *I Ging* enthaltenen, Tradition ist, und dass – obgleich weniger unmittelbar und nur als Anwendung auf die kontingente Ebene – die Gesamtheit der sozialen Institutionen, die für gewöhnlich unter dem Namen „Konfuzianismus“ bekannt ist, sich aus eben dieser Urtradition ableitet. So ist die wesenhafte Kontinuität der beiden Grundaspekte der fernöstlichen Zivilisation sichergestellt, einschließlich ihrer adäquaten Verhältnisbestimmung; eine Kontinuität, die freilich kaum ersichtlich würde, wenn man sie nicht bis zu ihrer gemeinsamen Quelle zurückverfolgen könnte, d.h. zu der Urtradition, deren ideographischer Ausdruck – fixiert in der Epoche von Fu Xi – über einen Zeitraum von beinah 5.000 Jahren intakt geblieben ist.

Nach dieser eher überblickshaften Betrachtung müssen wir jetzt genauer darlegen, was jene spezifische Traditionsform, die wir als religiös bezeichnen, eigentlich ausmacht, sodann, was das rein metaphysische Denken vom theologischen Denken (d.h. von religiösen Konzeptionen) unterscheidet, fernerhin, wodurch es sich vom philosophischen Denken im westlichen Sinne des Wortes unterscheidet. Durch diese fundamentalen Unterscheidungen werden wir die Grundmerkmale der wichtigsten Formen östlicher Geistigkeit – im Unterschied zu den Hauptformen der geistigen, oder besser: halb-geistigen Vorstellungen, die im Westen bestehen – kenntlich machen.

3. Tradition und Religion

Es scheint recht schwierig zu sein, sich über eine exakte und strenge Definition von Religion und deren wesentliche Elemente zu verständigen. Auch die Etymologie, in derartigen Fällen häufig aufschlussreich, scheint uns hier wenig hilfreich zu sein, bleibt der Wink, den sie uns gibt, doch sehr vage. Gemäß der wörtlichen Herleitung ist Religion „das, was verbindet". Ist hierunter aber das zu verstehen, was den Menschen an ein höheres Prinzip zurückbindet, oder lediglich das, was die Menschen untereinander verbindet? Mit Blick auf die griechisch-römische Antike, aus der das Wort, wenn nicht sogar die Sache, die es heute bezeichnet, stammt, kann fast mit Sicherheit gesagt werden, dass der Begriff Religion beide Bedeutungen umfasste und dass meistens sogar die zweite Bedeutung ausschlaggebend war. Denn die Religion bzw. das mit diesem Begriff Bezeichnete war mit der Gesamtheit der sozialen Institutionen untrennbar verknüpft. Die Anerkennung der „Götter der Stadt" und die Einhaltung der gesetzlich etablierten, kulturellen Formen bildeten die grundlegenden Bedingungen für die Institutionen und garantierten ihre Stabilität, was diesen Institutionen im Übrigen einen genuin traditionellen Charakter verlieh. Allein wurde, zumindest in der klassischen Epoche, das Prinzip als solches, auf das sich diese Tradition geistig eigentlich stützte, nicht mehr gänzlich verstanden. Man kann hierin wohl eines der ersten Anzeichen der den Abendländern eigenen metaphysischen Unfähigkeit erblicken – eine Unfähigkeit, deren fatale und beständige Folgen eine sonderbare Verwirrung des Denkens mit sich brachten. Besonders bei den Griechen verloren die Riten und Symbole, das Erbe älterer und bereits vergessener Traditionen, rasch ihre klare Ursprungsbedeutung. Die Vorstellungskraft dieses vornehmlich künstlerisch veranlagten Volkes drückte sich in der individuellen Phantasie seiner Dichter aus, die die Symbole unter einem nahezu undurchdringlichen Schleier verbargen. Dies ist der Grund, warum Philosophen wie Platon ausdrücklich erklärten, dass sie die ältesten Schriften über die Natur der Götter nicht zu interpretieren vermochten.[95] So sind die Symbole zu bloßen Allegorien herabgesunken und – in Folge einer Tendenz, die anthropomorphen Personifikationen unvermeidlich innewohnt – zu „Mythen" geworden, d.h. zu

[95] *Nomoi* X.

Fabeln, über die ein jeder denken konnte, was er wollte, solange er in praktischer Hinsicht die von den Gesetzen vorgeschriebenen Konventionen befolgte. Unter diesen Bedingungen konnte nurmehr ein bloßer Formalismus fortbestehen, der umso äußerlicher wurde, als selbst diejenigen, die – in Einklang mit den unveränderlichen Regeln – über seine Aufrechterhaltung wachen sollten, ihn nicht mehr verstanden und die Religion, ihres tieferen Daseinsgrundes beraubt, lediglich noch eine rein soziale Angelegenheit sein konnte. Hieraus erklärt sich, wie ein Mensch, der die Stadt wechselte, zugleich die Religion wechseln musste und es ohne den geringsten Skrupel tun konnte: Er hatte die Gebräuche derer, unter denen er lebte, anzunehmen und musste von nun an ihre Gesetze (die zu seinen eigenen geworden waren) befolgen; die Religion war ein integraler Bestandteil dieser Gesetze, ebenso und auf gleicher Ebene wie die staatlichen, gerichtlichen oder militärischen Institutionen. Diese Vorstellung von der Religion als eines „sozialen Bandes" zwischen den Bewohnern ein und derselben Stadt, die außerdem von einer anderen, allgemeineren Religion überlagert wurde, die jenseits lokaler Unterschiede allen hellenischen Völkern gemeinsam war und zwischen diesen das einzig wirksame und dauerhafte Band bildete – diese Vorstellung, so behaupten wir, war zwar nicht die einer „Staatsreligion" im viel späteren Sinne des Wortes, erinnert jedoch bereits an sie und trug sicherlich zu ihrem Aufkommen bei.

Bei den Römern verhielt es sich sehr ähnlich wie bei den Griechen, mit dem Unterschied allerdings, dass ihr Unverständnis der symbolischen Formen, die sie der etruskischen Tradition sowie verschiedenen anderen Völkern, aus denen sie hervorgegangen waren, entlehnt hatten, nicht einer ästhetischen Tendenz geschuldet war, die alle Bereiche des Denkens – sogar jene, die sich dieser Tendenz eigentlich verschließen sollten – überwucherte, sondern einer völligen Unfähigkeit bezüglich allem die genuin geistige Ordnung Betreffenden. Diese radikale Unzulänglichkeit der römischen Geistesart, die fast ausschließlich auf praktische Dinge gerichtet war, ist allzu deutlich und zu allgemein bekannt, als dass wir an dieser Stelle weiter darauf insistieren müssten. Der in der Folge auf sie einwirkende griechische Einfluss konnte diesen Missständen nur in einem sehr begrenzten Maße begegnen. Wie dem auch sei, die „Götter der Stadt" nahmen auch hier die vorherrschende Rolle im öffentlichen Kult ein, in Überlagerung mit Familienkulten, die stets parallel dazu bestanden, vielleicht ohne in ihrem tieferen Grund verstanden zu werden; und diese „Götter der Stadt“ wurden schließlich infolge der schrittweisen Ausdehnung des Herrschaftsbereiches zu den „Göttern des Reiches“. Es ist evident, dass ein Kult, wie z.B. der der Herrscher, lediglich von einer rein sozialen Tragweite sein konnte; und es ist bekannt, dass der Grund für die Christenverfolgungen – während doch so viele heterogene Elemente problemlos der römischen Religion einverleibt wurden – darin lag, dass allein das Christentum eine sowohl praktische als auch theoretische und für die bestehenden Institutionen subversive Zurückweisung der „Götter des Reiches“ implizierte. Diese Zurückweisung wäre nicht nötig gewesen, hätte man die wirkliche Tragweite der bloß sozialen Riten klar definiert und entsprechend begrenzt. Sie war indessen die notwendige Folge vielfältiger Verwirrungen, die zwischen den verschiedensten Bereichen auftraten und die aus missverstandenen Elementen gewisser Riten unterschiedlichster Provenienz entsprangen, was diesen Riten einen „abergläubischen“ Charakter in jenem strengen Sinne, in dem wir das Wort bisher verwendet haben, verlieh.

In den bisherigen Ausführungen ging es uns nicht nur darum, die Religionsvorstellung der griechisch-römischen Zivilisation aufzuzeigen, was als solches vielleicht irrelevant erscheinen mag. Wir wollten vor allem darauf hinweisen, wie stark dieses Religionsverständnis sich von dem der gegenwärtigen abendländischen Zivilisation unterscheidet – der Identität des Terminus zum Trotz, der dazu dient, das eine wie das andere zu bezeichnen. Man könnte sagen, dass das Christentum, oder – wenn man so will – die jüdisch-christliche Tradition in ihrer Anverwandlung der lateinischen Sprache und des Wortes „Religion“, das dieser Sprache entstammt, ihm einen nahezu völlig anderen Sinn verliehen hat. Für einen solchen Vorgang ließen sich freilich auch andere Beispiele anführen; eines der bemerkenswertesten ist das Wort „Schöpfung“, auf das wir später noch zu sprechen kommen werden. Die seither dominierende Vorstellung von „Religion“ ist die eines Bandes zu einem höheren Prinzip, d.h. nicht mehr jene eines sozialen Bandes, die zwar bis zu einem gewissen Grad weiterbesteht, jedoch allenfalls als sekundär erachtet wird. Gleichwohl ist auch das soeben Gesagte nicht mehr als eine erste Annäherung; um die Bedeutung der aktuellen Religionsvorstellung – und nur sie fassen wir jetzt unter diesem Namen – genauer zu bestimmen, wäre es offensichtlich nutzlos, sich noch länger auf die

Etymologie zu beziehen, da diese kaum mehr gebräuchlich ist. Nur durch eine direkte Untersuchung der tatsächlich bestehenden Verhältnisse ist es möglich, hier präzise Auskünfte zu erhalten.

Zunächst ist anzumerken, dass die Mehrzahl der Definitionen, oder besser: Definitionsversuchen, die man bezüglich des Wortes Religion vorgeschlagen hat, an einem gemeinsamen Mangel leiden, nämlich auf sehr unterschiedliche Dinge anwendbar zu sein, von denen manche in Wirklichkeit überhaupt nichts Religiöses an sich haben. So gibt es Soziologen, die beispielsweise behaupten, dass „das, was die religiösen Phänomene auszeichnet, ihre verbindliche Kraft sei".[96] Hier ist angebracht zu bemerken, dass dieser verbindliche Charakter weit davon entfernt ist, allem als religiös zu bezeichnenden in gleichem Maße zuzukommen. Die Intensität dieser Verbindlichkeit kann vielmehr variieren, und zwar sowohl bezüglich der verschiedenen Praktiken und Glaubensvorstellungen innerhalb ein und derselben Religion als auch im Allgemeinen zwischen verschiedenen Religionen. Doch gesetzt, diese Bestimmung sei in der Tat allen religiösen Sachverhalten irgendwie gemein – so ist sie dennoch keinesfalls nur ihnen eigentümlich. Die elementarste Logik lehrt uns aber, dass eine Definition sich nicht bloß daran bemessen darf, was „allem Definierten", sondern daran, was „nur dem Definierten" zukommt. Die Verbindlichkeit, die von irgendeiner Autorität oder Macht mehr oder weniger streng durchgesetzt wird, ist im Grunde genommen ein Element, das sich in recht konstanter Form in allen sozialen Institutionen wiederfindet. Was gibt es namentlich, das mit einer strengeren Verbindlichkeit aufträte als die Gesetze? Ob übrigens die Gesetzgebung direkt mit der Religion zusammenhängt, wie etwa im Islam, oder ob sie im Gegenteil völlig getrennt und unabhängig von ihr ist, wie in den gegenwärtigen europäischen Staaten – in beiden Fällen hat sie diesen verpflichtenden Charakter, und dies notwendigerweise und aus dem einfachen Grund, weil sie eine Bedingung der Möglichkeit für eine soziale Ordnung, ganz gleich welcher Form, darstellt. Wer aber wagte ernsthaft zu behaupten, dass die gesetzlichen Institutionen des modernen Europas einen religiösen Charakter aufweisen? Eine derartige Unterstellung wäre geradezu lächerlich, und wenn wir ihr hier mehr Raum gegeben haben als sie eigentlich verdiente, so nur deshalb, weil es sich um Theorien

96 Durkheim, E., *De la définition des phénomènes religieux.*

handelt, die in gewissen Kreisen einen Einfluss erlangt haben, der so beträchtlich wie unverdient ist. Um es kurz zu machen: Nicht nur in jenen Gesellschaften, die man – unseres Erachtens zu Unrecht – als „primitiv" zu bezeichnen pflegt, besitzen in unterschiedlich starkem Maße „alle sozialen Phänomene denselben verpflichtenden Charakter"; eine Behauptung, die unsere Soziologen – die sich mit Vorliebe auf sogenannte „primitive" Gesellschaften berufen, weil die Nachprüfung derartiger Zeugnisse schwierig ist – dazu zwingt einzugestehen, dass „die Religion dort alles umfasst, zumindest wenn man nicht bevorzugt zu sagen, dass sie überhaupt nicht existiert!"[97] Zwar fügen sie für diese zweite Alternative, die uns als die richtige erscheint, sofort die Einschränkung hinzu: „wenn man die Religion als eine besondere Funktion ansehen will"; doch erachtet man sie nicht als eine „besondere Funktion", handelt es sich eben nicht länger um Religion.

Indessen sind wird noch nicht fertig mit den Phantasien der Soziologen: Eine andere von ihnen favorisierte Theorie besteht in der Behauptung, dass Religion sich wesenhaft durch die Präsenz eines rituellen Elements auszeichne. Anders gesagt müsse man überall dort, wo es irgendwelche Riten gibt, daraus ohne weiteres schließen, dass religiöse Phänomene vorlägen. Gewiss findet sich in jeder Religion ein rituelles Element; allein ist dieses Element als solches nicht hinreichend, um Religion als solche zu charakterisieren. Wie schon zuvor ist auch hier die vorgeschlagene Definition viel zu weit gefasst, gibt es doch (sogar in vielerlei Formen) Riten, die in keiner Weise religiös sind. Zunächst existieren Riten rein sozialen, oder wenn man so will: zivilen, Charakters; hier wären die Riten der griechisch-römischen Zivilisation hinzuzurechnen gewesen, wenn nicht die zuvor erwähnten Verwirrungen geherrscht hätten. Ferner finden sich derartige Riten in der gegenwärtigen chinesischen Tradition, wo keine vergleichbare Verwirrung besteht und wo die Zeremonien des Konfuzianismus in der Tat soziale Riten darstellen, denen nicht im Geringsten irgendein religiöser Charakter eignet. Nur in dieser Funktion sind sie Gegenstand offizieller Anerkennung, was in China unter anderen Bedingungen unvorstellbar wäre. Die Jesuiten, die sich im 17. Jahrhundert in China etabliert hatten, haben dies sehr wohl verstanden. Sie fanden es ganz natürlich, an diesen Zeremonien teilzunehmen und sahen darin nichts, was mit dem

---

[97] Doutté, E., *Magie et religion dans l'Afrique du Nord*, Einleitung, 7.

Christentum inkompatibel wäre. Damit waren sie völlig im Recht, da der Konfuzianismus – ganz außerhalb des religiösen Bereichs stehend und nur diejenigen Dinge betreffend, die von allen Mitgliedern der Gesellschaft gleichermaßen akzeptiert werden sollen – völlig vereinbar ist mit jedweder Religion, einschließlich dem Nichtvorhandensein von Religion. Die zeitgenössischen Soziologen begehen hier genau den gleichen Fehler wie einst die Gegner der Jesuiten, wenn sie diese beschuldigt haben, sich gewissen Praktiken einer dem Christentum fremden Religion unterworfen zu haben: Die Existenz von Riten gewahrend, gingen sie wie selbstverständlich davon aus, dass diese Riten von religiöser Natur sein müssten, gleich denen, die sie aus ihrem europäischen Umfeld kannten. Nun bietet uns die fernöstliche Zivilisation noch ein weiteres Beispiel für eine ganz andere Art nicht-religiöser Riten: Der Taoismus, der wie erwähnt eine rein metaphysische Lehre ist, verfügt nämlich ebenfalls über gewisse ihm eigentümliche Riten; das heißt aber, dass es Riten gibt, die einen wesenhaft metaphysischen Charakter und Sinn haben, so fremd und sogar unverständlich dies den Abendländern auch erscheinen mag. Wir wollen an dieser Stelle nicht weiter darauf eingehen und fügen lediglich noch hinzu, dass man derartige Riten – ohne bis nach China oder Indien gehen zu müssen – auch in gewissen Zweigen des Islam finden könnte, obgleich dieser den Europäern ebenso verschlossen bleibt wie der restliche Orient (woran sie übrigens selbst schuld sind). Immerhin mag der Irrtum der Soziologen über Sachverhalte, die ihnen völlig fremd sind, einigermaßen verzeihlich sein; und sie hätten vielleicht einigen Grund zu glauben, alle Riten seien ihrem Wesen nach religiös – dann jedenfalls, wenn die westliche Welt, über die sie ja eigentlich besser Bescheid wissen müssten, ihnen in der Tat keine anderen Beispiele darbieten würde; auch wenn wir dies hier nicht näher zu untersuchen beabsichtigen, scheint uns diesbezüglich gleichwohl die Frage legitim, ob etwa den Riten der Freimaurer, nur weil es sich eben um Riten handelt, irgendein religiöser Charakter zukomme.

In diesem Kontext ergreifen wir die Gelegenheit, darauf hinzuweisen, dass die völlige Abwesenheit des religiösen Standpunktes bei den Chinesen Anlass für einen weiteren Irrtum bot, der gewissermaßen die Kehrseite des vorigen Irrtums darstellt und diesmal einem wechselseitigen Missverstehen geschuldet ist. Der Chinese, gleichsam von Natur aus allem Traditionellen den größten Respekt zollend, nimmt, sobald er in eine andere Umgebung versetzt wird, bereitwillig das an, was ihm als dortige Tradition erscheint. Da nun im Westen allein die Religion einen derart traditionellen Charakter besitzt, kann er auch sie annehmen, allerdings in ganz oberflächlicher und vorübergehender Weise. In sein Heimatland zurückgekehrt, das er niemals definitiv aufgegeben hatte, da die „Solidarität der Rasse" zu stark ist, als dass sie es erlauben würde, wird er sich nicht mehr im Geringsten um die Religion kümmern, deren Gebräuche er eine Zeit lang befolgt hatte. Denn diese Religion, die für andere tatsächlich eine solche darstellt, hatte er selbst niemals in religiöser Weise aufgefasst, ist dies seiner Mentalität doch völlig fremd; und da er im Abendland nicht auch nur das Mindeste von metaphysischem Charakter angetroffen hat, konnte die Religion in seinen Augen nur das ungefähre Äquivalent zu einer Tradition von rein sozialer Natur sein, wie etwa im Falle des Konfuzianismus. Die Europäer würden demnach fehlgehen, ein derartiges Verhalten als heuchlerisch zu klassifizieren, wie es gelegentlich geschieht. Für den Chinesen ist dies einfach eine Sache der Höflichkeit, da – seiner Vorstellung zufolge – die Höflichkeit es verlangt, sich so gut wie möglich den Gebräuchen des Landes, in dem man lebt, anzupassen; und die in China lebenden Jesuiten des 17. Jahrhunderts handelten strikt nach dieser Vorschrift, wenn sie ihren Rang in der offiziellen Hierarchie der *literati* einnahmen und den Ahnen und Weisen die ihnen geschuldeten rituellen Ehren erwiesen.

Im selben Zusammenhang ist es außerdem von Interesse zu bemerken, dass in Japan der Shintoismus in gewissem Maße den gleichen Charakter und die gleiche Rolle einnimmt wie der Konfuzianismus in China. Obgleich ihm auch andere, weniger klar definierte Aspekte eignen, handelt es sich bei ihm zuvörderst um eine zeremonielle Institution des Staates. Seinen Amtsträgern, die keineswegs „Priester" sind, bleibt es völlig freigestellt, diejenige Religion zu wählen, die ihnen am meisten zusagt oder sogar überhaupt keine Religion zu wählen. Wir entsinnen uns, diesbezüglich in einem Handbuch zur Geschichte der Religionen die merkwürdige Überlegung gelesen zu haben, dass „in Japan wie in China der Glaube an die Lehren einer Religion nicht im Mindesten den Glauben an die Lehren einer anderen Religion ausschließt".[98] In Wahrheit können die verschiedenen Lehren nun

[98] *Christus*, Kap. V, 193.

allein unter der Bedingung kompatibel sein, dass sie nicht die gleiche Position einnehmen, was in diesem Falle jedoch zuträfe und was genügt um zu beweisen, dass es sich hier überhaupt nicht um Religion handeln kann. Abgesehen von ausländischen Importen, die weder einen besonders tiefen noch auch breiten Einfluss auszuüben vermochten, ist der religiöse Standpunkt den Japanern so unbekannt wie den Chinesen. Wir haben hier einen der wenigen gemeinsamen Züge in den Geisteshaltungen dieser beiden Völker vor uns.

Bis zu diesem Punkt haben wir die Frage, die wir aufgeworfen hatten, nur in negativer Weise behandelt, haben wir doch vor allem die Unzulänglichkeit gewisser Definitionen aufgezeigt – eine Unzulänglichkeit, die bis zur gänzlichen Falschheit reichen kann. Jetzt müssen wir, wenn auch keine Definition im eigentlichen Sinne, so doch zumindest eine positive Vorstellung dessen angeben, was Religion in Wahrheit ausmacht. Wir behaupten, dass Religion ihrer Natur nach stets die Vereinigung von drei Elementen unterschiedlicher Art beinhaltet: ein Dogma, eine Moral, einen Kult. Wann immer eines dieser Elemente fehlt, kann nicht länger von Religion im eigentlichen Sinne des Wortes die Rede sein. Wir ergänzen sogleich, dass das erste Element den geistigen Teil der Religion bildet, das zweite ihren sozialen Teil und dass das dritte – das rituelle Element – zugleich am einen wie am anderen teilhat; doch dies erfordert einige Erklärungen. Die Bezeichnung Dogma ist an und für sich auf eine religiöse Lehre bezogen. Ohne an dieser Stelle die speziellen Charakteristika einer solchen Lehre weiter zu untersuchen, können wir immerhin sagen, dass sie – obgleich in ihrer Tiefendimension offensichtlich geistig – nicht von rein geistiger Natur ist. Denn wäre dies der Fall, so wäre sie metaphysisch und nicht mehr religiös. Um jene besondere Form anzunehmen, die ihrem Standpunkt entspricht, ist diese Lehre notwendigerweise dem Einfluss außer-geistiger Elemente ausgesetzt, die hauptsächlich von sentimentaler Natur sind. Der Begriff des „Glaubens“ selbst, der in aller Regel zur Bezeichnung religiöser Vorstellungen dient, zeugt von diesem Charakter, ist es doch eine elementare psychologische Einsicht, dass der Glaube – verstanden in seiner präzisesten Bedeutung und insofern er sich der rein geistigen Gewissheit entgegenstellt – ein Phänomen ist, bei dem die Gefühle eine wichtige Rolle spielen, und zwar als eine Art von Neigung oder Sympathie für eine Vorstellung, die im Übrigen zwangsläufig voraussetzt, dass diese

Vorstellung mit einer (nicht immer gleich stark ausgeprägten) gefühlsmäßigen Nuance erfasst wird. Der gleiche – in der Doktrin allenfalls sekundäre – gefühlsmäßige Faktor wird, sogar in fast ausschließlicher Form, in der Moral vorherrschend, deren Abhängigkeit vom Dogma als ihrem Prinzip eine vornehmlich theoretische Behauptung bleibt. Diese Moral, deren Existenzberechtigung nur im Sozialen liegen kann, könnte als eine Art von Gesetzgebung angesehen werden – die einzige, die noch in den Bereich der Religion fällt, wo sonst sämtliche zivilen Institutionen von ihr unabhängig geworden sind. Die Riten schließlich, deren Gesamtheit den Kult bildet, tragen geistigen Charakter, insofern man sie als einen symbolischen und sinnlichen Ausdruck der Lehre betrachtet, und sozialen Charakter, insofern man sie als „Praktiken" ansieht, welche die – unter Umständen obligatorische – Teilnahme aller Mitglieder der religiösen Gemeinschaft fordern. Das Wort Kult muss recht eigentlich religiösen Riten vorbehalten bleiben; man verwendet es allerdings auch häufig (doch eher missbräuchlich) um andere, beispielsweise rein soziale, Riten zu bezeichnen, z.B. wenn man vom „Ahnenkult" in China spricht. Allgemein ist anzumerken, dass in einer Religion, wo das soziale und gefühlsmäßige Element das geistige überwiegt, die Bereiche des Dogmas und des Kultes in zunehmendem Maße abnehmen, sodass eine solche Religion in einen simplen „Moralismus" zu entarten droht, wie man es beispielsweise sehr deutlich am Falle des Protestantismus sehen kann. Im Extremfall, der gegenwärtig in einem gewissen „liberalen Protestantismus" wohl fast erreicht ist, handelt es sich bei dem, was noch erhalten bleibt, um überhaupt keine Religion mehr, da nur einer der wesentlichen Faktoren noch bewahrt wird. Sie kommt dann schlicht und einfach einer spezifischen Form des philosophischen Denkens gleich. Auch ist wichtig zu präzisieren, dass Moral in zwei sehr verschiedenen Weisen aufgefasst werden kann: entweder in religiöser Weise, wenn sie mit einem Dogma als ihrem Prinzip, dem sie untergeordnet ist, zusammenhängt, oder aber in philosophischer Weise, nämlich wenn sie als autonom angesehen wird. Auf letztere Form werden wir an späterer Stelle noch zurückkommen.

Nun sollte verständlich werden, warum wir behauptet haben, eine strenge Anwendung des Begriffs Religion außerhalb der von Judentum, Christentum und Islam gebildeten Einheit gestalte sich schwierig – was von der spezifisch jüdischen

Herkunft der mit diesem Wort gegenwärtig ausgedrückten Vorstellung nur bestätigt wird. In keinem anderen Fall sind die drei Aspekte, durch die wir Religion charakterisiert haben, in ein und derselben Traditionsform vereint. So sehen wir in China den geistigen Standpunkt und den sozialen Standpunkt, zumal repräsentiert durch zwei voneinander getrennte Traditionszweige; der moralische Standpunkt ist jedoch ganz abwesend, sogar in der sozialen Tradition. In Indien ist es ebenfalls der moralische Standpunkt, der fehlt: Wenn die Gesetzgebung dort überhaupt nicht religiös ist wie im Islam, so deshalb, weil sie des sentimentalen Elements, das allein ihr genuin moralischen Charakter verleihen könnte, gänzlich entbehrt. Was die Lehre anlangt, so ist sie rein geistig bzw. metaphysisch, ohne die geringste Spur sentimentaler Art aufzuweisen, die notwendig wäre, um ihr den Charakter eines religiösen Dogmas zu verleihen, und ohne die die Angliederung einer Moral an ein doktrinales Prinzip ganz undenkbar ist. Man kann sagen, dass der moralische und der religiöse Standpunkt ihrem Wesen nach eine gewisse Sentimentalität voraussetzen, die vornehmlich bei den Abendländern entwickelt ist – auf Kosten der Geistigkeit. Wir haben hier eine besondere Eigentümlichkeit der Abendländer vor uns; gleichwohl muss man ihnen diesbezüglich die Muslime beigesellen, allerdings – und zwar sogar in Absehung des außer-religiösen Aspekts ihrer Lehre – mit dem großen Unterschied, dass für sie die Moral nur einen sekundären Rang einnimmt und niemals als eigenständig erachtet werden konnte. Die Mentalität der Muslime erlaubt es nämlich nicht, die Vorstellung einer „unabhängigen", und d.h. philosophischen, Moral anzunehmen, wie man dies einst bei den Griechen und Römern fand und wie es in der gegenwärtigen Epoche im Abendland erneut weit verbreitet ist.

Noch eine letzte Bemerkung ist hier nötig: Wir teilen in keiner Weise die Auffassung der Soziologen, von denen wir weiter oben gesprochen haben, dass namentlich die Religion schlicht und ergreifend ein soziales Faktum sei. Wir behaupten lediglich, dass ihr ein konstitutives Element sozialer Art zukommt, was offensichtlich nicht dasselbe ist, da dieses Element im Verhältnis zur Doktrin normalerweise sekundär bleibt. Diese ist von ganz anderer Natur, sodass die Religion einerseits zwar sozial, andererseits jedoch zugleich noch sehr viel mehr ist. Außerdem gibt es Fälle, wo alles Gesellschaftliche an die Religion rückgebunden und ihr gleichsam untergeordnet ist. Dies finden wir im Islam –

wie wir bereits Gelegenheit hatten auszuführen – und im Judentum, in dem die Gesetzgebung ihrer Natur nach nicht weniger religiös (als im Islam) ist, mit der Besonderheit freilich, nur auf ein bestimmtes Volk anwendbar zu sein. Wir finden es ferner im Rahmen einer Auffassung des Christentums, die wir „integral" nennen könnten und die einstmals tatsächlich realisiert wurde. Die Meinung der Soziologen entspricht lediglich dem aktuellen Zustand Europas, nicht zuletzt insofern sie von allen doktrinalen Betrachtungen absehen, die ihre ursprüngliche Bedeutung indes nur bei den protestantischen Völkern wirklich verloren haben. Es ist sonderbar zu beobachten, dass diese Tendenz dazu dienen konnte, das Konzept einer „Staatsreligion" zu rechtfertigen, d.h. letztlich einer Religion, die Angelegenheit des Staates ist und als solche Gefahr läuft, auf die Rolle eines politischen Instruments reduziert zu werden – eine Vorstellung, die uns in mancher Hinsicht an die der griechisch-römischen Religion erinnert, wie weiter oben schon angedeutet wurde. Diese Vorstellung erscheint jener der „Christenheit" diametral entgegengesetzt zu sein. Den Nationalitäten vorgängig, könnte die „Christenheit" nach erfolgter Bildung der Nationen nur unter der Voraussetzung, wesenhaft „übernational" zu sein, fortbestehen oder wiederhergestellt werden. Die „Staatsreligion" wird demgegenüber faktisch – wenn nicht sogar rechtlich – stets als national angesehen, möge sie gänzlich unabhängig sein oder die Form einer Angliederung an andere ähnliche Institutionen im Sinne einer föderativen Verbindung annehmen, die in jedem Falle der höheren und zentralen Autorität nur eine merklich verminderte Macht zugestände. Ersterer Fall, der der „Christenheit", ist namentlich der eines „Katholizismus" im etymologischen Sinne des Wortes. Letzterer Fall, jener der „Staatsreligion", findet seinen logischen Ausdruck entweder in einem Gallikanismus à la Ludwig XIV. oder in einem Anglikanismus sowie in bestimmten Formen des Protestantismus, dem eine solche Herabsetzung der Religion im Allgemeinen offenbar kaum problematisch erscheint. Schlussendlich sei ergänzt, dass von diesen beiden abendländischen Sichtweisen auf die Religion nur die erste fähig ist, die Kriterien für eine echte Tradition im östlichen Wortverstand – allerdings mit den der religiösen Form eigentümlichen Besonderheiten – zu erfüllen.

4. Wesensmerkmale der Metaphysik

Während der religiöse Standpunkt seinem Wesen nach dem Einfluss gefühlsmäßiger Elemente unterliegt, ist der metaphysische Standpunkt rein geistig. Obgleich der Sinn einer solchen Charakterisierung des metaphysischen Standpunkts für uns sehr klar ist, könnte sie vielen Lesern unzureichend erscheinen, da dieser Standpunkt den Abendländern nur wenig vertraut ist und deshalb näherhin bestimmt werden muss. Wissenschaft und Philosophie, so wie sie im Westen bestehen, erheben nämlich auch den Anspruch auf Geistigkeit; und wenn wir diesen Anspruch als unbegründet zurückweisen und vielmehr behaupten, dass ein sehr großer Unterschied zwischen allen derartigen Spekulationen und Metaphysik bestehe, dann deshalb, weil die reine Geistigkeit in dem von uns intendierten Sinne etwas völlig anderes ist als das, was man für gewöhnlich in einer eher vagen Weise darunter versteht.

Zuerst müssen wir erklären, dass, wenn wir den Terminus „Metaphysik" verwenden, dessen historischer Ursprung für uns kaum eine Rolle spielt. Dieser ist ohnehin zweifelhaft und müsste sogar als rein zufällig angesehen werden, wenn man der – in unseren Augen allerdings unwahrscheinlichen – Auffassung anhinge, der zufolge das Wort zunächst dazu gedient habe, schlicht das zu bezeichnen, was in der Werksammlung des Aristoteles „nach der Physik" kam. Ferner brauchen wir uns nicht um diverse missbräuchliche Bedeutungen zu kümmern, die manche – in verschiedenen Epochen – diesem Wort zu verleihen sich befleißigten. All dies sind indessen keine hinreichenden Gründe, das Wort zu verabschieden, da es dafür seinem Gegenstand, den es eigentlich bezeichnen soll, zu angemessen ist – so angemessen jedenfalls, wie ein dem westlichen Sprachgebrauch entlehnter Begriff es sein kann. Seinem natürlichen und sogar etymologischen Sinn zufolge bezeichnet es nämlich das „jenseits der Physik" Befindliche, wobei man hier wie die Alten unter „Physik" sehr allgemein die Gesamtheit aller Wissenschaften von der Natur verstehen muss und nicht bloß eine dieser Wissenschaften im Besonderen – wie im Falle des begrenzten Wortsinns, der unter den Modernen üblich ist. Wir verwenden den Begriff Metaphysik also im zuvor definierten Sinne und es gilt ein für alle Mal zu begreifen, dass wir allein aus dem angezeigten Grund an ihm festhalten bzw. weil wir die Ansicht vertreten, dass der Rückgriff auf

Neologismen – wenn nicht absolut notwendig – stets unvorteilhaft ist.

Wir behaupten nun, dass die so verstandene Metaphysik ihrem Wesen nach Erkenntnis des Universellen sei, oder wenn man so will: Erkenntnis der universellen Prinzipien, für welche der Begriff „Prinzipien" eigentlich allein angemessen ist. Damit wollen wir jedoch keine Definition von Metaphysik liefern, was streng genommen unmöglich ist, und zwar aufgrund der besagten Universalität als solcher, die wir als das wichtigste ihrer Merkmale erachten, aus dem alle anderen abgeleitet sind. In Wirklichkeit kann nur das Begrenzte definiert werden; die Metaphysik ist demgegenüber von völlig unbegrenztem Wesen, was uns nicht erlaubt, sie in eine mehr oder weniger enge Formulierung einzuschließen. Je exakter man in diesem Falle eine Definition zu bilden versuchte, desto inakkurater wäre sie.

Dabei ist wichtig zu bemerken, dass wir von Erkenntnis und nicht von Wissenschaft gesprochen haben, und zwar mit der Intention, den grundlegenden Unterschied hervorzuheben, der zwischen Metaphysik einerseits und den verschiedenen Wissenschaften im eigentlichen Sinne des Wortes andererseits – d.h. sämtlichen Einzel- bzw. Spezialwissenschaften, die irgendeinen bestimmten Aspekt der Einzeldinge zum Gegenstand haben – zu machen ist. Im Grunde entspricht dies der Unterscheidung von Universellem und Individuellem, die mitnichten als Gegensatz genommen werden darf, da zwischen den beiden Begriffen überhaupt kein gemeinsames Maß besteht, noch auch eine symmetrische Relation oder Gleichordnung möglich ist. Zwischen Metaphysik und Wissenschaft kann also kein Widerspruch oder Konflikt gleich welcher Art bestehen, eben weil ihre jeweiligen Bereiche durch einen Abgrund voneinander geschieden sind. Genauso verhält es sich im Übrigen auch mit Blick auf die Religion. Dabei ist zu beachten, dass die besagte Trennung nicht eigentlich die Dinge als solche betrifft, sondern vielmehr die Standpunkte, von denen aus wir die Dinge betrachten. Dies ist von besonderer Wichtigkeit hinsichtlich dessen, was noch über die Art und Weise zu sagen sein wird, wie die verschiedenen Zweige der Hindulehre in ihrem Verhältnis zueinander aufgefasst werden müssen. Es ist leicht einzusehen, dass ein und dasselbe Objekt von verschiedenen Wissenschaften in Hinblick auf verschiedene Aspekte untersucht werden kann. Desgleichen kann alles, was wir unter individuellen und besonderen Gesichtspunkten betrachten, ebenso – durch eine entsprechende Veränderung des Blickwinkels – vom universellen Standpunkt aus betrachtet werden (der selbstredend kein besonderer Standpunkt ist); dasselbe hat außerdem für alle Dinge, die nicht in individueller Weise betrachtet werden können, Gültigkeit. In diesem Sinne lässt sich sagen, dass der Bereich der Metaphysik allumfassend ist – was eine Wesensauszeichnung des genuin Universellen ist. Die den verschiedenen Wissenschaften eigentümlichen Bereiche bleiben vom Bereich der Metaphysik geschieden, da dieser – nicht auf dem gleichen Boden wie die Einzelwissenschaften stehend – jenen Bereichen in keiner Weise analog ist, weshalb auch niemals ein Vergleich zwischen den Ergebnissen von Metaphysik und Wissenschaft angestrengt werden kann. Andererseits ist der Bereich der Metaphysik jedoch auch keineswegs auf das bezogen, was die Wissenschaften aufgrund ihrer gegenwärtig noch unvollständigen Entwicklung außen vor lassen, wie manche Philosophen meinen, die nicht wissen, worum es hier geht. Vielmehr handelt es sich um einen Bereich, der seiner Natur nach dem Zugriff solcher Wissenschaften entzogen bleibt und ihre Reichweite, die sie legitimerweise beanspruchen können, unendlich übersteigt. Der Bereich aller Wissenschaften bleibt stets abhängig von der Erfahrung (in welcher Ausprägung auch immer), wohingegen der Bereich der Metaphysik wesenhaft durch das konstituiert wird, von dem keinerlei Erfahrung möglich ist: „Jenseits der Physik" befinden wir uns auch jenseits der Erfahrung. Demnach kann der Bereich einer jeden Einzelwissenschaft – sollte sie dazu in der Lage sein – sich auf unbestimmte Weise erweitern, ohne jemals doch nur den mindesten Berührungspunkt mit dem Bereich der Metaphysik zu haben.

Aus den vorstehenden Bemerkungen folgt unmittelbar, dass, wenn man vom Gegenstand der Metaphysik spricht, man sich hierunter nichts vorstellen darf, das analog zu einem möglichen Objekt irgendeiner Wissenschaft beschaffen sein könne. Außerdem muss ihr Gegenstand immer schlechterdings derselbe sein und kann in keiner Hinsicht veränderlich oder irgendwelchen raum-zeitlichen Einflüssen unterworfen sein. Das Kontingente, Zufällige und Veränderliche gehört wesenhaft zum Bereich des Individuellen; ja genannte Termini bezeichnen sogar Merkmale, die notwendigerweise die Einzeldinge als solche, oder genauer gesprochen: ihren individuellen Aspekt in seinen vielfältigen Ausprägungen, bedingen. Was sich im Falle der Metaphysik im Laufe der Zeiten und Orte ändern kann, sind lediglich die Darstellungsweisen, d.h. die äußerlichen Formen, in welche sie gekleidet werden kann und die zu verschiedenen Adaptionen fähig sind; ferner der Grad des Wissens oder Unwissens der Menschen (zumindest der Allgemeinheit von ihnen) um die echte Metaphysik. Doch diese bleibt ihrem Wesen nach völlig identisch mit sich selbst, da ihr Gegenstand wesenhaft eins, oder genauer – und wie die Hindus sich ausdrücken – „ohne Zweiheit" ist. Und weil er „jenseits der Natur" ist, ist er auch jenseits von Veränderung: Dies suchen die Araber in der Formulierung auszudrücken, dass „die Lehre von der Einheit einzig ist". Hieraus folgt ferner die Unmöglichkeit, im Bereich der Metaphysik irgendwelche Entdeckungen zu machen. Insofern es sich nämlich um eine Erkenntnisweise handelt, die nicht auf bestimmte äußere Untersuchungsmittel zurückgreift, konnte alles hier Wissbare von gewissen Menschen in allen Epochen gleichermaßen erkannt werden; und in der Tat kommt dies bei einer genaueren Prüfung der traditionellen metaphysischen Lehren zum Vorschein. Selbst wenn man den Vorstellungen von Evolution und Fortschritt – die indessen weit davon entfernt sind, bewiesen zu sein – in Bezug auf Biologie und Soziologie einen gewissen Wert zugestände, so ist nichtsdestoweniger klar, dass sie auf die Metaphysik nicht angewendet werden können. Dementsprechend sind diese Vorstellungen den Orientalen denn auch völlig fremd, wie im Übrigen bis zum Ende des 18. Jahrhunderts auch den Abendländern selbst, die sie heute für das menschliche Denken als wesentlich erachten. Das Gesagte impliziert nicht zuletzt eine entschiedene Zurückweisung jedes Anwendungsversuchs der „historischen Methode" auf metaphysische Sachverhalte: Der metaphysische Standpunkt widersetzt sich nämlich radikal dem historischen Standpunkt bzw. was hierunter verstanden wird, und dieser Gegensatz ist nicht nur eine Frage der Methode, sondern auch und vor allem eine prinzipielle Frage (was sehr viel schwerer wiegt), weil der metaphysische Standpunkt in seiner wesenhaften Unveränderlichkeit die Negation selbst der Vorstellungen von Evolution und Fortschritt darstellt. In diesem Sinne könnte man sagen, dass Metaphysik nur metaphysisch studiert werden kann. Man darf hier keine Zufälligkeiten wie z.B. individuelle Einflüsse berücksichtigen, die in dieser Hinsicht streng genommen überhaupt nicht existieren und die Lehre nicht beeinträchtigen können, entzieht diese sich doch notwendigerweise ihrer

Einwirkung, weil sie von universeller Ordnung, und d.h. wesenhaft überindividuell, ist. Sogar die zeitlichen und örtlichen Umstände können – dies sei erneut hervorgehoben – lediglich den äußeren Ausdruck beeinflussen, keinesfalls das Wesen der Lehre selbst. Schließlich handelt es sich bei Metaphysik nicht – wie bei Sachverhalten relativer und kontingenter Natur – um veränderliche und austauschbare (weil zweifelhafte) „Glaubensinhalte" oder „Meinungen", sondern ausschließlich um eine dauerhafte und unveränderliche Gewissheit.

Weil die Metaphysik in jeglicher Hinsicht der Relativität der Wissenschaften enthoben ist, besteht ihr intrinsisches Merkmal darin, absolute Gewissheit mit sich zu bringen, und dies zuvörderst durch ihren Gegenstand, aber auch – wenn dieses Wort hier überhaupt noch Verwendung finden kann – durch ihre Methode; denn andernfalls wäre diese Methode (oder welchen anderen Begriff man hier verwenden mag) ihrem Gegenstand nicht adäquat. Die Metaphysik schließt notwendigerweise alle Vorstellungen hypothetischen Charakters aus. Hieraus folgt, dass metaphysische Wahrheiten nicht anfechtbar sind. Wenn bisweilen doch Raum sein kann für Diskussionen und Kontroversen, dann nur infolge einer fehlerhaften Darlegung oder eines unvollkommenen Verständnisses dieser Wahrheiten. Im Übrigen ist hier jede mögliche Darlegung notwendigerweise unzureichend, da die metaphysischen Konzeptionen aufgrund ihrer universellen Natur niemals gänzlich ausdrückbar noch auch vorstellbar sind und in ihrem Wesen nur durch den reinen und „formlosen" Geist erfasst werden können. Sie übersteigen alle möglichen Formen in gleichsam unendlicher Weise, besonders die Formulierungen, in welche die Sprache sie einschließen will – Formulierungen, die stets inadäquat sind und dazu neigen, die metaphysischen Konzeptionen einzuschränken und dadurch zu entstellen. Wie alle Symbole können derartige Formulierungen lediglich als Ausgangspunkt – gewissermaßen als „Hilfsmittel" – dazu dienen, dasjenige begreiflich zu machen, was als solches unausdrückbar bleibt; und es bleibt einem jeden anheimgestellt sich zu bemühen, dies nach Maßgabe seiner eigenen geistigen Fähigkeiten zu verstehen und so – eben nach dieser Maßgabe – die zwangsläufigen Unvollkommenheiten der äußerlichen und begrenzten Ausdrucksweisen aufzuwiegen. Außerdem ist evident, dass diese Unvollkommenheiten dort am größten sind, wo Metaphysik in Sprachen ausgedrückt werden soll, die – wie die europäischen, und vor allem die modernen Sprachen – zur Darlegung metaphysischer Wahrheiten höchst ungeeignet erscheinen. Wie wir weiter oben bezüglich der Übersetzungs- und Adaptionsschwierigkeiten zu Recht erwähnt haben, muss die Metaphysik – weil unbegrenzte Möglichkeiten eröffnend – dem Unausdrückbaren, das für sie im Grunde sogar das Wesentliche ist, stets Rechnung tragen.

Die Erkenntnis universeller Art muss sich jenseits aller Unterscheidungen vollziehen. Denn Unterscheidungen sind es, welche die Erkenntnis individueller Dinge bedingen; ihr allgemeiner und grundlegender Typus ist die Unterscheidung in Subjekt und Objekt. Hieraus erhellt, dass der Gegenstand der Metaphysik in keiner Weise mit dem besonderen Gegenstand irgendeiner anderen Art von Erkenntnis vergleichbar ist, und dass er „Gegenstand" überhaupt nur in einem rein analogischen Sinne genannt werden kann, da man, um überhaupt von ihm sprechen zu können, gezwungen ist, ihm irgendeine Benennung zuzuweisen; will man ferner vom Mittel der metaphysischen Erkenntnis sprechen, so kann dieses Mittel nichts anderes sein als die Erkenntnis selbst, in der Subjekt und Objekt wesenhaft vereint sind. Das bedeutet, dass dieses Mittel – wenn dieser Terminus hier überhaupt statthaft ist – nichts an sich hat, was dem Vollzug eines diskursiven Vermögens wie der individuellen menschlichen Vernunft vergleichbar wäre. Es handelt sich vielmehr, wie bereits erwähnt, um die überindividuelle, und d.h. zugleich: überrationale Dimension, was freilich nicht irrational meint. Metaphysik kann der Vernunft nicht entgegengesetzt sein, sondern ist jenseits der Vernunft verortet; letztere kann sich hier nur in einer ganz sekundären Weise einmischen, nämlich in der Formulierung bzw. im äußerlichen Ausdruck dieser Wahrheiten, die ihren Bereich bzw. ihre Reichweite eigentlich übersteigen. Metaphysische Wahrheiten können mithin nur mittels eines überindividuellen Vermögens erfasst werden, wobei der unmittelbare Charakter von dessen Aktivität uns erlaubt, dieses Vermögen als intuitiv zu bezeichnen – dann jedenfalls, wenn man sich klargemacht hat, dass dieses Vermögen absolut nichts gemein hat mit dem, was manche zeitgenössischen Philosophen Intuition nennen, d.i. ein rein sinnliches und vitales Vermögen, das recht eigentlich unterhalb der Vernunft, mitnichten über ihr verortet ist. Zur weiteren Präzisierung muss gesagt werden, dass das Vermögen, von dem wir sprechen, der intellektuellen Intuition entspricht. Deren Existenz wurde von der modernen Philosophie geleugnet, weil sie nichts damit anzufangen wusste; mitunter hat sie diese Form der Intuition auch schlicht und einfach ignoriert. Nun könnte man besagtes Vermögen auch als reinen Intellekt bezeichnen und damit dem Beispiel des Aristoteles sowie dessen scholastischen Nachfolgern folgen, für die der Intellekt in der Tat dasjenige Vermögen darstellt, welches eine unmittelbare Erkenntnis der Prinzipien besitzt. Aristoteles erklärt ausdrücklich,[99] dass „der Intellekt wahrer ist als die Wissenschaft", d.h. als die Vernunft, welche die Wissenschaft entwickelt; er erklärt ferner, dass „nichts wahrer ist als der Intellekt", ist dieser doch aufgrund seiner unmittelbaren Tätigkeit notwendigerweise unfehlbar und ist dadurch, dass er von seinem Objekt nicht eigentlich getrennt ist, mit der Wahrheit selbst identisch. Genau dies aber ist die Grundlage der metaphysischen Gewissheit und hieraus wird ersichtlich, dass der Irrtum sich nur beim Gebrauch der Vernunft einschleichen kann, d.h. in der Formulierung der vom Intellekt erfassten Wahrheiten; die Vernunft ist nämlich infolge ihres diskursiven und mittelbaren Charakters offensichtlich fehlbar. Weil nun außerdem jeder Ausdruck notwendigerweise unvollkommen und begrenzt ist, ist eine gewisse Unzulänglichkeit hinsichtlich seiner Form, wenn nicht sogar hinsichtlich seines Inhalts, unvermeidlich: So streng man einen Ausdruck auch konzipieren mag – das, was er von sich ausschließt, ist stets sehr viel umfangreicher als jenes, was er zu umfassen vermag. Dieser unvermeidliche Mangel kann aber nichts Positives als solches an sich haben und kommt daher über eine partielle und unvollständige Formulierung der Gesamtwahrheit nicht hinaus.

Es wird nun deutlich, worin der Unterschied zwischen metaphysischer und wissenschaftlicher Erkenntnis in seinem tiefsten Sinne besteht: Erstere Erkenntnis ist vom reinen Intellekt abhängig, dessen Bereich das Universelle ist; letztere ist von der Vernunft abhängig, deren Bereich das Allgemeine ist, denn – wie Aristoteles bemerkt hat – „gibt es Wissenschaft nur vom Allgemeinen". Man darf also Universelles und Allgemeines nicht miteinander verwechseln, wie es bei den abendländischen Logikern allzu häufig vorkommt, die sich übrigens nie wirklich über das Allgemeine erheben, auch wenn sie ihm fälschlicherweise den Namen des Universellen beilegen. Der Standpunkt der Wissenschaften, so behaupteten wir, ist ein individueller; das Allgemeine

---

[99] *Analytica posteriora* II.

ist dem Individuellen aber nicht entgegengesetzt, sondern nur dem Besonderen, da es in Wahrheit nur eine Ausweitung des Individuellen darstellt. Das Individuelle kann sich nämlich (sogar endlos) ausweiten, ohne deshalb seine Natur zu verlieren und ohne aus den es einschränkenden bzw. es begrenzenden Bedingungen herauszutreten. Deshalb sagen wir, die Wissenschaft könnte sich endlos erweitern, ohne jemals die Metaphysik zu berühren, von der sie immer durch einen Abgrund getrennt bleiben wird, weil allein die Metaphysik die Erkenntnis des Universellen verbürgt.

Wir glauben, die Metaphysik damit hinreichend charakterisiert zu haben und könnten kaum noch weiter gehen, ohne in die Darlegung der Doktrin selbst einzusteigen, wozu an dieser Stelle nicht der Ort ist. Außerdem werden unsere Betrachtungen in den folgenden Kapiteln noch vervollständigt, insbesondere wenn wir den Unterschied zwischen Metaphysik und dem, was man im heutigen Westen für gewöhnlich Philosophie nennt, thematisieren werden. Alles bislang Gesagte ist übrigens ohne Einschränkung auf sämtliche traditionellen Lehren des Ostens anwendbar, den großen Unterschieden in ihren äußeren Formen, die einem oberflächlichen Betrachter den identischen Grund verbergen können, zum Trotz: Die beschriebene Vorstellung von Metaphysik ist mithin für den Taoismus gleichermaßen wahr wie für die Hindulehre und sogar für den tieferen und außer-religiösen Aspekt des Islam. Gibt es aber überhaupt nichts dergleichen in der abendländischen Welt? Würde man bloß das gegenwärtig Bestehende berücksichtigen, so könnte man auf diese Frage gewiss nur eine negative Antwort geben, entspricht das, was das moderne philosophische Denken bisweilen mit dem Namen Metaphysik zu schmücken pflegt, doch in keiner Weise der Auffassung, die wir dargestellt haben – ein Thema, auf das noch zurückzukommen sein wird. Was wir allerdings bezüglich Aristoteles und der scholastischen Doktrin angedeutet haben, zeigt zumindest, dass es im Abendland bis zu einem gewissen Grad wirklich Metaphysik gab – wenn auch nicht eine vollständige Metaphysik. Trotz dieses Vorbehaltes beinhaltete die abendländische Metaphysik etwas, das in der modernen Geisteshaltung keinerlei Entsprechung hat und dessen Verständnis der modernen Mentalität versagt zu bleiben scheint. Wenn andererseits besagter Vorbehalt nötig ist, so aufgrund der oben angesprochenen Beschränkungen, die der gesamten abendländischen Geistigkeit innezuwohnen scheinen, zumindest seit der klassischen Antike; und in diesem Zusammenhang haben wir schon einmal bemerkt, dass die Griechen keinen Begriff vom Unendlichen hatten. Warum stellen sich die modernen Abendländer, wenn sie ans Unendliche zu denken glauben, fast immer einen Raum vor, der stets nur unbestimmt sein kann; und warum verwechseln sie andauernd die Ewigkeit, die ihrem Wesen nach in der „Nicht-Zeit" beruht – wenn man sich so ausdrücken will –, mit der Dauerhaftigkeit, die bloß eine endlose Erstreckung der Zeit ist, während derartige Verwechslungen bei den Orientalen nicht vorkommen? Das liegt daran, dass die westliche Mentalität, fast ausschließlich auf sinnliche Dinge gerichtet, Verstehen und Vorstellen ständig verwechselt, und zwar derart, dass ihr etwas, was keiner sinnlichen Darstellung fähig ist, deshalb in der Tat undenkbar erscheint; freilich waren schon bei den Griechen die imaginativen Vermögen vorherrschend. Dies ist aber offensichtlich das gerade Gegenteil von reinem Denken und unter solchen Bedingungen gibt es keine Geistigkeit im echten Wortsinn, folglich auch keine Metaphysik. Wenn man diesen Bemerkungen noch eine weitere geläufige Verwechslung hinzugesellt, nämlich die zwischen rational und geistig, so erhellt, dass die sogenannte abendländische Geistigkeit in Wahrheit – und besonders bei den Modernen – nur in der Ausübung der individuellen und äußerlichen Vermögen, d.h. Vernunft und Vorstellungskraft, besteht. Man versteht dann all das, was sie von der östlichen Geistigkeit trennt, für die es keine wahre bzw. gültige Erkenntnis geben kann als jene, die im Universellen und Formlosen gründet.

5. Für einen neuen Humanismus

Es gäbe mancherlei zu sagen über die verschiedenen Bedeutungen, in denen das Wort „Humanismus" verstanden werden kann. Denn seit der Renaissance-Epoche, auf die dieser Terminus zurückgeht, haben all jene, die von ihm Gebrauch gemacht haben, ihn nicht immer in ein und demselben Sinne genommen. Eingedenk des Vorbehaltes, der sich aus den in diesem Hinweis angedeuteten Unterschieden ergibt, lässt sich dennoch eine Grundbedeutung ausmachen, die gewissermaßen als *raison d'être* des besagten Wortes bzw. seines Gehalts gelten kann und in der das Gesamtprogramm der modernen abendländischen Zivilisation – im Unterschied zu der des Mittelalters wie auch zu den östlichen Zivilisationen – vorweggenommen ist. Es handelt sich um die Reduktion alles Bestehenden auf rein menschliche Maßstäbe, d.h. um die Außer-Acht-Lassung jeglichen Prinzips, welches die menschliche Ebene übersteigen würde, oder – symbolisch gesprochen – um das Sich-Abwenden vom Himmel unter dem Vorwand der Eroberung der Erde. Der so verstandene Humanismus erscheint bereits als eine Vorstufe des gegenwärtigen Laizismus; und in eben diesem Sinne kann man sagen, dass er wesenhaft mit einer rationalistischen und individualistischen Vorstellungsweise verknüpft ist, kommt diese doch genau der Negation jeden transzendenten Prinzips gleich.

Bis zu welchem Grad aber stellt dieser „Humanismus" wirklich die Fortsetzung der griechisch-lateinischen Tradition dar, die zu restituieren er beansprucht? Wir sind nicht der Ansicht, dass die Griechen – und sei es zur Zeit ihrer äußersten geistigen Dekadenz – jemals so weit in die angesprochene Richtung gegangen sind: Man darf nicht vergessen, dass der Rationalismus ein spezifisch modernes Phänomen ist, das in der cartesianischen Philosophie seinen ersten festumrissenen Ausdruck gefunden hat. Es scheint mithin, dass man, um zu einer derartigen Interpretation der „klassischen" Antike zu kommen, von dieser lediglich die niedrigsten und zugleich äußerlichsten Erscheinungsformen berücksichtigt hat; ja man gewinnt den Eindruck einer ganz künstlichen Wiederherstellung, die sich nur auf Formen bezieht, aus denen der Geist schon seit langem entwichen war. In jedem Falle lässt sich mit Gewissheit behaupten, dass in der Antike die utilitaristischen Beschäftigungen zu keinem Zeitpunkt derart in den Vordergrund treten konnten, wie dies bei den modernen

Menschen der Fall ist. Denn in der Tat hat die Bestrebung, alles auf rein menschliche Maßstäbe zu reduzieren, dazu geführt, Schritt für Schritt auf jenes niedrigste Niveau herabzusinken, auf welchem der Mensch nurmehr die Befriedigung seiner materiellen Bedürfnisse verfolgt; ein gänzlich illusorisches Unterfangen zumal, da immer mehr künstliche Bedürfnisse erweckt werden, die niemals alle gestillt werden können. Wir können hier selbstverständlich nicht die Phasen dieses Abstiegs nachzeichnen, der letztlich mit der Geschichte der modernen Zivilisation als solcher zusammenfällt. Doch lässt sich sagen, dass der Humanismus in sich selbst die Ursachen seiner eigenen Zerstörung trägt, und dass all das, was manche ihm heute entgegenzusetzen suchen, im Grunde nichts anderes ist als das logische Ergebnis von Tendenzen, die ihm einstmals zu seiner Entstehung verholfen haben.

Nicht nur hat man seit dem Anfang des modernen Zeitalters alles auf einen rein menschlichen Horizont einzuschränken versucht; auch hat man – in einer befremdlichen Verirrung – den Anspruch erhoben, die Menschheit als solche auf die griechisch-lateinische Zivilisation zu reduzieren. Hierin wurzeln sämtliche einseitigen Vorstellungen, aufgrund derer oftmals schlicht von „der Zivilisation" gesprochen wird, so als ob es nur eine einzige gäbe, obgleich es stets eine Verschiedenheit und Vielheit von Zivilisationen gab, die in einer integralen Konzeption der Menschheit selbstverständlich allesamt zu berücksichtigen wären. Allein wäre die Berücksichtigung dieser verschiedenen Zivilisationen wohl kaum mit der „humanistischen" Beschränktheit zusammenzubringen, stützt sich die überwiegende Mehrheit der Zivilisationen doch hauptsächlich gerade auf die Auffassung, dass die menschliche Ordnung keinesfalls sich selbst genüge; so verhält es sich namentlich mit den östlichen Zivilisationen und – allgemeiner gesprochen – mit jeder Zivilisation „traditionellen" Charakters (im wahren Sinne dieses Wortes). Wenn es sich nun um noch lebendige Zivilisationen handelt, so bringt dies den „Humanismus" in eine geradezu peinliche Lage: Insofern sich hier ein Vorgehen verbietet, das auf fragmentarische Wiederherstellungen abzielt und dabei alle „übermenschlichen" Elemente eliminiert – so wie man es im Falle der toten griechisch-lateinischen Zivilisation gemacht hat –, zieht man es vor, besagte Zivilisationen schlicht mit Stillschweigen zu übergehen und sie als etwas Vernachlässigbares zu behandeln, was außerdem den Vorteil bietet, der abendländischen Eitelkeit noch besonders zu schmeicheln. Wir ergänzen, dass die Religion als solche in einem konsequenten „Humanismus“ bzw. im Rahmen von dessen Prämissen keinen Platz hat; oder eben nur unter der Voraussetzung, auf ein rein menschliches Faktum – von psychischer oder sozialer Natur – reduziert zu werden. Dies aber kommt in Wahrheit einer Negation der Religion als solcher gleich, denn wenn diese nichts „Übermenschliches“ mehr impliziert, ist sie in der Tat null und nichtig.

Wollte man nun einen „erweiterten Humanismus“ ersinnen, der die Kenntnis aller Zivilisationen – wohlgemerkt eine wirkliche und nicht bloß oberflächliche Kenntnis – miteinbezöge, so käme man recht schnell zu einem Standpunkt, der dem des (klassischen) „Humanismus“ genau entgegengesetzt wäre, da man auf die Affirmation dessen stieße, was der „Humanismus“ zu verneinen sucht. Insbesondere gelangte man zur Schlussfolgerung, dass die Menschheit sich nur durch den Einfluss von sie übersteigenden Prinzipien voll verwirklichen kann. Man fände somit die Auffassung der „traditionellen“ Zivilisationen wieder, und dies wäre das Ende der modernen Welt, insofern diese sich in all ihren charakteristischen Tendenzen mit dem anti-traditionellen Geist identifiziert. Wir wagen nicht zu entscheiden, ob an jenem Punkt, an dem wir heute stehen, eine derartige Umkehr noch möglich ist. Allerdings können wir nicht vorhersehen, ob sie sich mit einiger Verzögerung nicht doch noch vollziehen wird. Zwar stimmt die Art und Weise, wie die Abendländer bislang auf den Kontakt mit anderen Zivilisationen reagiert haben, nicht gerade hoffnungsvoll, doch gibt es wohl auch keinen hinreichenden Grund, diesbezüglich überhaupt nichts mehr zu versuchen; denn auch wenn nur einige wenige davon profitieren sollten, wäre eine derartige Bemühung nicht völlig sinnlos.

6. Der Geist Indiens

Der Gegensatz von Ost und West ist – auf die einfachste Formel gebracht – im Grunde identisch mit jenem Gegensatz, den man häufig zwischen Kontemplation und Aktion aufzustellen pflegt. Wir haben dies bereits mehrfach thematisiert und die verschiedenen Standpunkte, die man bei der Betrachtung des Verhältnisses der beiden Termini einnehmen kann, erwogen: Handelt es sich hier wirklich um Gegensätze oder nicht viel eher um zwei komplementäre Momente, oder sollte zwischen ihnen in Wirklichkeit überhaupt keine Verbindung im Sinne einer Gleichordnung, sondern vielmehr der Subordination bestehen? An dieser Stelle seien diese Betrachtungen nur sehr rasch zusammenfasst, da sie zum Verständnis des östlichen Geistes im Allgemeinen und des indischen Geistes im Besonderen unabdingbar sind.

Derjenige Standpunkt, der Kontemplation und Aktion einander schlicht und einfach entgegensetzt, ist der äußerlichste und oberflächlichste von allen Standpunkten. Denn ein solcher Gegensatz besteht dem äußeren Anschein nach, kann jedoch keinesfalls völlig unüberwindbar sein; dasselbe ließe sich übrigens von allen Gegensätzen sagen, die aufhören, Gegensätze zu sein, sobald man sich über ein gewisses Niveau erhoben hat, auf dem ihre Gegensätzlichkeit allein Gültigkeit beanspruchen kann. Wer von Gegensatz oder Kontrast spricht, spricht zugleich von Disharmonie oder Ungleichgewicht, d.h. von etwas, das nur aus einem besonderen und begrenzten Blickwinkel existieren kann. Hinsichtlich der Gesamtheit aller Dinge ergibt sich das Gleichgewicht aus der Summe aller Ungleichgewichte und alle Teilstörungen leisten gezwungenermaßen ihren Beitrag in der Gesamtordnung.

Fasst man Kontemplation und Aktion als komplementär auf, stellt man sich bereits auf einen – im Vergleich zum vorigen Blickwinkel – profunderen bzw. wahreren Standpunkt, da der Gegensatz hier versöhnt und aufgelöst wird bzw. seine beiden Elemente sich in einem gewissen Gleichgewicht befinden. Es handelt sich hiernach um zwei gleichermaßen notwendige Elemente, die sich wechselseitig ergänzen bzw. stützen und die zweifache (nämlich innere und äußere) Aktivität ein und desselben Wesens bilden – sowohl in Hinblick auf jeden Einzelmenschen wie auch auf die Menschheit als Kollektiv. Diese Anschauung ist gewiss harmonischer und befriedigender als erstere; hielte man sich jedoch ausschließlich an sie, so wäre man – aufgrund der etablierten Korrelation – versucht, Kontemplation und Aktion auf die gleiche Stufe zu stellen. Demzufolge müsste man sich stets nur darum bemühen, die beiden Elemente in einem bestmöglichen Gleichgewicht zu halten, ohne jemals die Frage nach der Überlegenheit des einen oder anderen zu stellen. Nun hat man sich diese Frage seit jeher gestellt, und was die Antithese von Ost und West betrifft, können wir sagen, dass sie genau darin besteht, dass der Osten die Überlegenheit der Kontemplation vertritt, während der Westen (und besonders der moderne Westen) demgegenüber von der Überlegenheit der Aktion ausgeht. Hier handelt es sich nicht mehr um zwei Standpunkte, von denen jeder seine Daseinsberechtigung haben kann und als Ausdruck einer zumindest relativen Wahrheit anzuerkennen wäre. Insofern ein Verhältnis der Subordination irreversibel ist, sind die besagten zwei Standpunkte tatsächlich kontradiktorisch und schließen einander aus, sodass notwendigerweise der eine wahr, der andere falsch ist. Wir müssen folglich zwischen ihnen wählen, und die Notwendigkeit dieser Wahl hat sich vielleicht noch nie mit einer solchen Macht und Dringlichkeit gestellt wie unter den gegenwärtigen Umständen; und möglicherweise wird sie sich in der näheren Zukunft noch stärker aufdrängen.

In unseren Werken, auf die wir weiter oben angespielt haben,[100] wurde dargestellt, dass die Kontemplation der Aktion überlegen sei, so wie das Unveränderliche der Veränderung überlegen ist. Die Aktion kann – als bloß vorübergehende und kurzzeitige Modifikation eines Wesens – ihr Prinzip und ihren hinreichenden Grund nicht in sich selbst haben. Wenn sie nicht mit einem jenseits ihres kontingenten Bereichs stehenden Prinzip verbunden ist, ist sie eine reine Illusion; und dieses Prinzip, aus dem sie all ihre Wirklichkeit, ihre Existenz, ja sogar ihre Möglichkeit überhaupt bezieht, kann nur in der Kontemplation, oder wenn man so will: in der Erkenntnis, gefunden werden. Desgleichen ist Veränderung im allgemeinsten Sinne unverständlich und widersprüchlich, d.h. unmöglich, ohne ein Prinzip, von dem sie ausgeht. Dieses kann, eben weil es ihr Prinzip ist, nicht selbst der Veränderung unterworfen sein, muss vielmehr unveränderlich sein. Aus diesem Grund hat in der abendländischen Antike

---

100 *Orient et Occident*; *La Crise du monde moderne*; *Autorité spirituelle et pouvoir temporel*.

Aristoteles die Notwendigkeit eines „unbewegten Bewegers aller Dinge“ behauptet. Dass die Aktion zur Welt der Veränderung, zum „Werden“, gehört, ist evident. Allein die Erkenntnis erlaubt es, aus dieser Welt und den ihr inhärenten Beschränkungen herauszutreten; und sobald die Erkenntnis das Unveränderliche erreicht, ist sie selbst unveränderlich, da jede Erkenntnis wesenhaft Identifikation mit ihrem Objekt ist. Genau dies wird von den modernen Abendländern übergangen, die unter Erkenntnis nurmehr eine rationale und diskursive, d.h. indirekte und unvollkommene, Erkenntnis verstehen, die man auch als reflexive Erkenntnis bezeichnen könnte; und sogar sie wird in zunehmendem Maße nur noch unter dem Gesichtspunkt ihrer Nützlichkeit für praktische Ziele betrachtet. Im Handeln befangen bis hin zur Verleugnung all dessen, was darüber hinaus geht, nehmen die modernen Abendländer nicht wahr, dass dieses Handeln in Ermangelung es fundierender Prinzipien zu einer so sinnlosen wie unfruchtbaren Agitation verkommen muss.

In der gesellschaftlichen Organisation Indiens, die nichts anderes ist als eine Anwendung der metaphysischen Lehre auf die menschliche Ordnung, wird die Beziehung zwischen Erkenntnis und Aktion durch das Verhältnis zwischen den ersten beiden Kasten, Brahmanen und Kshatriyas, repräsentiert, deren jeweilige Funktion sie darstellen. Es heißt, der Brahmane sei der Typus des unveränderlichen, der Kshatriya der des beweglichen bzw. veränderlichen Seins. So stehen alle Wesen dieser Welt ihrer Natur gemäß in einer prinzipiellen Beziehung zum einen oder zum anderen, besteht doch eine vollkommene Entsprechung zwischen kosmischer und menschlicher Ordnung. Dies heißt freilich nicht, dass dem Brahmanen die Aktion untersagt sei, noch auch die Erkenntnis dem Kshatriya, doch kommen sie ihnen gewissermaßen nur beiläufig und nicht wesenhaft zu. Das sogenannte *swadharma*, also das einer jeden Kaste eigene – im Einklang mit der Natur der ihr Angehörigen stehende – Gesetz, liegt für den Brahmanen in der Erkenntnis, für den Kshatriya in der Tat. Der Brahmane ist dem Kshatriya überlegen, gleich wie die Erkenntnis der Aktion überlegen ist. In anderen Worten ist die geistige Autorität der weltlichen Macht überlegen; und nur durch Anerkennung ihrer eigenen Unterordnung – durch die sie allererst ist, was sie sein soll – ist letztere legitim. Wenn sie sich indessen von ihrem Prinzip absondert, vermag sie sich lediglich in chaotischer Weise zu entfalten, was unweigerlich mit ihrem eigenen Untergang enden wird.

Den Kshatriyas gebührt normalerweise alle äußere Macht, da die äußere Welt der Bereich des Handelns darstellt. Diese Macht ist aber hinfällig ohne ein inneres, rein geistiges Prinzip, das in der Autorität der Brahmanen verkörpert ist und aus dem die Macht der Kshatriyas ihre alleingültige Legitimation bezieht. Als Gegenleistung hierfür müssen die Kshatriyas mit Hilfe der ihnen zur Verfügung stehenden Macht den Brahmanen die Mittel zusichern, um in Frieden – geschützt vor Wirrnis und Unruhen – ihre Erkenntnis- und Lehrfunktion auszuüben. Genau dies ist in der Figur des *Skanda* dargestellt, des Herrn des Krieges, der über die Meditation von *Ganêsha*, des Herrn der Erkenntnis, wacht. Solcherart ist das ordnungsgemäße Verhältnis zwischen geistiger Autorität und weltlicher Macht; würde es immer und überall eingehalten werden, könnte niemals ein Konflikt zwischen ihnen aufkommen, da jeder den Platz einnähme, der ihm kraft der Hierarchie der Funktionen und der Wesen – einer Hierarchie, die der Natur der Dinge genau entspricht – gebührt. Man sieht, dass der den Kshatriyas (und damit der Aktion) zugewiesene Ort, obgleich untergeordnet, alles andere als unbedeutend ist, umfasst er doch die gesamte äußere, d.h. militärische, administrative und judikative Macht, die in der königlichen Funktion zusammengefasst ist. Die Brahmanen haben lediglich eine unsichtbare Autorität zu entfalten, die als solche vom gemeinen Volk durchaus übersehen werden kann, deshalb aber nicht weniger das Prinzip aller sichtbaren Macht darstellt. Denn diese Macht ist wie der Dreh- und Angelpunkt, um den alles kreist, die feste Achse, um die herum die Welt ihre Bahnen zieht, das unwandelbare Zentrum, das die kosmische Bewegung leitet und beherrscht, ohne an ihr teilzunehmen. Dies wird im alten Symbol der *swastika* dargestellt, die deshalb auch eines der Attribute *Ganêshas* ist.

Ergänzend sei gesagt, dass der Stellenwert, welcher der Aktion in ihrer Anwendung einzuräumen ist, den jeweiligen Umständen entsprechend größer oder kleiner sein kann. Dies gilt von Völkern wie von Individuen gleichermaßen, sofern manche eher von kontemplativer, andere eher von aktiver Natur sind. Zweifellos ist die Fähigkeit zur Kontemplation in keinem Land so weitverbreitet und auch so allgemein entwickelt wie in Indien, weshalb es als Repräsentant *par excellence* des östlichen Geistes anzusehen ist. Unter den abendländischen Völkern hingegen herrscht bei den meisten Menschen offenbar die Fähigkeit zur Aktion vor. Und obgleich diese Tendenz zu keinem Zeitpunkt so übertrieben und ausgeartet war wie heute, bestand sie doch auch früher, sodass die Kontemplation hier stets nur Sache einer zahlenmäßig sehr begrenzten Elite sein konnte. Diese würde zur Aufrechterhaltung der Ordnung indes bereits ausreichen, da die geistige Macht im Gegensatz zur materiellen keine Sache der Quantität ist. Momentan sind die Abendländer wahrhaft kastenlose Menschen; keiner nimmt den Platz und die Funktion ein, die seiner Natur eigentlich entsprächen. Diese Unordnung – und dies darf nicht verschwiegen werden – breitet sich sehr schnell aus und scheint sogar den Orient zu beschleichen, wenn auch bislang noch in einer eher oberflächlichen und begrenzteren Weise als jene meinen, die nur mehr oder weniger verwestlichte Morgenländer kennen und sich nicht darüber im Klaren sind, wie unmaßgeblich diese in Wirklichkeit sind. Doch besteht hier zweifesohne eine Gefahr, die sich trotz allem zu verschlimmern droht, zumindest vorübergehend. Die „westliche Gefahr" ist kein leeres Wort, und der Westen, selbst das erste Opfer, scheint die gesamte Menschheit in eben den Ruin stürzen zu wollen, von dem er durch eigenes Verschulden selbst bedroht ist.

Dies ist die Gefahr, die von einer chaotischen, weil ihres Prinzips beraubten, Aktion ausgeht; derartiges Handeln ist an und für sich nichtig und kann zu nichts anderem führen als zur Katastrophe. Nun wird man entgegnen: Wenn dies alles existiert, so doch lediglich, weil diese Unordnung sich schließlich in die universelle Ordnung einfügen muss; sie ist – wie alles andere auch – doch ein Element derselben. Von einem höheren Standpunkt aus betrachtet, ist dies völlig richtig. Jedes Wesen hängt in allem, was es ist – ob wissentlich bzw. willentlich oder nicht –, ganz und gar von seinem Prinzip ab. Chaotisches Handeln ist selber nur möglich durch das Prinzip allen Handelns; weil es sich dieses Prinzips aber nicht bewusst ist, weil es seine eigene Abhängigkeit nicht wahrnimmt, ist es regellos und ohne positive Wirksamkeit. Ihm kommt nur der niedrigste Grad von Wirklichkeit zu, wenn man sich so ausdrücken will – es steht der reinen Illusion am nächsten, eben weil es am weitesten entfernt ist vom Prinzip, in dem allein die absolute Wirklichkeit beruht. Vom Prinzip her betrachtet gibt es nur Ordnung, vom kontingenten Standpunkt aus existiert jedoch auch Unordnung; und was die irdische Menschheit anlangt, so befinden wir uns in einer Epoche, in der diese Unordnung zu triumphieren scheint.

Man kann nun fragen, warum dies so ist, und die Hindulehre bietet mit der Theorie der kosmischen Zyklen eine Antwort darauf. Dieser Lehre zufolge befinden wir uns im *Kali Yuga*, im dunklen Zeitalter, in dem die Geistigkeit – aufgrund der Entwicklungsgesetze des menschlichen Zyklus, die eine Art fortschreitender Materialisation durch die verschiedenen Zeiträume hindurch, deren letztes das *Kali Yuga* darstellt, mit sich bringen – auf ihr Minimum reduziert ist; unter einem menschlichen Zyklus fassen wir hier die Dauer eines *Manvantara*. Am Ende dieses Zeitalters ist alles der Verwirrung anheimgefallen, die Kasten vermischt, die Familie aufgelöst: Sehen wir nicht genau dies, wenn wir uns heute umblicken? Und muss man daraus schließen, dass der gegenwärtige Zyklus tatsächlich an sein Ende gelangt sei und wir bald die Morgenröte eines neuen *Manvantara* werden heraufziehen sehen? Man könnte versucht sein, dies zu glauben, insbesondere wenn man an die zunehmende Beschleunigung denkt, mit der die Geschehnisse sich vollziehen. Doch vielleicht hat die Unordnung noch nicht ihren äußersten Punkt erreicht, vielleicht muss die Menschheit noch weiter in den Exzessen einer rein materiellen Zivilisation versinken, bevor sie zum Prinzip und den geistigen und göttlichen Realitäten zurückkehren kann. Im Übrigen spielt es kaum eine Rolle, ob diese absteigende Entwicklung, die die modernen Abendländer „Fortschritt“ zu nennen pflegen, ein wenig früher oder später an ihre Grenze stoßen und damit das „dunkle Zeitalter“ sein Ende nehmen wird. Dann wird der *Kalkin-avatâra* erscheinen, auf einem weißen Pferd sitzend, mit einem dreifachen Diadem auf seinem Kopf – als Zeichen der Souveränität über die drei Welten – und einem Schwert in der Hand, flammend wie der Schweif eines Kometen. Dann wird die Welt des Chaos und des Irrtums zerstört und – durch die reinigende und regenerative Kraft *Agnis* – alles in der Integralität des Urzustandes wiederhergestellt werden; das Ende des gegenwärtigen Zyklus ist somit zugleich der Anfang des kommenden. Jene, die wissen, dass es so sein muss, können also sogar inmitten schlimmster Verwirrung ihre unveränderliche Ruhe nicht verlieren; so unerfreulich es auch sein mag, in einer Epoche fast allgemeiner Wirrnis und Dunkelheit zu leben, vermag sie dies doch nicht in ihrem Innersten zu berühren. Genau hierin besteht die Stärke einer echten Elite. Wenn die Dunkelheit sich noch weiter ausbreiten muss, kann diese Elite – sogar im Osten – zweifellos auf eine sehr kleine Anzahl reduziert werden. Gleichwohl genügt es, wenn einige das echte Wissen in seiner Gesamtheit bewahren, um – sobald die Zeit sich erfüllt hat – bereit zu stehen, aus der gegenwärtigen Welt all das zu retten, was gerettet werden kann; denn dies wird der Keim für die künftige Welt sein.

Diese Rolle des Bewahrers des traditionellen Geistes, mit allem, was sie – in ihrem tiefsten Sinne genommen – wirklich impliziert, kann in der gegenwärtigen Situation nur der Osten erfüllen. Wir wollen nicht behaupten: der Osten in seiner Gesamtheit, da die aus dem Westen stammende Unordnung ihn in mancherlei Hinsicht negativ beeinflussen kann. Doch allein im Osten besteht noch eine echte Elite, bei der der traditionelle Geist sich in seiner ganzen Lebendigkeit wiederfindet. Andernorts bestehen lediglich noch die äußeren Formen, deren Bedeutung schon seit langem kaum mehr verstanden wird. Wenn also im Westen überhaupt noch irgendetwas zu retten ist, dann nur mit Hilfe des Ostens. Diese Hilfe bedarf zu ihrer Realisierung allerdings auch eines Ausgangspunktes innerhalb der abendländischen Welt; derartige Möglichkeiten zu erwägen, ist momentan jedoch sehr schwierig.

Wie dem auch sei, in der von uns betrachteten Hinsicht befindet sich Indien – inerhalb der gesamten östlichen Welt – gewissermaßen in einer privilegierten Lage; der Grund hierfür besteht in dem schlichten Faktum, dass Indien ohne den traditionellen Geist überhaupt nichts mehr wäre. Denn die Einheit des Hinduismus (wir sagen nicht: die Einheit Indiens) ist weder eine Einheit der Rasse noch der Sprache, sondern ausschließlich der Tradition. Alle tatsächlich dieser Tradition zugehörigen Menschen (und nur sie) sind Hindus. Hieraus wird erklärlich, was wir zuvor über die Fähigkeit zur Kontemplation gesagt haben, die in Indien allgemeiner verbreitet ist als irgendwo sonst: Die Teilhabe an der Tradition ist nämlich nur insoweit voll wirksam, als sie ein Verständnis der Lehre mit einbegreift. Diese besteht aber zuvörderst in der metaphysischen Erkenntnis, da das Prinzip, von dem alles andere abgeleitet wird, rein metaphysischer Natur ist. Deshalb scheint Indien in besonderem Maße dazu prädestiniert zu sein, bis zum Ende die Vorherrschaft der Kontemplation über die Aktion aufrechtzuerhalten, durch seine Elite eine unüberwindliche Barriere gegen den Übergriff des modernen westlichen Geistes zu errichten und inmitten einer durch unaufhörliche

Veränderungen bedrohten Welt das Bewusstsein vom Dauerhaften, Unveränderlichen und Ewigen unversehrt zu erhalten.

Man muss begreifen, dass allein das Prinzip als solches unveränderlich ist, die Anwendungen aber, die in allen Bereichen aus ihm abgeleitet werden können, den Umständen und Zeitaltern gemäß variieren können, ja sogar müssen. Während nämlich das Prinzip absolut ist, sind die Anwendungen relativ und kontingent – genau wie die Welt, auf die sie sich beziehen. Die Tradition erlaubt Anpassungen vielfältigster und unterschiedlichster Art; doch solange diese Anpassungen sich streng nach dem traditionellen Geist richten, sind sie allesamt nur normale Entwicklungen gewisser im Prinzip enthaltener Folgen. In jedem Falle handelt es sich lediglich um die Explizitmachung dessen, was bis dahin implizit war; und so bleibt der Grund, die Substanz der Lehre, allen Unterschieden in den äußeren Formen zum Trotz, stets identisch. Die Anwendungen können von ganz unterschiedlicher Art sein; sie betreffen nicht nur die sozialen Institutionen, auf die wir bereits hingewiesen haben, sondern auch die Wissenschaften, jedenfalls wenn sie wirklich das sind, was sie sein sollen. Hier kommt die wesenhafte Differenz zwischen der traditionellen Wissenschaftsauffassung und derjenigen Auffassung, die der moderne Westen davon hat, zum Vorschein. Während die traditionellen Wissenschaften ihren Wert allein aus ihrer Rückbindung an die metaphysische Lehre beziehen, bleiben die modernen Wissenschaften – unter dem Vorwand der Unabhängigkeit – ganz in sich verkapselt und können allenfalls beanspruchen, immer weiter voranzuschreiten, ohne doch jemals aus ihrem beschränkten Bereich herauszutreten oder dessen Grenzen auch nur ein Stück weit zu verschieben; ein Vorgehen, das sich endlos fortsetzen ließe, ohne dass man der wirklichen Erkenntnis der Dinge jemals einen Schritt näher käme. Ziehen die Modernen etwa aufgrund eines dunklen Gefühls dieses Unvermögens die Forschung der Weisheit vor, oder schlicht und einfach deshalb, weil diese endlose Forschung ihr Bedürfnis nach unaufhörlicher Agitation befriedigt, die ihr Ziel in sich selbst haben soll? Was könnten Morgenländer mit diesen eitlen Wissenschaften anfangen, die die Abendländer ihnen zu bringen trachten, wo sie doch selbst andere, unvergleichlich realere und umfassendere Wissenschaften besitzen und die geringste Anstrengung geistiger Konzentration sie mehr lehrt als all diese fragmentarischen und unzusammenhängenden Ansichten, diese chaotische Anhäufung von Fakten und Begriffen, durch nichts weiter verbunden als durch mehr oder weniger phantastische Hypothesen, penibel errichtet um sogleich wieder umgestürzt und ersetzt zu werden durch andere, keineswegs besser fundierte Hypothesen? Man sollte die industriellen und technischen Errungenschaften, die von diesen Wissenschaften ermöglicht wurden – in dem Glauben, damit all ihre Defekte kompensieren zu können –, nicht überbewerten. Niemand käme auf den Gedanken zu bestreiten, dass diese zumindest von praktischem Nutzen sind, wenn auch ihr spekulativer Wert eher illusorisch ist. Doch kann dies den Osten niemals wirklich interessieren; er achtet diese rein materiellen Vorteile zu gering, um ihnen seinen Geist zu opfern, weiß er doch um die unermessliche Überlegenheit des Standpunktes der Kontemplation gegenüber dem der Aktion und um die Nichtigkeit allen Geschehens *sub specie aeternitatis*.

Das wahre Indien korrespondiert für uns also nicht mit dem modernisierten und d.h. verwestlichten Indien, von dem manche jungen Menschen träumen, die an den Universitäten Europas oder Amerikas ausgebildet wurden und die, stolz auf ihr dort erworbenes, rein äußerliches Wissen, dabei vom östlichen Standpunkt aus völlige Ignoranten und ihren Ansprüchen zum Trotz das gerade Gegenteil einer geistigen Elite, wie wir sie verstehen, darstellen. Das wahre Indien ist dem von seiner Elite durch die Jahrhunderte überlieferten Wissen stets treu geblieben und hat die Bestände einer Tradition, deren Ursprung weiter zurückreicht als die Menschheit, vollumfänglich bewahrt; es ist das Indien von *Manu* und der *Rishis*, das Indien Shrî Râmas und Shrî Krishnas. Nebenbei bemerkt, sind wir uns darüber im Klaren, dass Indien nicht immer das Land war, das man heute mit diesem Namen bezeichnet, und es besteht kein Zweifel daran, dass es seit der ursprünglich arktischen Verortung, von der die Veden sprechen, in der Folge viele verschiedene geographische Lagen einnahm; und vielleicht wird es noch andere einnehmen, was jedoch kaum eine Rolle spielt, da es immer den Sitz dieser großen Tradition, in deren Aufrechterhaltung unter den Menschen seine Mission und Existenzberechtigung liegt, bilden wird. Vermittels der ununterbrochenen Kette seiner Weisen, *Gurus* und *Yogîs* besteht es durch alle Wechselfälle der äußeren Welt fort, unerschütterlich wie der Berg *Mêru*. Es wird so lange währen wie der *Sanâtana Dharma* (was man in die westlichen Sprachen am besten mit *Lex perennis* übersetzen könnte) und niemals aufhören, alles durch das dritte Auge *Shivas* in der ruhigen Unveränderlichkeit der ewigen Gegenwart aufmerksam zu betrachten. Alle feindlichen Bemühungen werden zu guter Letzt an der einfachen Kraft der Wahrheit zerschellen, gleich wie die Wolken vor der Sonne zerstäuben, auch wenn sie diese vorübergehend unseren Blicken verdunkeln mögen. Die zerstörerische Wirkung der Zeit lässt nur das bestehen, was ihr enthoben ist: Sie verzehrt all jene, deren Horizont auf die Welt der Veränderung beschränkt und die alle Realität im Werden gesucht haben, jene, die sich das Kontingente und Transitorische zur Religion erhoben haben – denn „wer einem Gotte opfert, wird zur Nahrung dieses Gottes werden". Doch was vermag die Zeit gegen diejenigen auszurichten, die das Bewusstsein der Ewigkeit in sich tragen?

7. Sanâtana Dharma

Der Begriff *Sanâtana Dharma* gehört zu jenen Begriffen, die im Abendland keine genaue Entsprechung besitzen, sodass es unmöglich erscheint, ein Wort oder einen Ausdruck zu finden, der ihn vollständig bzw. in all seinen Aspekten wiedergibt. Sämtliche Übersetzungen, die man dafür vorschlagen könnte, bleiben – wenn auch nicht durchweg falsch – zumindest sehr unzureichend. Ananda K. Coomaraswamy war der Ansicht, dass der Terminus *Philosophia Perennis* – in dem Sinne, wie er im Mittelalter verstanden wurde – zumindest die bestmögliche Annäherung an den Begriff gewährleiste. Das ist in gewisser Hinsicht tatsächlich zutreffend, jedoch bestehen auch diesbezüglich noch merkliche Unterschiede; diese im Folgenden zu erhellen, scheint uns umso wichtiger zu sein, als manche offenbar allzu leicht an die Möglichkeit glauben, diese beiden Begriffe schlicht gleichsetzen zu können.

Wir müssen zunächst anmerken, dass die Schwierigkeit nicht die Übersetzung des Wortes *sanâtana* betrifft, wozu das lateinische *perennis* wirklich ein Äquivalent darstellt; es geht hier im eigentlichen Sinne um „Beständigkeit" oder Dauerhaftigkeit, nicht um Ewigkeit, wie häufig behauptet wird. Der Begriff *sanâtana* impliziert nämlich eine Vorstellung der Dauer, während die Ewigkeit im Gegenteil wesenhaft „Nicht-Dauer" ist. Die gemeinte Dauer ist, wenn man so will, endlos, oder genauer: „zyklisch", im Sinne des griechischen *aiônios*, das nicht „ewig" bedeutet, wie die Modernen aufgrund einer bedauernswerten Verwechslung allzu oft behaupten. Was in diesem Sinne immerwährend ist, ist das vom Beginn bis zum Ende eines Zyklus konstant Fortbestehende; und gemäß der Hindutradition ist der Zyklus, auf den sich der *Sanâtana Dharma* bezieht, ein *Manvantara*, d.h. die Manifestationsdauer einer irdischen Menschheit. Es sei sogleich hinzugefügt – und die volle Tragweite dieser Bemerkung wird bald deutlich werden –, dass *sanâtana* auch „ursprünglich" bedeutet; diese Assoziation ist im Übrigen leicht zu verstehen, muss das wahrhaft Immerwährende doch bis zum Ursprung des Zyklus selbst zurückreichen. Schließlich muss man sich klarmachen, dass diese Dauerhaftigkeit – sowie die Stabilität, die sie notwendigerweise impliziert – zwar nicht mit der Ewigkeit verwechselt werden darf, ja mit dieser überhaupt kein gemeinsames Maß hat, aber gleichwohl eine Art – den Bedingungen unserer Welt gemäßer – Abglanz dieser Ewigkeit und Unveränderlichkeit ist, die den Prinzipien als solchen, deren Ausdruck der *Sanâtana Dharma* darstellt, zukommt.

Nun umfasst das Wort *perennis* in sich grundsätzlich das gleiche Bedeutungsspektrum, das wir gerade dargelegt haben. Doch wäre es ziemlich schwierig festzustellen, bis zu welchem Grad die mittelalterlichen Scholastiker, deren Sprache der Terminus *Philosophia Perennis* eigentlich zugehört, sich hierüber im Klaren waren, ging ihr Standpunkt – auch wenn er offensichtlich traditionell war – über einen äußerlichen Bereich doch kaum hinaus; er war daher in vieler Hinsicht beschränkt. Wie dem auch sei, selbst wenn man zugestünde, diesem Wort ganz unabhängig von jeder historischen Betrachtung seine Bedeutungsfülle wiedergeben zu können – was in jedem Falle Grund für die größten Vorbehalte gegenüber einer solchen Gleichsetzung gibt, ist die Verwendung des Begriffs *Philosophia*, der in gewisser Weise genau der Begrenztheit des scholastischen Standpunkts entspricht. Zunächst kann dieses Wort sehr leicht Anlass für Missverständnisse bieten, vor allem wenn man es in jenem Sinne gebraucht, den die Modernen ihm für gewöhnlich verleihen. Sicherlich könnte man diese Missverständnisse zerstreuen, indem man präzisierte, dass die *Philosophia Perennis* nicht „eine" Philosophie ist, d.h. ein bestimmter, stets irgendwie beschränkter und systematischer Entwurf, der irgendein Individuum als Urheber hat, sondern vielmehr der gemeinsame Grund, dem alle Philosophien, oder genauer: was in ihnen wahrhaft gültig ist, entstammen; und diese Betrachtungsweise entspräche durchaus dem Denken der Scholastiker. Doch erweist sich auch dies in gewissem Sinne als der Sache unangemessen; denn das, worum es sich handelt, wäre –als authentischer Ausdruck der Wahrheit aufgefasst – doch wohl eher als *Sophia* denn als *Philosophia* zu bezeichnen. Die „Weisheit" darf nicht verwechselt werden mit dem Streben nach ihr bzw. mit der Suche, die zu ihr führen kann – genau letzteres aber bedeutet das Wort „Philosophie" gemäß seiner Etymologie. Man wird vielleicht sagen, dass dieses Wort einer gewissen Umstellung fähig sei, und obwohl uns dieser Terminus keineswegs unentbehrlich erscheint – wie etwa dann, wenn wir keinen besseren zur Verfügung hätten –, wollen wir diese Möglichkeit gar nicht bestreiten. Aber sogar im günstigsten Falle wäre das Wort weit davon entfernt, als Äquivalent zu *Dharma* aufgefasst werden zu können, da es stets nur eine Doktrin zu bezeichnen vermag, die – wie umfassend auch immer – einzig und allein theoretisch bliebe und die folglich keinesfalls mit all dem korrespondieren kann, was der traditionelle Standpunkt insgesamt umfasst. Vom traditionellen Standpunkt aus wird nämlich die Lehre niemals als eine bloße, sich selbst genügende Theorie erachtet, sondern als eine Erkenntnis, die wirklich realisiert werden muss und die außerdem Anwendungen mit sich bringt, die sich ausnahmslos auf alle Bereiche des menschlichen Lebens erstrecken.

Dieser Bedeutungsumfang resultiert aus dem Wort *Dharma* als solchen, das in den westlichen Sprachen übrigens ganz unmöglich durch einen einzigen Terminus wiedergegeben werden kann: Durch seine Wurzel *dhri*, die tragen, unterstützen, stützen oder erhalten meint, bezeichnet es zuallererst ein Prinzip der Erhaltung der Wesen und folglich der Stabilität, zumindest bis zu dem Grad, der mit den Bedingungen der Manifestation vereinbar ist. Hier ist wichtig anzumerken, dass die Wurzel *dhri* in Form und Bedeutung fast identisch ist mit einer anderen Wurzel, namentlich *dhru*, von der das Wort *dhruva* stammt, was „Pol" bedeutet. Es empfiehlt sich in der Tat, den Begriff *Dharma* – in seiner tiefsten Bedeutung genommen – auf diese Vorstellung vom „Pol" oder der „Achse" der manifestierten Welt zu beziehen: *Dharma* ist das, was im Zentrum der Weltläufte unveränderlich bleibt und den Lauf der Veränderung eben dadurch beherrscht, dass es nicht an ihm teilhat. Man darf diesbezüglich nicht vergessen, dass die Sprache kraft des synthetischen Charakters des Gedankens, den sie ausdrückt, hier sehr viel enger an die Symbolik gebunden bleibt als dies in modernen Sprachen der Fall ist, wo eine solche Verbindung in viel geringerem Maße und nur noch aufgrund einer entfernten Derivation besteht; und wenn uns dies nicht allzu weit von unserem Thema wegführen würde, ließe sich vielleicht sogar zeigen, dass der Begriff *Dharma* ganz unmittelbar mit der symbolischen Darstellung der „Achse" in der Figur des „Weltenbaumes" zusammenhängt.

Prinzipiell könnte man sagen, dass der *Dharma* notwendigerweise *sanâtana* ist, und zwar sogar in einer weitergefassten Bedeutung als der von uns oben angegebenen, weil er – anstatt auf einen bestimmten Zyklus bzw. die in diesem sich manifestierenden Wesen beschränkt zu bleiben – gleichermaßen für alle Wesen in all ihren Manifestationszuständen gilt. Wir stoßen hier abermals auf die Vorstellung von Beständigkeit und Stabilität; aber natürlich kann diese Vorstellung, ohne die überhaupt nicht von

Dharma die Rede sein könnte, in relativer Weise auf verschiedenen Ebenen und in mehr oder weniger begrenzten Bereichen angewendet werden. Hieraus rechtfertigen sich alle sekundären oder „speziellen" Bedeutungen, die der Terminus auch annehmen kann. Eben weil er als Prinzip der Erhaltung aller Wesen aufzufassen ist, besteht der *Dharma* für diese in der Übereinstimmung mit ihrer wesenhaften Natur; in diesem Sinne hat jedes Wesen seinen eigenen *dharma*, der namentlich als *swadharma* bezeichnet wird; ferner lässt sich von einem jeder Kategorie von Wesen eigenen *dharma* sprechen, sowie auch vom *dharma* einer Welt, eines Existenzzustandes (bzw. nur eines Teils davon), eines bestimmten Volkes oder eines bestimmten Zeitraums; spricht man aber vom *Sanâtana Dharma*, so betrifft dies – wie schon erwähnt – die gesamte Menschheit über die ganze Dauer ihrer Manifestation, die ein *Manvantara* konstituiert. In diesem Falle kann man auch sagen, dass der *Dharma* das „Gesetz" oder die „Norm", die diesem Zyklus eignet, darstellt – jene „Norm" also, die am Beginn durch den *Manu*, der den Zyklus regiert, formuliert wurde, d.h. durch die kosmische Intelligenz, in welcher sich der göttliche Wille ausspricht und die sich in der universellen Ordnung widerspiegelt. Dies ist grundsätzlich der wahre Sinn von *Mânva-Dharma*, unabhängig von allen besonderen Anwendungen, die daraus abgeleitet werden können und die zu Recht mit der gleichen Bezeichnung versehen werden, da sie insgesamt nur – für diese oder jene zeitlichen und örtlichen Umstände erforderliche – Übersetzungen sind. Es sei jedoch hinzugefügt, dass die Vorstellung vom „Gesetz" hier mitunter eine gewisse Einschränkung nach sich zieht; denn auch wenn dieser Terminus – wie im Falle seines hebräischen Äquivalents, der *Thorah* – im weiteren Sinne auf den Inhalt aller heiligen Schriften angewendet werden kann, lässt er freilich am unmittelbarsten an den eigentlich „legislativen" Aspekt denken, der mitnichten die gesamte Tradition konstituiert, obwohl er einen integralen Bestandteil jeder Zivilisation bildet, die als normal bezeichnet werden kann. Dieser Aspekt ist tatsächlich nur eine Anwendung auf die soziale Ordnung, setzt als solcher aber – wie alle anderen Anwendungen auch – notwendigerweise die rein metaphysische Lehre voraus, die mit dem wesentlichen und grundlegenden Teil der Tradition zusammenfällt: die prinzipielle Erkenntnis, von der alles andere gänzlich abhängt und ohne die überhaupt nichts wahrhaft Traditionelles in irgendeinem Bereich existieren könnte.

Wir haben von der universellen Ordnung als Ausdruck des göttlichen Willens in der Sphäre der Manifestation gesprochen, die in jedem Existenzzustand spezifische, von diesem Zustand bedingte Formen annimmt. Zumindest in gewisser Hinsicht könnte *Dharma* als Übereinstimmung mit der Ordnung definiert werden, und hieraus erklärt sich die enge Verwandtschaft zwischen diesem Begriff und *rita*, was auch Ordnung bedeutet und etymologisch den Sinn von „Geradheit" besitzt, gleich dem *Te* der fernöstlichen Tradition, mit dem der hinduistische *Dharma* manches gemeinsam hat – nämlich insofern es offensichtlich wiederum an die Vorstellung von einer „Achse" gemahnt, einer konstanten und unveränderlichen Richtung. Zugleich ist der Terminus *rita* nachweislich identisch mit dem Wort „Ritus", und dies letztere bezeichnet in seiner ursprünglichen Bedeutung denn auch alles, was im Einklang mit der Ordnung vollzogen wird. In einer ganz und gar traditionellen Zivilisation – und besonders an ihrem Beginn – trägt alles genuin rituellen Charakter. Erst infolge einer Degeneration, die – in welchem Bereich auch immer – „profane" Tätigkeiten entstehen lässt, nimmt der Ritus eine eingeschränktere Bedeutung ein. Jede Unterscheidung zwischen „heilig" und „profan" setzt in der Tat voraus, dass gewisse Dinge nunmehr außerhalb des traditionellen Standpunktes betrachtet werden anstatt dass letzterer auf alles gleichermaßen angewendet wird; und diese Dinge sind, eben weil sie als „profan" erachtet werden, in Wirklichkeit *adharma* oder *anrita* geworden. Der mit dem „Heiligen" in Einklang stehende Ritus bewahrt demgegenüber stets denselben „dharmischen" Charakter – wenn man sich so ausdrücken will – und repräsentiert nach wie vor das, was besagter Degeneration vorausgegangen ist. In Wahrheit ist die nicht-rituelle Handlung bloß eine entartete bzw. abnorme Handlung. Insbesondere existierte all das, was nur „Konvention" oder „Sitte" ohne tieferen Sinn und durch rein menschliche Übereinkunft ist, ursprünglich überhaupt nicht und ist nichts anderes als die Folge einer Deviation. Mit all dem hat der Ritus – verstanden im genuin traditionellen Sinne bzw. als das, was allein diesen Namen verdient – überhaupt nichts zu tun, ja im Vergleich zu ihm kann jede nicht-rituelle Handlung niemals mehr als eine Fälschung oder Parodie sein, auch wenn dies nicht jedem einsichtig sein mag. Wenn wir des Weiteren – und dies ist ein anderer entscheidender Punkt – hier vom Einklang mit der Ordnung sprechen, so darf man hierunter nicht nur die menschliche Ordnung verstehen, sondern auch, ja sogar zuallererst, die kosmische Ordnung. In jeder traditionellen Auffassung besteht nämlich stets eine strenge Korrespondenz zwischen diesen beiden Ordnungen, und es obliegt dem Ritus, ihre Verbindung bewusst aufrechtzuerhalten, insofern er gewissermaßen eine Mitwirkung des Menschen – in der ihm eigenen Handlungssphäre – an der kosmischen Ordnung als solcher impliziert.

Hieraus folgt, dass der *Sanâtana Dharma* – als integrale Tradition betrachtet – prinzipiell alle menschlichen Tätigkeitsfelder umfasst, die hierdurch außerdem „verwandelt" werden, weil sie aufgrund dieser Integration teilhaben am „nicht-menschlichen" Charakter, der jeder Tradition innewohnt oder der, genauer gesagt, sogar das Wesen der Tradition als solcher konstituiert. Dieser Standpunkt ist folglich das genaue Gegenteil zum „Humanismus", d.h. zu jenem Standpunkt, der alles auf das rein menschliche Niveau zu reduzieren sucht und der im Grunde mit dem profanen Standpunkt identisch ist; dementsprechend unterscheidet sich die traditionelle Konzeption der Wissenschaften und Künste grundlegend von ihrer profanen Konzeption, und zwar in einem solchen Maße, dass man ohne Übertreibung sagen kann, sie seien geradezu durch einen Abgrund voneinander getrennt. Vom traditionellen Standpunkt aus sind sämtliche Wissenschaften und Künste nur gültig und legitim, insofern sie sich auf universelle Prinzipien beziehen, nämlich dergestalt, dass sie letztlich als Anwendungen der zugrunde liegenden Lehre auf einen bestimmten kontingenten Bereich erscheinen – genau wie die Gesetzgebung und die soziale Organisation derartige Anwendungen in einem anderen Bereich darstellen. Durch diese Teilhabe am Wesen der Tradition besitzen auch Wissenschaft und Kunst in all ihren Varianten jenen rituellen Charakter, von dem wir vorhin gesprochen haben; denn keine Tätigkeit ist dieses Charakters beraubt, solange sie ihrem eigentlichen Wesen treubleibt. Es sei ergänzend darauf hingewiesen, dass von diesem Standpunkt aus keinerlei Unterscheidung zwischen Künsten und Handwerken möglich ist; diese sind traditionellerweise ein und dasselbe. Wir können hier freilich nicht näher auf all das eingehen, zumal wir es bereits andernorts thematisiert haben. Unsere Ausführungen sollten indes hinreichend gewesen sein um zu zeigen, wie sehr dies alles in jeglicher Hinsicht über die „Philosophie" hinausgeht, in welchem Sinne man diese auch verstehen mag.

Es sollte also verständlich geworden sein, was der *Sanâtana Dharma* in Wirklichkeit ist: Er ist nichts anderes als die Urtradition, die allein kontinuierlich und unverändert während des gesamten *Manvantara*, d.h. durch alle zyklischen Phasen hindurch, fortbesteht, da ihre Ursprünglichkeit als solche sie den Wechselfällen der aufeinanderfolgenden Epochen entzieht. Sie allein kann im strengen Sinne als völlig integral angesehen werden. Infolge des absteigenden Verlaufs des Zyklus und der daraus resultierenden geistigen Verdunkelung ist die Urtradition verborgen und für die gewöhnliche Menschheit unerreichbar geworden. Sie ist der erste Quell und gemeinsame Grund aller besonderen Traditionsformen, die aus ihr im Rahmen der Anpassung an ein spezifisches Volk oder eine spezifische Epoche hervorgehen; keine dieser Formen kann indessen mit dem *Sanâtana Dharma* selbst identifiziert oder als seine adäquate Verkörperung angesehen werden; vielmehr bestehen die einzelnen Traditionsformen stets im Sinne eines gleichsam verschleierten Abbilds desselben. Jede orthodoxe Tradition ist mithin ein Abglanz und sozusagen ein „Substitut" der Urtradition in dem Maße, wie die kontingenten Umstände es zulassen. Auch wenn die einzelnen orthodoxen Traditionen nicht mit dem *Sanâtana Dharma* zusammenfallen, repräsentieren sie ihn trotzdem für ihre Anhänger, da diese ihn nur auf solchem Wege erreichen können; und wenn die orthodoxen Traditionen ihn auch nicht im integralen Sinne verkörpern, so doch jene Aspekte, die ihre Anhänger unmittelbar betreffen, und zwar in einer für deren individuelle Natur bestmöglichen Weise. In gewissem Sinne sind sämtliche verschiedenen Traditionsformen prinzipiell im *Sanâtana Dharma* enthalten, weil sie lauter reguläre und legitime Anpassungen desselben bilden; und in allen im Laufe der Zeit sich vollziehenden Entwicklungen bleiben die Anpassungen letzthinnig im *Sanâtana Dharma* enthalten. In einem anderen, umgekehrten und hierzu doch komplementären Sinne enthalten auch alle Anwendungen den *Sanâtana Dharma* – als dasjenige, was ihr Innerstes und „Zentralstes" ausmacht – in verschiedenen Graden der Veräußerlichung, gleich vielen Schleiern, die ihn bedecken und nur in einer abgeschwächten und partiellen Form durchscheinen lassen.

Da das Gesagte für alle Traditionsformen Gültigkeit besitzt, wäre es falsch, den *Sanâtana Dharma* schlicht und einfach mit einer von ihnen gleichsetzen zu wollen, auch nicht mit der Hindutradition, wie sie sich uns heute darbietet. Wenn dieser Irrtum in der Tat häufig begangen wird, dann nur von denen, deren Horizont aufgrund äußerer Umstände ausschließlich auf diese eine Tradition begrenzt ist. Selbst wenn diese Gleichsetzung – unseren vorigen Ausführungen zufolge – nicht gänzlich illegitim ist, so können die Anhänger jeder anderen Tradition ebenso behaupten, ihre eigene Tradition sei der *Sanâtana Dharma*. Eine derartige Behauptung wäre in einem relativen Sinne stets wahr, obgleich im absoluten Sinne evidentermaßen falsch. Dennoch gibt es einen Grund dafür, dass der Begriff *Sanâtana Dharma* mit der Hindutradition besonders eng verbunden scheint: Von allen noch lebendigen Traditionsformen ist sie es, die am unmittelbarsten auf die Urtradition zurückgeht, auch wenn sie sich zu dieser gewissermaßen wie die äußere Fortsetzung verhält – wobei stets den Bedingungen, unter denen der menschliche Zyklus verläuft, Rechnung zu tragen ist; Bedingungen, von denen die Hindulehre übrigens eine genauere Beschreibung als andere Traditionen liefert, weshalb sie in einem höheren Maße als alle anderen an der Dauerhaftigkeit des *Sanâtana Dharma* teilhat. Darüber hinaus ist interessant anzumerken, dass die hinduistische und die islamische Tradition die einzigen sind, die ausdrücklich die Gültigkeit aller anderen orthodoxen Traditionen bejahen. Dies verhält sich deshalb so, weil sie die erste und letzte Tradition im Verlauf des *Manvantara* darstellen und deshalb gleichermaßen – wenn auch in unterschiedlicher Weise – alle verschiedenen, innerhalb dieses Zeitraums entstandenen Formen integrieren müssen, um die „Rückkehr zu den Ursprüngen“ zu ermöglichen, durch die das Ende des Zyklus erneut dessen Anfang einholen muss, der – am Ausgangspunkt eines weiteren *Manvantara* – den echten *Sanâtana Dharma* abermals äußerlich manifestieren wird.

Wir müssen noch auf zwei irrige, in unserer Zeit allzu verbreitete Vorstellungen aufmerksam machen, die sicherlich von einem weit schwerwiegenderen Unverständnis zeugen als die bloße Gleichsetzung des *Sanâtana Dharma* mit einer besonderen Traditionsform. Die eine dieser Vorstellungen ist die der sogenannten – heute sogar in Indien anzutreffenden – „Reformer“, die den *Sanâtana Dharma* wiederzufinden glauben, indem sie eine Art willkürlicher Vereinfachung der Tradition befördern, die in Wahrheit nur ihren eigenen individuellen Tendenzen entspricht und zumeist dem Einfluss des modernen und westlichen Geistes geschuldete Vorurteile durchscheinen lässt. Überhaupt ist auffällig, dass diese „Reformer“ zuallererst die eigentlich bedeutsamsten Aspekte zu eliminieren trachten – sei es, weil diese ihnen völlig entgehen oder weil sie ihren vorgefassten Vorstellungen zuwiderlaufen. Diese Einstellung ist vergleichbar mit der mancher „Kritiker“, die in einem Text all diejenigen Teile als „Interpolationen“ zurückweisen, die nicht ihren vorgefassten Vorstellungen entsprechen, bzw. dem Sinn, den sie im betreffenden Text finden wollen. Wenn wir – wie vorhin – von der „Rückkehr zu den Ursprüngen“ sprechen, so handelt es sich hier gewiss um etwas völlig anderes, nämlich um etwas, das in keiner Weise von der Initiative irgendwelcher Individuen als solcher abhängt; außerdem ist nicht einzusehen, warum die Urtradition so einfach sein sollte, wie diese Leute annehmen – es sei denn aufgrund des durch ein geistiges Gebrechen oder durch eine Schwäche motivierten Wunsches, dass dem so sei. Und warum sollte die Wahrheit dazu gezwungen sein, sich an die dürftigen Verständnisvermögen der jetzigen Durchschnittsmenschen anzupassen? Um einzusehen, dass dies nicht der Fall ist, genügt es einerseits zu verstehen, dass der *Sanâtana Dharma* all das – und sogar noch mehr – enthält, was sich in ausnahmslos allen traditionellen Formen ausspricht, und dass andererseits die höchsten bzw. tiefsten Wahrheiten aufgrund der dem zyklischen Abstieg innewohnenden geistigen Verdunkelung notwendigerweise unerreichbar geworden sind. Unter solchen Bedingungen ist die den Modernisten aller Art so teure Einfachheit denkbar weit davon entfernt, Merkmal des hohen Alters einer traditionellen Lehre – und noch weniger von deren Ursprünglichkeit – zu sein.

Die andere fehlerhafte Vorstellung, auf die wir jetzt unsere Aufmerksamkeit richten wollen, ist vor allem bei den diversen zeitgenössischen Schulen verbreitet, die mit dem sogenannten „Okkultismus“ in Zusammenhang stehen. Diese verfahren üblicherweise „synkretistisch“, d.h. durch Annäherung der verschiedenen Traditionen aneinander, insoweit sie Kenntnis von ihnen besitzen. Sie tun dies auf ganz äußerliche und oberflächliche Weise, noch nicht einmal, indem sie das diesen Traditionen Gemeinsame herauszuarbeiten versuchen, sondern durch bloße Aneinanderreihung irgendwelcher aus der einen oder anderen Tradition entnommener Elemente. Das Resultat dieser so unausgegorenen wie phantastischen Konstruktionen wird dann als Ausdruck einer „altertümlichen Weisheit“ oder einer „archaischen Doktrin“ präsentiert, aus der alle Traditionen hervorgegangen seien und die folglich mit der Urtradition oder dem *Sanâtana*

Dharma identifiziert werden müsse, auch wenn diese Termini den betreffenden Schulen kaum bekannt zu sein scheinen. Es braucht kaum eigens betont zu werden, dass all dies – was immer die jeweiligen Ansprüche sein mögen – nicht den mindesten Wert besitzt und nur einem rein profanen Standpunkt entspricht; dass zumal diese Vorstellungen fast ausnahmslos von einer völligen Verkennung der Notwendigkeit begleitet werden, dass jeder, der in irgendeinem Maße in den spirituellen Bereich vordringen möchte, zunächst einer bestimmten Tradition angehören muss. Und wir sprechen wohlgemerkt von einer tatsächlichen Zugehörigkeit mit all den hierdurch implizierten Konsequenzen, einschließlich des Praktizierens der Riten der betreffenden Tradition, keinesfalls nur von einer vagen, „idealen" Sympathie gleich jener, die manche Abendländer dazu veranlasst, sich zu Hindus oder Buddhisten zu erklären, ohne eigentlich zu wissen, was dies meint, und ohne jemals eine wirkliche und reguläre Angliederung an diese Traditionen zu erwägen. Genau dies ist jedoch der notwendige Ausgangspunkt, von dem dann ein jeder entsprechend seiner eigenen Fähigkeiten weiter voranschreiten kann; denn es geht hier nicht um leere Spekulationen, sondern um eine Erkenntnis, die ihrer Natur nach auf eine geistige Verwirklichung abzielen muss. Nur auf diese Weise, d.h. innerhalb der Traditionen – und man könnte noch genauer sagen: in deren Zentrum selbst, wenn es denn gelingt, dorthin zu gelangen – vermag man wirklich das Bewusstsein davon zu erlangen, was ihre wesenhafte und prinzipielle Einheit ausmacht, und damit die volle Erkenntnis des *Sanâtana Dharma* tatsächlich zu erreichen.

8. Über die initiatische Rückbindung

Es gibt Sachverhalte, auf die wir immer wieder aufs Neue zurückkommen müssen, da die meisten unserer Zeitgenossen – zumindest im Westen – offenbar Schwierigkeiten haben, sie zu verstehen. Recht häufig sind dies Sachverhalte von eigentlich eher elementarer Art; denn sie betreffen die Grundlage all dessen, was sich auf den traditionellen Standpunkt im Allgemeinen sowie auf den esoterischen und initiatischen Standpunkt im Besonderen bezieht. Hierunter fällt z.B. die Frage nach der Rolle und Wirksamkeit von Riten; und – aufgrund ihres recht engen Bezuges dazu – möglicherweise auch die Frage nach der Notwendigkeit initiatischer Rückbindung. Sobald man nämlich verstanden hat, dass die Initiation ihrem Wesen nach in der Übertragung eines bestimmten geistigen Einflusses besteht und diese Übertragung nur vermittels eines Ritus bewerkstelligt werden kann, was eben durch den Anschluss an eine Organisation erfolgt, deren Funktion zuallererst darin besteht, den betreffenden Einfluss zu bewahren und zu übermitteln – wenn man das also verstanden hat, sollte es in dieser Hinsicht keine weiteren Schwierigkeiten geben. Übertragung und Rückbindung sind letztlich nur zwei Aspekte von ein und derselben Sache, je nachdem, ob man die initiatische „Kette“ in absteigender oder in aufsteigender Richtung ins Auge fasst. Wir hatten kürzlich erst konstatiert, dass besagte Schwierigkeiten sogar für manche bestehen, die eigentlich eine derartige Rückbindung erlangt haben. Dies mag recht befremdlich erscheinen, doch muss man hierin zweifellos die Folge einer „spekulativen“ Verwässerung erblicken, welche die Organisationen, denen die genannten Personen angehören, durchmachen. Denn es ist augenfällig, dass für diejenigen, die sich nur an den „spekulativen“ Standpunkt halten, Fragen dieser Art – nebst all jenen Fragen, die man als „technisch“ bezeichnen könnte – lediglich in sehr indirekter Hinsicht, gleichsam aus der Ferne, aufkommen können und dass aus demselben Grund die prinzipielle Wichtigkeit dieser Fragen fast gänzlich verkannt zu werden droht. Man könnte sogar sagen, dass ein Beispiel wie dieses uns allererst erlaubt, die volle Distanz zwischen virtueller und wirksamer Initiation zu ermessen. Damit soll freilich nicht gesagt sein, dass erstere als belanglos einzustufen sei; sie ist im Gegenteil die eigentliche Initiation, d.h. der notwendige „Anfang“ (*initium*), der die Möglichkeit aller weiteren Entwicklungen mit sich bringt.

Gleichwohl gilt es zu erkennen, dass unter den gegenwärtigen Umständen der Weg von dieser virtuellen Initiation bis zum bloßen Anfang der Verwirklichung weiter ist als jemals zuvor. Wie dem auch sei – wir denken, dass wir uns über die Notwendigkeit der initiatischen Rückbindung bereits in hinreichender Weise ausgesprochen haben.[101] Angesichts mancher Fragen, die zu dieser Thematik an uns herangetragen wurden, scheint es uns allerdings sinnvoll zu sein, das schon Gesagte um einige weitere Hinweise zu ergänzen.

Zunächst müssen wir dem Einwand begegnen, den einige aus dem Umstand ziehen könnten, dass der Neophyt den Einfluss im Moment der Übertragung überhaupt nicht spürt. Um die Wahrheit zu sagen, ist dieser Fall durchaus vergleichbar mit dem gewisser exoterischer Riten, wie beispielsweise den religiösen Riten der Priesterweihe, wo ebenfalls ein geistiger Einfluss übermittelt wird, der – zumindest im Allgemeinen – nicht mehr erfahren wird, was jedoch keineswegs heißt, dass er nicht wirklich präsent ist und denen, die ihn empfangen haben, nicht wirklich gewisse Fähigkeiten verleiht, die sie zuvor nicht besaßen. Hinsichtlich der Initiation müssen wir aber noch weiter gehen: Es wäre in gewissem Sinne sogar widersprüchlich, wenn der Neophyt den ihm übermittelten Einfluss zu spüren vermöchte, da er sich ihm gegenüber *per definitionem* noch in einem rein potentiellen und „nicht-entwickelten" Zustand befindet, während demgegenüber die Fähigkeit, den Einfluss zu spüren, natürlich bereits einen gewissen Grad der Entwicklung oder Aktualisierung impliziert; deshalb haben wir vorhin betont, dass man notwendigerweise mit der virtuellen Initiation beginnen muss. Im exoterischen Bereich ist es nicht von Nachteil, wenn der empfangene Einfluss niemals bewusst, ja noch nicht einmal indirekt bzw. in seinen Effekten wahrgenommen wird, da es hier nicht darum geht, infolge der vollzogenen Übertragung eine wirkliche geistige Entwicklung zu erzielen. Im Falle der Initiation indes liegt die Sache gänzlich anders und infolge der vom Initiierten vollzogenen inneren Arbeit müssen die Effekte dieses Einflusses im Nachhinein spürbar werden, was eben den Übergang zur wirksamen Initiation markiert, auf welcher Stufe auch immer man diese betrachten mag. Dies sollte zumindest normalerweise stattfinden, wenn die Initiation die Folgen zeitigt, die man

[101] Vgl. *Aperçus sur l'initiation*, besonders Kap. V und VIII.

berechtigterweise erwarten kann. Nun bleibt die Initiation in den meisten Fällen bloß virtuell, was auf die Behauptung hinausläuft, dass die besagten Effekte in latentem Zustand verbleiben. Doch auch wenn sich dies so verhält – vom streng initiatischen Standpunkt aus betrachtet ist dies nichtsdestoweniger eine Anomalie, die lediglich bestimmten kontingenten Umständen geschuldet ist,[102] nämlich einerseits der unzureichenden Befähigung des Initiierten, d.h. der Begrenztheit von Möglichkeiten, die er in sich trägt und die durch nichts Äußerliches aufgewogen werden können, sowie andererseits dem Zustand der Unvollkommenheit oder Entartung, in dem sich gewisse initiatische Organisationen gegenwärtig befinden und der ihnen nicht mehr erlaubt, eine hinreichende Unterstützung zur Erlangung der wirksamen Initiation zu bieten. So ahnen selbst die ihrer Natur nach eigentlich dafür Geeigneten nichts mehr von der Existenz einer solchen Initiation, obwohl genannte Organisationen nach wie vor fähig sind, eine virtuelle Initiation zu erteilen und mithin die anfängliche Übertragung des geistigen Einflusses jenen zu gewährleisten, die die erforderlichen Mindestvoraussetzungen mitbringen.

Bevor wir auf einen anderen Aspekt der Thematik zu sprechen kommen, sei nebenbei noch angemerkt, dass diese Übertragung – worauf wir übrigens anderweitig bereits insistiert haben – überhaupt nichts „Magisches“ an sich hat oder haben kann, und zwar schlichtweg deshalb, weil es sich um einen wesenhaft geistigen Einfluss handelt, wohingegen alles Magische ausschließlich den Umgang mit bloß psychischen Einflüssen betrifft. Selbst wenn der geistige Einfluss in sekundärem Sinne mitunter gewisse psychische Einflüsse mit sich bringt, ändert dies nichts am Gesagten, da es sich hierbei um rein akzidentelle Folgen handelt, die lediglich der Entsprechung, die natürlicherweise zwischen den verschiedenen Wirklichkeitsebenen besteht, geschuldet sind. In jedem Falle wirkt der initiatische Ritus weder auf psychische Einflüsse noch durch sie, sondern einzig aufgrund des geistigen Einflusses und kann – eben sofern er initiatisch ist – in nichts anderem gründen. Gleiches gilt im Übrigen auch im exoterischen

[102] Man könnte außerdem im Allgemeinen sagen, dass es unter den Bedingungen einer Epoche wie der unsrigen beinah immer der vom traditionellen Standpunkt aus normale Fall ist, der nunmehr als Ausnahme erscheint.

Bereich, und zwar was die religiösen Riten betrifft;[103] sowohl in Hinblick auf diese als auch auf die initiatischen Riten handelt es sich stets um genuin geistige Einflüsse – ungeachtet der Unterschiede, die gegebenenfalls zwischen verschiedenen geistigen Einflüssen bestehen, sei es zwischen ihnen als solchen oder mit Blick auf die verschiedenen Ziele, zu deren Erlangung sie eingesetzt werden können. Letztendlich sind diese Bemerkungen bereits hinreichend um zu zeigen, dass die geistigen Einflüsse nichts mit Magie gemein haben können, welch letztere nur eine sekundäre traditionelle Wissenschaft von durchweg kontingenter und sogar sehr niedriger Art darstellt und der – wir wiederholen es nochmals – alles zum geistigen Bereich Gehörige völlig fremd ist.

Wir können nun zu dem Punkt übergehen, der uns am allerwichtigsten erscheint und der den Grund der hier verfolgten Frage am unmittelbarsten berührt. Diesbezüglich könnte der womöglich aufkommende Einwand folgendermaßen formuliert werden: Nichts kann vom Prinzip getrennt sein, denn dann hätte es weder eine wirkliche Existenz noch Realität, und zwar nicht einmal auf niedrigster Ebene. Wie kann man also – ganz abgesehen von den Vermittlungen, durch die sie erlangt wird – von einer Rückbindung sprechen, die letztlich nur als Rückbindung ans Prinzip selbst verstanden werden kann, was wörtlich genommen die Wiederherstellung einer Verbindung zu implizieren scheint, die vormals unterbrochen war? Es sei angemerkt, dass eine solche Frage durchaus vergleichbar ist mit der folgenden, die ebenfalls verschiedentlich gestellt wurde: Warum muss man Anstrengungen unternehmen, um die Befreiung zu erlangen, wo doch das „Selbst" (*Âtmâ*) unveränderlich ist, immer mit sich selbst identisch bleibt und durch nichts modifiziert oder affiziert werden kann? Wer derartige Fragen aufwirft, zeigt dadurch, dass er zu stark einer rein theoretischen Sicht auf die Dinge verhaftet bleibt, weshalb er nur eine einzige Seite des Problems wahrnimmt oder sogar zwei – eigentlich klar voneinander getrennte, obgleich gewissermaßen komplementäre – Standpunkte miteinander verwechselt: den prinzipiellen Standpunkt und den Standpunkt, der

---

[103] Es versteht sich von selbst, dass dies sogar in noch höherem Maße gilt für andere exoterische Riten in Traditionen, die von den religiösen Formen verschieden sind; wenn wir hier speziell von religiösen Riten sprechen, so deshalb, weil sie im Bereich des Rituellen für gewöhnlich der im Westen bekannteste Fall sind.

den manifestierten Wesen zukommt. Vom rein metaphysischen Standpunkt aus könnte man sich gewiss allein an den prinzipiellen Aspekt halten und alles andere vernachlässigen. Der eigentlich initiatische Standpunkt aber muss demgegenüber von den Bedingtheiten ausgehen, die den manifestierten Wesen, genauer: den menschlichen Individuen als solchen, in ihrem jetzigen Zustand eignen – mithin von jenen Bedingtheiten, von denen man sich zu befreien beabsichtigt. Man muss also – und hierin besteht der Unterschied zum rein metaphysischen Standpunkt – notwendigerweise den sogenannten „faktischen Zustand" berücksichtigen und diesen irgendwie mit der prinzipiellen Ordnung verknüpfen. Um diesbezüglich jedes Missverständnis zu vermeiden, sei folgendes betont: Es ist evident, dass im Prinzip nichts jemals Gegenstand von Veränderung sein kann; es ist folglich nicht das „Selbst", das befreit werden muss, weil es weder jemals bedingt noch irgendeiner Begrenzung unterworfen ist, sondern das „Ich", und dieses kann nur durch die Zerstörung der Illusion befreit werden, die es als vom „Selbst" getrennt erscheinen lässt. Ebenso geht es in Wahrheit nicht darum, die Verbindung mit dem Prinzip wiederherzustellen, da sie je schon besteht und immer bestehen wird;[104] vielmehr muss das manifestierte Wesen ein tatsächliches Bewusstsein von dieser Verbindung gewinnen. Und beim jetzigen Zustand der Menschheit gibt es hierfür kein anderes mögliches Mittel als das durch die Initiation bereitgestellte.

Somit sollte verständlich geworden sein, dass es sich bei der Notwendigkeit initiatischer Rückbindung nicht um eine prinzipielle, sondern lediglich um eine faktische Notwendigkeit handelt, die sich unter Bedingungen wie den unsrigen deshalb aber nicht weniger streng aufdrängt und die wir folglich als Ausgangspunkt nehmen müssen. Für Menschen der Urzeiten wäre die Initiation allerdings nutzlos, ja sogar unvorstellbar gewesen, da – aufgrund ihrer größeren Nähe zum Prinzip – die geistige Entwicklung sich bei ihnen in all ihren Stufen auf ganz natürliche und spontane Weise vollendete. Doch infolge des „Abstiegs", der sich seitdem gemäß dem unvermeidlichen Prozess aller kosmischen Manifestation vollzogen hat, sind die Bedingungen der zyklischen Periode, in der wir uns gegenwärtig befinden, ganz andere als damals – weshalb die Wiederherstellung der dem

[104] Diese Verbindung ist im Grunde nichts anderes als das *sûtrâtmâ* der Hindutradition, von dem wir in anderen Studien gesprochen haben.

Urzustand entsprechenden Möglichkeiten das erste Ziel der Initiation darstellt.[105] Diesen faktischen Bedingungen Rechnung tragend, müssen wir die Notwendigkeit initiatischer Rückbindung konstatieren, nicht jedoch in allgemeiner Weise und in Absehung von den Bedingungen einer jeweiligen Epoche oder Welt. Diesbezüglich ist vor allem zu beachten, was wir bereits andernorts über die Möglichkeit, dass Lebewesen von selbst und ohne Eltern geboren werden, gesagt haben;[106] diese „spontane Erzeugung" ist in der Tat eine prinzipielle Möglichkeit, und man kann sich sehr wohl eine Welt vorstellen, die derart strukturiert wäre. Es ist jedoch keine faktische Möglichkeit in unserer Welt, zumindest in ihrem jetzigen Zustand. Das gleiche gilt für die Erlangung gewisser geistiger Zustände, was übrigens auch eine „Geburt" darstellt;[107] dieser Vergleich scheint uns zum Verständnis der hier verhandelten Problematik treffend und hilfreich zu sein. In gleicher Hinsicht können wir außerdem folgendes sagen: Im gegenwärtigen Weltzustand vermag die Erde keine Pflanze aus sich selbst heraus und spontan zu erzeugen, wenn man nicht zuvor einen Samen in sie gepflanzt hat, der seinerseits notwendigerweise von einer anderen, vorher existenten, Pflanze stammen muss.[108] Gleichwohl ist zuzugestehen, dass es sich einstmals anders verhielt, da sonst überhaupt nichts hätte jemals beginnen können – doch diese Möglichkeit zählt nicht zu denen, die sich momentan zu manifestieren imstande sind. Unter unseren faktischen Bedingungen lässt sich nichts ernten, was nicht zuvor gesät worden ist, und dies gilt im geistigen wie im materiellen Sinne

---

105 Zu der im Kontext der „kleinen Mysterien" betrachteten Initiation als derjenigen, die den sukzessiven „Wiederaufstieg" des Zyklus bis zum Urzustand zu erreichen erlaubt, vgl. *Aperçus sur l'initiation*, 257f.

106 *Aperçus sur l'initiation*, 30.

107 Es braucht in diesem Zusammenhang kaum daran erinnert zu werden, was wir andernorts alles über die als „zweite Geburt" aufgefasste Initiation gesagt haben; diese Betrachtungsweise ist überhaupt allen Traditionsformen ausnahmslos gemein.

108 Ohne darauf an dieser Stelle näher eingehen zu können, weisen wir darauf hin, dass dies nicht ohne Bezug zur Symbolik des Korns in den Mysterien von Eleusis sowie zum Passwort des Grades des „Compagnon" in der Freimaurerei ist. Die initiatischen Implikationen stehen darüber hinaus in engem Bezug zur Vorstellung der „geistigen Nachkommenschaft". In diesem Kontext ist vielleicht ferner interessant zu bemerken, dass das Wort „Neophyt" wörtlich „neue Pflanze" bedeutet.

gleichermaßen. Nun ist der Same, der in ein Wesen gesät werden muss, um dessen weitere geistige Entwicklung zu ermöglichen, eben jener Einfluss, der – im Zustand der Virtualität und „Einhüllung“ genau vergleichbar mit dem des Korns[109] – ihm durch die Initiation übermittelt wird.[110]

An dieser Stelle wird es von Nutzen sein, auf einen Irrtum aufmerksam zu machen, der in letzter Zeit öfters aufkam: Verschiedentlich wurde die Überzeugung geäußert, dass die Angliederung an eine initiatische Organisation gewissermaßen nur den ersten Schritt „in Richtung zur Initiation“ bilde. Dies wäre allein dann zutreffend, wenn man genauer präzisierte, dass es in dieser Rede um die wirksame Initiation geht. Doch machen die, auf die wir anspielen, überhaupt keine Unterscheidung zwischen virtueller und wirksamer Initiation, und vielleicht haben sie keinerlei Vorstellung von einer solchen Unterscheidung, die jedoch von größter Wichtigkeit und als wesentlich anzusehen ist. Überdies ist es gut möglich, dass besagte Personen durch gewisse Vorstellungen okkultistischer oder theosophischer Provenienz über die „großen Initiierten“ oder durch Vergleichbares beeinflusst waren; durch Vorstellungen also, die geradezu dafür prädestiniert sind, Verwirrung zu stiften oder aufrecht zu erhalten. Jedenfalls vergessen sie offensichtlich, dass Initiation von *initium* abgeleitet ist und dieses Wort eigentlich „Einstieg“ oder „Anfang“ bedeutet: Es ist der Einstieg zu einem Weg, der sodann zu durchschreiten noch bevorsteht, oder auch der Beginn einer neuen Existenz, in deren Verlauf Möglichkeiten entwickelt werden, die einer anderen Ordnung zugehören als jener, auf die das Leben der gewöhnlichen Menschen beschränkt bleibt. Die Initiation ist – im strengsten und genausten Sinne verstanden – in Wirklichkeit nichts anderes als die anfängliche Übertragung des geistigen

---

109 Der geistige Einfluss als solcher kann niemals in einem Zustand der Potentialität sein, aber der Neophyt empfängt ihn gewissermaßen in einer seinem eigenen Zustand angemessenen Weise.

110 Wir könnten sogar hinzufügen, dass aufgrund der zwischen menschlicher und kosmischer Ordnung existierenden Entsprechung nicht nur eine bloße Ähnlichkeit zwischen den beiden genannten Vergleichspunkten besteht, sondern eine sehr viel strengere und direktere Verbindung, die den Vergleich noch deutlicher rechtfertigt; und hieraus lässt sich ersehen, dass der biblische Text, in dem der gefallene Mensch als dazu verdammt dargestellt wird, ohne harte Arbeit nichts mehr aus der Erde zu erhalten (*Genesis* III, 17-19), sogar im wörtlichsten Sinne sehr wohl einer Wahrheit entsprechen kann.

Einflusses im keimhaften Zustand, und d.h. in anderen Worten: die initiatische Rückbindung selbst.

Noch eine weitere Frage, die sich ihrerseits auf die initiatische Rückbindung bezieht, wurde jüngst aufgeworfen. Um allerdings ihre genaue Bedeutung zu verstehen, muss zunächst gesagt werden, dass sie speziell solche Fälle betrifft, bei denen die Initiation nicht innerhalb eines gewöhnlichen bzw. normalen Rahmens empfangen wurde.[111] Hier muss man sich zuallererst klarmachen, dass derartige Fälle stets Ausnahmen sind und nur dann vorkommen, wenn gewisse Umstände die normale Übertragung verunmöglichen, besteht der Daseinsgrund solcher Fälle doch genau darin, die reguläre Übertragung in einem gewissen Maße zu ersetzen. Wir sagen lediglich „in einem gewissen Maße", weil ein derartiger Vorgang sich einerseits ausschließlich bei Individuen zutragen kann, die Fähigkeiten besitzen, welche die gewöhnlichen bei weitem übersteigen und deren Aspirationen stark genug sind, irgendwie jenen geistigen Einfluss anzuziehen, den sie aus bloß eigener Kraft nicht erlangen können; andererseits, weil es sogar für derartige Individuen – aufgrund der nicht vorhandenen Hilfe, die grundsätzlich durch den dauerhaften Kontakt mit einer traditionellen Organisation bereitgestellt werden könnte – noch seltener vorkommt, dass die infolge einer solchen Initiation erreichten Resultate mehr als fragmentarisch und unvollständig sind. Man kann dies kaum genug betonen und schon das bloße Sprechen von einer derartigen Möglichkeit ist vielleicht nicht ganz ungefährlich, weil zu viele Menschen dazu neigen, sich diesbezüglich Illusionen hinzugeben. Es genügt, dass in ihrem Leben das geringste außergewöhnliche Ereignis auftritt – oder auch ein Ereignis, das ihnen nur so erscheint, in Wirklichkeit aber ganz gewöhnlich ist –, damit sie es als Zeichen interpretieren, eine außergewöhnliche Initiation erhalten zu haben. Besonders die modernen Abendländer sind allzu leicht versucht, den geringsten Vorwand dieser Art zu ergreifen, um sich von einer regulären Angliederung dispensiert zu wähnen. Aus diesem Grund scheint es uns gerechtfertigt zu sein, darauf zu beharren, dass, solange eine reguläre Angliederung nicht ganz unmöglich ist,

[111] Auf diese Fälle bezieht sich die erläuternde Anmerkung, die einer Passage der *Pages dédiées à Mercure* von Abdul-Hâdi in den *Études Traditionelles* (August 1946, 318f.) angefügt ist und die auch als Appendix in diesem Band [*Initiation et réalisation spirituelle*] abgedruckt wurde, 270f.

man nicht darauf zählen sollte, die Initiation auf anderem Wege zu erlangen.

Ein anderer wichtiger Punkt betrifft folgendes: Sogar in einem solchen Ausnahmefall handelt es sich stets um die Angliederung an eine initiatische „Kette“ und die Übermittlung eines geistigen Einflusses, auch wenn die entsprechenden Mittel und Modalitäten sich von denen des Normalfalls zweifellos stark unterscheiden und z.B. eine jenseits der gewöhnlichen Bedingungen von Zeit und Raum verortete Aktivität beinhalten können. In jedem Falle wird dabei notwendigerweise ein echter Kontakt hergestellt, der sicherlich nichts zu tun hat mit „Visionen“ oder Träumen, die lediglich der Imagination unterstehen.[112] In manchen uns bekannten Beispielen, wie dem Fall Jakob Böhmes, auf den wir bereits an anderer Stelle angespielt haben,[113] wurde der Kontakt durch die Begegnung mit einer mysteriösen Person hergestellt, die danach nicht mehr erschienen ist. Wer immer diese Person gewesen sein mag;[114] es handelt sich hier um ein vollkommen „positives“ Faktum und nicht bloß um irgendein vages und missverständliches „Zeichen“, das jeder gerade nach Lust und Laune interpretieren könnte. Doch muss man begreifen, dass ein durch derartige Mittel initiiertes Individuum kein klares Bewusstsein von der wahren Natur dessen haben kann, was ihm eigentlich zuteilwurde bzw. womit es verbunden wurde; zumal ist es völlig unfähig, sich den Vorgang selbst zu erklären – und zwar in Ermangelung einer entsprechenden „Anleitung“, die ihm erlauben würde, von all dem eine (vielleicht auch nur wenig präzise) Vorstellung zu gewinnen. Möglicherweise hat das betroffene Individuum überhaupt noch nie von einer Initiation gehört, sind Sache und Wort in dem Umfeld, in dem es lebt, völlig unbekannt. Doch dies zählt im Grunde wenig und berührt selbstverständlich in keiner Weise die Realität dieser Initiation als

112 Wir erinnern daran, dass, wenn es um initiatische Fragen geht, man der Imagination nicht genug misstrauen kann; alles, was nur „psychologische“ oder „subjektive“ Illusionen sind, ist in dieser Beziehung völlig wertlos und darf sich in keiner Weise und auf keiner Stufe einmischen.

113 *Aperçus sur l'initiation*, 70.

114 Es kann sich – wenn auch nicht notwendigerweise – um die Erscheinung eines, wie wir vorhin angedeutet haben, jenseits der gewöhnlichen Bedingungen von Zeit und Raum agierenden „Adepten“ handeln. Zum besseren Verständnis gewisser Möglichkeiten dieser Art vgl. unsere Ausführungen in den *Aperçus sur l'initiation*, Kap. XLII.

solcher, obgleich man bemerken wird, dass diese Situation – im Vergleich zu einer normalen Initiation – notwendigerweise gewisse Nachteile mit sich bringt.[115]

Auf Basis vorstehender Bemerkungen können wir zu der Frage, auf die wir angespielt haben, übergehen, erlauben unsere Hinweise doch, sie jetzt leichter zu beantworten. Diese Frage lautet folgendermaßen: Können manche Bücher mit initiatischem Inhalt für besonders qualifizierte Individuen, die sie mit der geforderten Verfassung studieren, als solche zum Vehikel der Übermittlung eines geistigen Einflusses dienen, sodass in solchen Fällen ihre Lektüre zur Erlangung einer Initiation desjenigen Typs, von dem wir gesprochen haben, ausreichte, ohne dass die Notwendigkeit eines direkten Kontakts zu einer traditionellen „Kette" bestünde? Die Unmöglichkeit einer Initiation durch Bücher ist ein Sachverhalt, zu dem wir unseres Erachtens bereits an anderer Stelle alles Wesentlich gesagt haben, und wir müssen eingestehen, nicht vorhergesehen zu haben, dass die Lektüre irgendwelcher Bücher als eines der außergewöhnlichen Mittel angesehen werden könnte, die mitunter die üblichen Mittel der Initiation ersetzen. Im Übrigen gibt es hier sogar ganz abgesehen von diesen speziellen Fällen, bei denen es um die Übertragung eines geistigen Einflusses geht, einen Aspekt, der dieser Auffassung klar entgegensteht: nämlich dass eine mündliche Überlieferung allenthalben als notwendige Bedingung einer genuin traditionellen Lehre betrachtet wird, und zwar in solchem Maße, dass die schriftliche Darlegung einer Lehre die mündliche Unterweisung niemals ersetzen kann.[116] Dies ist deshalb der Fall, weil die Überlieferung einer Lehre – um wahrhaft gültig zu sein – die Übermittlung eines gleichsam „vitalen" Elementes impliziert, für das Bücher nicht als Vehikel dienen können.[117] Am

---

115 U.a. verleihen diese Nachteile dem Initiierten oftmals – und vor allem hinsichtlich seiner Ausdrucksweise – eine gewisse äußere Ähnlichkeit mit den Mystikern, was sogar dazu führen kann, dass er von denen, die der Sache nicht genauer auf den Grund gehen, als ein solcher aufgefasst wird; eben so, wie es bei Jakob Böhme geschehen ist.

116 Der Inhalt eines Buches im Sinne einer Gesamtheit von Wörtern und Sätzen, die bestimmte Ideen ausdrücken, ist folglich nicht das Einzige, was vom traditionellen Standpunkt aus wichtig ist.

117 Man könnte hier einwenden, dass einigen, besonders die Tradition der Rosenkreuzer betreffenden, Berichten zufolge, bestimmte Bücher von ihren Autoren selbst mit Einflüssen aufgeladen wurden, was übrigens bei einem Buch wie auch bei jedem anderen Objekt grundsätzlich

erstaunlichsten ist aber vielleicht, dass diese Frage ausgerechnet im Zusammenhang einer Passage gestellt wurde, in der wir – in Bezug auf die „Bücherstudien" – davon überzeugt waren, uns recht klar ausgedrückt zu haben, um jedwede Missverständnisse zu vermeiden, namentlich indem wir signalisiert haben, dass gerade „Bücher initiatischen Inhalts" Anlass für derartige Missverständnisse böten.[118] Es scheint also lohnenswert zu sein, noch einmal darauf zurückzukommen und das, was wir eigentlich sagen wollten, etwas genauer zu entwickeln.

Offensichtlich gibt es sehr verschiedene Arten und Weisen, ein und dasselbe Buch zu lesen. Die Resultate entsprechender Lektüren sind ebenfalls unterschiedlich: Gesetzt beispielsweise, es handelt sich um heilige Schriften einer Tradition, so wird der Profane im wahrsten Sinne des Wortes – wie etwa der moderne „Kritiker" – in ihnen nur „Literatur" erblicken. Alles, was er aus ihnen ziehen kann, ist jene Art von verbalem Wissen, aus der sich die ganze Gelehrsamkeit speist, ohne dass mit ihr das geringste wirkliche – auch nur äußerliche – Verständnis einhergehen würde. Der „Gelehrte" weiß nämlich nicht bzw. stellt sich noch nicht einmal die Frage, ob das von ihm Gelesene Ausdruck einer Wahrheit sei; diese Form des Wissens kann man als „Buchwissen" im strengsten Sinne des Wortes bezeichnen. Bereits derjenige, welcher der betreffenden Tradition angehört, wird – selbst wenn er nur ihre exoterische Seite kennt – in den heiligen Schriften etwas völlig anderes erblicken, auch wenn sein Verständnis noch auf den wörtlichen Sinn beschränkt bleiben sollte; das, was er in ihnen findet, ist für ihn von ungleich höherem Wert als alle Gelehrsamkeit. Dies gilt sogar auf der niedrigsten Ebene, d.h. im Falle desjenigen, der durch sein Unvermögen, die doktrinalen Wahrheiten zu verstehen, bloß nach einer Regel sucht, die er befolgen kann – was ihm zumindest erlaubt, nach Maßgabe seiner eigenen Möglichkeiten an der Tradition zu partizipieren. Der

---

möglich ist. Doch auch wenn man die Realität dieses Faktums zugesteht, so kann es sich in jedem Falle nur um bestimmte und spezielle dafür vorbereitete Exemplare handeln; darüber hinaus muss jedes dieser Exemplare ausschließlich dem Schüler gewidmet sein, dem es direkt überreicht wurde, nicht um eine Initiation zu ersetzen, die der Schüler bereits erhalten hatte, sondern lediglich um ihm eine wirksamere Hilfe zu bieten, wenn er im Laufe seiner persönlichen Arbeit sich der Inhalte des Buches als einer Unterstützung zur Meditation bedienen würde.

118 *Aperçus sur l'initiation*, 224f.

Fall desjenigen, der sich die Exoterik einer Doktrin möglichst vollständig anzueignen sucht – wie beispielsweise der Theologe – ist gewiss bereits auf einem sehr viel höheren Niveau angesiedelt; dabei ist es allerdings auch ihm nur um den wörtlichen Sinn zu tun und die Existenz von anderen, tieferen, und d.h. esoterischen, Bedeutungsebenen, wird noch nicht einmal geahnt. Wer demgegenüber einige theoretischen Kenntnisse der Esoterik besitzt, beginnt mithilfe bestimmter Kommentare oder auf anderem Wege die Pluralität von Sinnschichten wahrzunehmen, die in den heiligen Texten enthalten sind; infolgedessen wird er des im „Buchstaben" verborgenen „Geistes" gewahr. Sein Verständnis ist mithin von sehr viel tieferer bzw. höherstehender Art als jenes, zu dem der gelehrteste und vollkommenste Exoteriker je gelangen könnte. Das Studium solcher Texte kann also einen wichtigen Teil der doktrinalen Vorbereitung ausmachen, die im Normalfall jeder Verwirklichung vorangehen muss. Wenn allerdings derjenige, der sich diesen Studien widmet, schließlich nicht auch eine Initiation erhält, so wird er – ungeachtet dessen, welche Dispositionen er mitbringt – niemals über ein ausschließlich theoretisches Wissen hinauskommen, da ein derartiges Studium aus sich selbst heraus dies nicht erlaubt.

Wenn wir nun anstelle der heiligen Schriften gewisse Schriften genuin initiatischen Charakters betrachten, wie beispielsweise die von Shankara oder Mohyiddin Ibn Arabi, könnten wir über sie – mit Ausnahme eines Gesichtspunkts – ziemlich genau dasselbe sagen: So liegt der ganze Ertrag, den ein Orientalist aus ihrer Lektüre ziehen könnte, in dem Wissen, dass irgendein Autor (und in der Tat ist er für ihn bloß ein „Autor" und nicht mehr) dies oder jenes gesagt hat; wenn er darüber hinaus den Inhalt übersetzen oder selber wiedergeben will und sich nicht damit begnügt, ihn wörtlich bzw. durch einfachen Gedächtnisgebrauch zu wiederholen, so wird er ihn wahrscheinlich entstellen, weil er seinen echten Sinn nicht im Geringsten verinnerlicht hat. Der einzige Unterschied zum zuvor Gesagten liegt darin, dass kein Grund mehr besteht, den Fall des Exoterikers zu berücksichtigen, insofern diese Schriften sich allein auf den esoterischen Bereich beziehen und als solche gänzlich außerhalb des Kompetenzbereichs des Exoterikers liegen. Wäre er tatsächlich fähig, sie zu verstehen, so hätte er allein aus diesem Grund bereits die Grenze überschritten, welche die Exoterik von der Esoterik trennt, und wir hätten den Fall des „theoretischen" Esoterikers vor uns, für den wir in ganz unveränderter Form nur das zu wiederholen bräuchten, was wir schon darüber gesagt haben.

Jetzt müssen wir nur noch eine letzte Unterscheidung berücksichtigen, die von unserem gegenwärtigen Standpunkt aus jedoch kaum relevant ist: Wir wollen über den Unterschied sprechen, der besteht, wenn dasselbe Buch von besagtem „theoretischen" Esoteriker – wir setzen voraus, dass er noch keine Initiation erhalten hat – und von dem gelesen wird, der bereits eine initiatische Rückbindung besitzt. Dieser wird dort natürlich Aspekte von gleicher Art finden wie jener, aber vielleicht in einer vollständigeren Weise, und vor allem werden sie ihm in einem anderen Licht erscheinen. Es versteht sich außerdem von selbst, dass – solange ihm nur die virtuelle Initiation eignet – er lediglich die bislang unvollständig gebliebene, doktrinale Vorbereitung bis zu einer profunderen Stufe verfolgen kann. Ganz anders verhält es sich, wenn er den Weg der Verwirklichung beschreitet. Der Inhalt des Buches ist ihm dann nurmehr ein Hilfsmittel zur Meditation, in einem gleichsam rituellen Sinne – genauso wie die ganz unterschiedlichen Symbole, denen er sich zur Unterstützung seiner inneren Arbeit bedient; und es wäre gewiss unverständlich, wenn die traditionellen Schriften, die notwendigerweise und wesenhaft symbolisch im strengsten Wortsinn sind, nicht auch eine solche Rolle spielen könnten. Jenseits des „Buchstabens", der ihm jetzt gewissermaßen entschwunden ist, wird er nichts anderes mehr sehen als den „Geist", und so können sich ihm – wie wenn er, sich auf ein rituelles *mantra* oder *yantra* konzentrierend, meditiert – Möglichkeiten eröffnen, die von einem bloß theoretischen Verstehen gänzlich verschieden sind. Wenn sich dies aber so verhält, dann – es sei nochmals wiederholt – allein kraft der Initiation, die er erhalten hat und die die notwendige Bedingung darstellt, ohne die er (welche individuellen Fähigkeiten er auch haben mag) nicht den leisesten Ansatz zur Verwirklichung besäße; was schließlich auf die Behauptung hinausläuft, dass jede wirksame Initiation die virtuelle Initiation notwendigerweise voraussetzt. Und sollte es vorkommen, dass jemand, über einer initiatischen Schrift meditierend, dadurch wirklich in Kontakt mit einem Einfluss tritt, der von ihrem Autor herrührt – was in der Tat möglich ist, wenn diese Schrift jener traditionellen Form und zumal jener besonderen „Kette" entstammt, der er selbst angehört –, so kann auch dies, weit davon entfernt, die initiatische Angliederung ersetzen zu können, im

Gegenteil stets nur eine Konsequenz der Rückbindung sein, die er schon erlangt hat. Wie auch immer man die Sache drehen und wenden mag – in keinem Falle kann es sich um eine durch Bücher erlangte Initiation handeln, sondern allenfalls und unter gewissen Bedingungen um einen initiatischen Gebrauch derselben, was offensichtlich etwas völlig anderes ist. Wir hoffen, uns diesmal hinreichend deutlich ausgedrückt zu haben, damit diesbezüglich nicht das geringste Missverständnis weiterbestehen und niemand länger glauben kann, er könne in unseren Ausführungen etwas finden, das ihn – wenn auch nur im Ausnahmefall – von der Notwendigkeit der initiatischen Rückbindung dispensieren könnte.

9. Initiatischer und mystischer Weg

Der esoterische bzw. initiatische Bereich einerseits und der mystische Bereich andererseits, oder, wenn man so will, die ihnen jeweils entsprechenden Standpunkte, werden heute sehr häufig verwechselt, und zwar in einer offenbar nicht immer ganz unparteiischen Art und Weise. Diesbezüglich sind wir mit einer recht neuen Einstellung konfrontiert; einer Einstellung zumal, die sich in bestimmten Milieus in den letzten Jahren allgemein verbreitet hat, weshalb es uns notwendig erscheint, zunächst diesen Punkt zu klären. Man könnte sagen, dass es bei gewissen Personen begrenzten Horizontes gerade in Mode ist, die östlichen Lehren als „mystisch" zu qualifizieren, einschließlich jener Lehren, die nicht einmal den Hauch eines äußeren Anscheins für eine solche Charakterisierung darbieten. Der Ursprung dieser Fehlinterpretation ist bestimmten Orientalisten zuzuschreiben, wobei ihre Ansicht wohl weniger klar definierten Hintergedanken entsprungen ist als vielmehr ihrem Unverständnis und der bei ihnen verbreiteten, eher unbewussten Voreingenommenheit, die alles auf westliche Standpunkte zu reduzieren versucht.[119] Andere haben sich sodann dieser missbräuchlichen Gleichsetzung bemächtigt und streben – mit der Intention, sie für ihre eigenen Ziele fruchtbar zu machen – danach, diese Vorstellung außerhalb der speziellen und recht begrenzten Welt der Orientalisten und deren Klientel zu propagieren; und dies ist noch gravierender, nicht nur, weil die genannte Verwechslung sich vor allem dadurch immer stärker ausbreitet, sondern auch, weil hier – wie unschwer erkennbar ist – Anzeichen eines „Annektierungsversuchs" vorliegen, vor dem wir auf der Hut sein müssen. Wir spielen auf diejenigen an, die man als die „ernsthaftesten" Leugner der Esoterik ansehen kann. Damit meinen wir die religiösen Exoteriker, die sich weigern,

[119] So hat man – vor allem seit der englische Orientalist Nicholson es sich angelegen sein ließ, *taçawwuf* mit *mysticism* zu übersetzen – im Westen akzeptiert, dass die islamische Esoterik etwas wesenhaft „Mystisches" sei; sogar in diesem Fall spricht man also überhaupt nicht von Esoterik, sondern nur von Mystik, d.h. man ist an einer echten Vertauschung der Standpunkte angelangt. Der Gipfel ist freilich, dass bei derartigen Fragen die Meinung der Orientalisten, die die Sachverhalte nur aus Büchern kennen, in den Augen der allermeisten Abendländer offensichtlich mehr zählt als die Ansicht derer, die eine unmittelbare und wirkliche Erkenntnis besitzen!

irgendetwas jenseits ihres eigenen Bereichs zuzulassen, die aber ohne Zweifel besagte Gleichsetzung oder „Annexion“ für geschickter halten als eine grobe Negation. Bedenkt man, wie manche von ihnen sich befleißigen, eindeutig initiatische Lehren als „Mystik“ zu entstellen, so scheint diese Aufgabe in ihren Augen tatsächlich von besonderer Dringlichkeit zu sein.[120] Um die Wahrheit zu sagen, gibt es in eben dem religiösen Bereich, zu welchem die Mystik gehört, etwas, das sich in mancher Hinsicht besser eignet für eine Annäherung, oder besser eine scheinbare Annäherung: das mit dem Terminus „Askese“ Bezeichnete, da die „Askese“ zumindest eine „aktive“ Methode impliziert und sich nicht – wie die Mystik – durch Abwesenheit jeglicher Methode bzw. bloße „Passivität“ auszeichnet; wir werden darauf noch zurückkommen.[121] Nun versteht es sich von selbst, dass auch diese Ähnlichkeiten rein äußerlicher Natur sind und dass ferner diese „Askese“ unter Umständen nur sehr begrenzte Ziele verfolgt – allzu begrenzt, um für initiatische Zwecke nutzbar gemacht werden zu können –, wohingegen man im Falle der Mystik nie genau weiß, wohin sie eigentlich führt; und diese Vagheit begünstigt gewiss Verwirrungen. Doch diejenigen, die absichtlich derlei Verwirrungen stiften, wie auch jene, die sie eher unbewusst befördern, scheinen nicht zu bemerken, dass alles die Initiation Betreffende in Wirklichkeit nichts Vages oder Nebulöses an sich hat, sondern im Gegenteil etwas sehr Präzises und „Positives“; denn die Initiation ist als solche mit der Mystik naturgemäß unvereinbar.

Diese Unvereinbarkeit resultiert übrigens nicht aus den ursprünglichen Implikationen des Wortes „Mystik“ als solchem, das mit der antiken Bezeichnung der „Mysterien“, die

---

120 Andere sind bemüht, die östlichen Lehren als „Philosophie“ zu entstellen, doch diese falsche Gleichsetzung ist im Grunde vielleicht noch weniger gefährlich als die genannte, nämlich aufgrund der engen Begrenztheit des philosophischen Standpunktes als solchen. In jedem Falle gelingt es ihnen lediglich, aus diesen Lehren – wie sie sie präsentieren – etwas völlig Uninteressantes zu machen. Das Ergebnis ihrer Bemühungen ist meistens ein außergewöhnlicher Eindruck von „Langeweile“!

121 Als Beispiel für „Askese“ können wir die *Spirituellen Exerzitien* des Ignatius von Loyola anführen, deren Geist unzweifelhaft alles andere als mystisch ist und die wahrscheinlich zum Teil von initiatischen Methoden islamischen Ursprungs inspiriert sind, die dort allerdings zu einem völlig anderen Zweck angewandt werden.

initiatischer Art waren, ganz offensichtlich verwandt ist. Doch kann man sich zum rechten Verständnis dieses Wortes nicht nur an die Etymologie halten; vielmehr ist man gezwungen, jene Bedeutung zu berücksichtigen, die ihm gewohnheitsmäßig aufgeprägt wurde und und mit der es heute eigentlich allein noch konnotiert wird. Nun ist jedem bekannt, was man seit etlichen Jahrhunderten unter „Mystik" versteht, sodass es nicht mehr möglich ist, diesen Terminus zu verwenden, um etwas anderes zu bezeichnen. Und genau dieses seit langem geläufige Wortverständnis hat – so behaupten wir – nichts mit der Initiation gemein und kann es auch niemals haben, zunächst, weil die Mystik ausschließlich zum religiösen, d.h. exoterischen Bereich gehört, weiterhin, weil der mystische Weg sich vom initiatischen Weg in allen wesentlichen Merkmalen unterscheidet; dieser Unterschied ist sogar so groß, dass beide Wege strenggenommen unvereinbar sind. Genauer gesagt handelt es sich dabei um einen eher faktischen als prinzipiellen Unterschied, in dem Sinne, dass es uns weder darum geht, den zumindest relativen Wert der Mystik zu verneinen, noch auch ihr den Platz abzusprechen, den sie legitimerweise in bestimmten Traditionsformen einnehmen kann. Initiatischer und mystischer Weg können also in vollkommener Weise koexistieren.[122] Worauf es uns vielmehr ankommt, ist der Umstand, dass es für ein und dieselbe Person unmöglich ist, zugleich beide Wege zu verfolgen – und dies lässt sich sogar unter Absehung vom Ziel, zu dem sie jeweils führen, konstatieren, obgleich man schon aufgrund des tiefgreifenden Unterschieds zwischen den Bereichen, auf die sie sich jeweils beziehen, erahnen kann, dass ihre Ziele in Wirklichkeit mitnichten identisch sein können.

Wir haben bemerkt, dass die Verwechslung, die manche dazu bringt, dort Mystik zu sehen, wo von ihr nicht die geringste Spur vorliegt, aus der Tendenz resultiert, alles auf westliche Standpunkte zu reduzieren; denn Mystik ist strenggenommen etwas ausschließlich Westliches, ja im Grunde spezifisch Christliches. Diesbezüglich hatten wir bereits die Gelegenheit, eine uns ziemlich interessant erscheinende Anmerkung zu machen, weshalb wir sie hier nochmals anführen: In einem Buch, von dem wir

---

[122] Es wäre diesbezüglich interessant, einen Vergleich zu ziehen zu dem „trockenen Weg" und dem „nassen Weg" der Alchemisten, doch würde dies den Rahmen dieser Studie sprengen.

schon andernorts gesprochen haben,[123] erblickt der Philosoph Bergson – indem er eine sogenannte „statische Religion" der „dynamischen Religion" entgegenstellt – den höchsten Ausdruck letzterer Religionsform in der Mystik, die er freilich kaum begreift und die er vor allem aufgrund jener Elemente bewundert, die wir im Gegenteil als vage und in mancher Hinsicht sogar mangelhaft erachten. Es kann nun merkwürdig erscheinen, dass für einen „Nicht-Christen" wie Bergson die „vollständige Mystik" – so unbefriedigend die Vorstellung, die er sich von ihr macht, auch sein mag – gleichwohl die der christlichen Mystiker ist. In Wahrheit vergisst er allerdings wegen seiner Geringschätzung der „statischen Religion" notwendigerweise und allzu schnell, dass die christlichen Mystiker zuallererst Christen und erst dann Mystiker sind, oder verortet zumindest – um zu rechtfertigen, dass sie Christen sind – die Mystik unberechtigterweise in den Anfängen des Christentums selbst; und um diesbezüglich eine Art von Kontinuität zum Judentum herzustellen, schreckt er nicht davor zurück, die jüdischen Propheten in „Mystiker" zu verwandeln. Vom eigentlichen Charakter der Mission der Propheten und dem Wesen ihrer Inspiration hat er offenbar nicht die geringste Vorstellung.[124] Wie dem auch sei – wenn die christliche Mystik, so verzerrt oder begrenzt Bergsons Vorstellung davon sein mag, in seinen Augen das Paradigma von Mystik überhaupt darstellt, so ist der Grund hierfür leicht einzusehen: Er liegt darin, dass im strengen Sinne überhaupt keine andere Mystik als eben die christliche existiert; und sogar jene Mystiker, die man als „unabhängig" zu bezeichnen pflegt und die wir eher als „vom Weg abgekommen" bezeichnen wollen, waren in Wirklichkeit – wenn auch unbewusst – nur von verzerrten und ihres ursprünglichen Gehalts beraubten christlichen Vorstellungen inspiriert. Doch auch dies entgeht, wie so vieles andere, unserem Philosophen, der schon in vorchristlicher Zeit die „Umrisse einer zukünftigen Mystik" aufzudecken sucht, obwohl es sich dabei um ganz andere Dinge handelt. In seinem Buch finden sich außerdem, namentlich zu Indien, einige Seiten, die von einem beispiellosen Unverständnis zeugen; ferner handelt er von den

---

[123] *Le deux sources de la morale et de la religion.* – Vgl. dazu *Le Règne de la quantité et les signes des temps*, Kap. XXXIII.

[124] Man kann nämlich jüdische Mystik strenggenommen nur im Chassidismus finden, d.h. in einer sehr jungen Epoche.

griechischen Mysterien, wobei der Vergleich – gegründet auf die etymologische Verwandtschaft, auf die wir weiter oben hingewiesen haben – hier letztlich auf ein schlechtes Wortspiel beschränkt bleibt. Im Übrigen ist auch Bergson selbst gezwungen einzugestehen, dass „die Mehrzahl der Mysterien nichts Mystisches an sich hatte". Aber warum spricht er dann von ihnen in derartigen Termini? Was die Mysterien betrifft, so liefert er von ihnen die „profanste" Darstellung, die man sich nur denken kann. Wo er doch alles Initiatische ignoriert – wie könnte er da auch verstehen, dass es in den griechischen Mysterien wie auch in Indien etwas gab, dass in keiner Weise von religiöser Natur war, etwas, das unvergleichlich weiter ging als seine „Mystik", weiter sogar – man muss es betonen – als die authentische Mystik, die, eben weil sie sich im bloß exoterischen Bereich hält, notwendigerweise beschränkt ist?[125]

Wir beabsichtigen an dieser Stelle keineswegs, in detaillierter und vollständiger Form alle Unterschiede herauszustellen, welche den initiatischen vom mystischen Standpunkt trennen, würde doch allein dies ein ganzes Buch erfordern. Unsere Intention besteht in erster Linie darin, auf den Unterschied zu insistieren, durch den die Initiation schon in ihrem Prozess ganz andere, ja sogar der Mystik entgegengesetzte Merkmale aufweist; denn dies genügt um zu zeigen, dass wir hier nicht nur zwei verschiedene, sondern sogar zwei – im oben beschriebenen Sinne –

---

125 Alfred Loisy wollte Bergson antworten und ihm entgegenhalten, dass es nur eine einzige „Quelle" von Moral und Religion gebe; in seiner Funktion als Spezialist der „Religionsgeschichte" zieht er die Theorien von Frazer jenen Durkheims vor, so auch die Vorstellung einer kontinuierlichen „Evolution" der einer „Evolution" durch sprunghafte Mutationen. In unseren Augen ist dies alles gleichermaßen wertlos; doch gibt es zumindest einen Punkt, an dem wir ihm recht geben müssen und diese Einsicht ist gewiss seiner kirchlichen Erziehung geschuldet: Dank ihr kennt er die Mystiker sehr viel besser als Bergson und betont, dass diese niemals auch nur den Hauch dessen vertraten, was irgendwie dem „elán vital" ähneln könnte. Offenbar wollte Bergson aus ihnen „Prä-Bergsonianer" machen, was kaum der historischen Wahrheit entspricht; und Loisy ist zurecht darüber erstaunt, Johanna von Orléans unter den Mystikern vorzufinden. Nebenbei sei angemerkt, dass sein Buch mit einem recht amüsanten Bekenntnis beginnt: „Der Autor des vorliegenden Büchleins, so schreibt er, wüsste nicht, eine besondere Neigung zu Fragen rein spekulativer Natur zu haben." Das ist zumindest eine lobenswerte Freimütigkeit; und weil der Autor selbst dies ganz spontan äußert, nehmen wir ihn gerne beim Wort!

inkompatible „Wege“ vor uns haben. Diesbezüglich wird am häufigsten geäußert, dass die Mystik „passiv“, wohingegen die Initiation „aktiv“ sei; dies ist zutreffend, gesetzt jedenfalls, man bestimmt den Sinn dieser Aussage sehr genau. Im Falle der Mystik bleibt das Individuum namentlich darauf beschränkt, schlicht das zu empfangen, was sich ihm darbietet und wie es sich ihm darbietet, ohne dass es einen eigenen Anteil daran hätte; und wir betonen sogleich, dass hierin für das Individuum die Hauptgefahr besteht, da es so sämtlichen Einflüssen gleich welcher Art „offen“ steht – dies auch deshalb, weil es zumeist (und von seltenen Ausnahmen abgesehen) nicht über die doktrinale Vorbereitung verfügt, die nötig wäre, zwischen diesen Einflüssen irgendeine Unterscheidung treffen zu können.[126] Im Falle der Initiation obliegt es demgegenüber dem Individuum, die Initiative zu einer „Verwirklichung“ zu ergreifen, die methodisch unter strenger und unaufhörlicher Kontrolle fortschreitet und die normalerweise dahin führen soll, über die Möglichkeiten des Individuums als solchem hinauszugehen. Es sei ergänzt, dass diese Initiative keineswegs ausreicht, da das Individuum offensichtlich nicht mit eigenen Mitteln über sich selbst hinauszugehen vermag; doch bildet diese eigene Initiative – und das ist hier entscheidend – notwendigerweise den Ausgangspunkt aller „Verwirklichung“ für den Initiierten, während der Mystiker einer solchen Initiative entbehrt, sogar hinsichtlich der nicht über den Bereich der individuellen Möglichkeiten hinausgehenden Aspekte. Dieser Unterschied mag bereits sehr klar erscheinen, weil er verdeutlicht, dass man nicht gleichzeitig beide Wege, den initiatischen und mystischen, verfolgen kann, doch schöpft er die Gesamtproblematik noch keineswegs aus. Man könnte sogar sagen, dass er nur den „exoterischsten“ Aspekt des Problems anspricht und weit davon entfernt ist, alle zur Initiation nötigen Bedingungen zu erläutern. Doch bevor wir eine Untersuchung dieser Bedingungen anstrengen, gilt es zunächst noch einige Unklarheiten zu zerstreuen.

[126] Dieser „passive“ Charakter erklärt ferner – wenn er sie auch nicht rechtfertigt – jene modernen Irrtümer, die dazu neigen, die Mystiker mit Medien oder anderen „Sensitiven“ – im „spiritistischen“ Wortverstand –, ja u.U. sogar mit Kranken, zu verwechseln.

10. Wort und Symbol

Wir hatten bereits mehrfach die Wichtigkeit symbolischer Formen in der Weitergabe traditioneller Lehren thematisiert und kommen hier erneut auf dieses Thema zurück, um einige ergänzende und präzisere Hinweise zu liefern bzw. noch genauer die verschiedenen Standpunkte aufzuzeigen, von denen aus das Problem angegangen werden kann.

Zunächst scheint uns die Symbolik in besonderem Maße den Erfordernissen der menschlichen Natur entgegenzukommen; denn diese Natur ist nicht rein geistig, sondern bedarf einer sinnlichen Grundlage, um sich zu höheren Sphären zu erheben. Nun muss man diese zusammengesetzte Natur so nehmen, wie sie ist, nämlich in ihrer wirklichen Komplexität eins und vielfältig zugleich. Indessen neigt man dazu, dies allzu oft zu vergessen, vor allem seit Descartes den Anspruch erhoben hat, zwischen Seele und Körper eine radikale bzw. völlige Trennung zu postulieren. Für einen reinen Intellekt ist gewiss keinerlei äußere Form bzw. äußerer Ausdruck erforderlich, um die Wahrheit zu erfassen, noch auch um anderen derartigen Intellekten das Erkannte mitzuteilen – sofern es überhaupt mitteilbar ist. Doch so verhält es sich nicht im Falle des Menschen. Im Grunde sind jeder Ausdruck und jede Formulierung gleich welcher Art jeweils ein Symbol desjenigen Gedankens, den sie äußerlich übersetzen. Die Sprache ist in diesem Sinne nichts anderes als Symbolik. Demnach kann kein Gegensatz zwischen der Verwendung von Worten und der Verwendung bildhafter Symbole bestehen. Vielmehr verhalten sich diese beiden Ausdrucksweisen komplementär zueinander (und sie können sich übrigens vermischen, da die Schrift ursprünglich ideographisch ist und sich mitunter, wie in China, sogar bis heute diese Eigenschaft bewahrt hat). Im Allgemeinen ist die Form der Sprache analytisch, „diskursiv" gleich dem menschlichen Verstand, dessen eigentliches Instrument sie darstellt und dessen Vollzug sie möglichst genau folgt oder wiedergibt. Demgegenüber ist die Symbolik im eigentlichen Sinne wesenhaft synthetisch und deshalb gleichsam „intuitiv", was sie im Vergleich zur Sprache geeigneter macht, als Ausgangspunkt zur „intellektuellen Intuition" zu dienen, die jenseits des Verstandes liegt und die man keinesfalls verwechseln darf mit jener niedrigeren Intuition, auf die sich manche zeitgenössischen Philosophen berufen. Wenn man sich folglich nicht damit begnügt, diese Differenz nur zu konstatieren, sondern von einer Überlegenheit sprechen will, so ist diese – was auch immer manche diesbezüglich behaupten mögen – der synthetischen Symbolik zuzusprechen, die wahrhaft unbegrenzte Gestaltungsmöglichkeiten eröffnet, wohingegen die Sprache durch ihre genauer definierten und festgelegten Bedeutungen dem Verständnis stets recht enge Grenzen setzt.

Man darf folglich nicht behaupten, symbolische Formen seien nur für das gemeine Volk gut. Das genaue Gegenteil ist wahr, oder besser gesagt: Das Symbol ist gleichermaßen für alle gut, da es einem jeden mehr oder weniger vollständig und tiefgründig, nämlich gemäß seinen jeweils eigenen geistigen Fähigkeiten, die Wahrheit, die es ausdrückt, zu verstehen hilft. Auf diese Weise werden die höchsten Wahrheiten, die auf anderem Wege überhaupt nicht mitteilbar bzw. übertragbar wären, dies bis zu einem gewissen Grad, eben insofern sie in Symbolen verkörpert sind, welche die Wahrheiten zwar den meisten zweifellos verbergen, aber den Augen jener, die zu sehen vermögen, in ihrem vollen Glanz offenbaren werden.

Heißt das nun, dass die Verwendung von Symbolen eine Notwendigkeit darstellt? Hier muss eine Unterscheidung getroffen werden: An sich und im absoluten Sinne ist keine äußere Form notwendig; alle sind gleichermaßen kontingent und akzidentell in Bezug auf das, was sie ausdrücken oder darstellen. Deshalb darf der Lehre der Hindus zufolge eine Figur, z.B. eine Statue, die irgendeinen Aspekt der Gottheit symbolisiert, nur als „Hilfsmittel" betrachtet werden, als Ausgangspunkt für die Meditation; sie ist folglich eine bloße „Unterstützung" und nichts weiter. Ein vedischer Text liefert in dieser Hinsicht einen Vergleich, der die Rolle von Symbolen und äußeren Formen im Allgemeinen sehr treffend verdeutlicht: Diese Formen sind einem Pferd vergleichbar, das dem Menschen erlaubt, eine Reise schneller und müheloser zu vollenden als er es aus eigener Kraft vermöchte. Zweifellos könnte dieser Mensch, auch wenn ihm kein Pferd zur Verfügung stünde, sein Ziel trotzdem erreichen – nur mit wie viel größeren Schwierigkeiten! Wenn er sich also eines Pferdes bedienen kann, wäre es ein großer Fehler, dies unter dem Vorwand zurückzuweisen, es sei edler, ohne Hilfe ans Ziel zu gelangen. Handeln nicht die Kritiker der Symbolik genau so? Selbst wenn es grundsätzlich nicht völlig unmöglich ist, die Reise zu Fuß zurückzulegen – und sei diese noch so lang und beschwerlich –, kann es nichtsdestoweniger eine praktische Unmöglichkeit darstellen, auf diese Weise ans Ziel zu kommen. Genauso verhält es sich mit Riten und Symbolen: Sie sind nicht von absoluter Notwendigkeit, sondern – eingedenk der Bedingtheiten der menschlichen Natur – gleichsam von zweckmäßiger Notwendigkeit.

Allerdings ist es nicht hinreichend, die Symbolik – wie bislang geschehen – nur vom menschlichen Standpunkt aus zu betrachten. Denn um sie in ihrer vollen Tragweite zu erfassen, muss man sie ebenfalls vom göttlichen Standpunkt aus ins Auge fassen, wenn eine solche Ausdrucksweise statthaft ist. Bereits wenn man konstatiert, dass die Symbolik ihr Fundament in der Natur des Seins und der Dinge selbst habe, dass sie mithin in vollkommener Übereinstimmung mit den Gesetzen dieser Natur stehe, und wenn man sich zudem darauf besinnt, dass die Naturgesetze letztlich nur ein Ausdruck bzw. eine Art Veräußerlichung des göttlichen Willens darstellen – erlaubt uns nicht schon dies zu behaupten, dass die Symbolik „nicht-menschlichen" Ursprungs sei, wie die Hindus behaupten, oder in anderen Worten: dass ihr Prinzip weiter bzw. höher reicht als die Menschheit?

Nicht ohne Grund können einem im Kontext der Symbolik die ersten Worte des Johannesevangeliums in den Sinn kommen: „Am Anfang war das Wort." Das Wort, der *Logos*, ist zugleich Gedanken und Sprache. Der *Logos* ist an sich nichts anderes als der göttliche Geist, der „Ort der Möglichkeiten"; in Beziehung zu uns manifestiert Er sich und spricht sich in der Schöpfung aus, wo gewisse der in ihm von Ewigkeit her als Essenzen enthaltenen Möglichkeiten sich in aktueller Existenz realisieren. Die Schöpfung ist das Werk des Wortes. Sie ist auch und eben deshalb seine Manifestation, seine äußere Affirmation; und aus diesem Grund kommt die Welt einer göttlichen Sprache gleich, jedenfalls für die, die sie zu verstehen vermögen: *Caeli ennarant gloriam Dei* (*Ps.* XIX, 2). Der Philosoph Berkeley ging also nicht fehl zu behaupten, die Welt sei „die Sprache, in welcher der unendliche Geist zu den endlichen Geistern spricht". Doch hatte er Unrecht zu glauben, dass diese Sprache nicht mehr als eine Ansammlung zufälliger Zeichen sei, wo es doch in Wirklichkeit nicht einmal in der menschlichen Sprache irgendetwas Zufälliges gibt und jede Bedeutung ihre Basis zuallererst und notwendigerweise in irgendeiner natürlichen Zweckmäßigkeit oder Harmonie zwischen Zeichen und bezeichneter Sache hat. Weil er von Gott die

Erkenntnis der Natur aller lebenden Wesen empfangen hatte, konnte Adam ihnen ihre Namen verleihen (*Genesis* II, 19-20); und alle alten Traditionen kommen darin überein zu lehren, dass der wahre Name eines Wesens mit dessen Natur bzw. seinem Wesen als solchem eins ist.

Wenn also das Wort in seinem inneren Anblick Gedanke und in seinem äußeren Anblick Sprache und wenn die Welt das Produkt der am Anfang aller Zeiten verlautbarten göttlichen Sprache ist, dann kann die gesamte Natur als Symbol für die übernatürliche Wirklichkeit genommen werden. Alles, was ist, in welcher Weise auch immer, hat sein Prinzip im göttlichen Geist und übersetzt bzw. repräsentiert dieses Prinzip in seiner jeweiligen Weise und gemäß seiner Existenzordnung. So sind im Verhältnis von einer Ordnung zur anderen alle Dinge miteinander verknüpft und entsprechen einander, um an der universellen und vollkommenen Harmonie mitzuwirken, die gewissermaßen ein Spiegelbild der göttlichen Einheit als solcher ist. Diese Entsprechung ist das eigentliche Fundament der Symbolik und aus diesem Grund können die Gesetze eines niedrigeren Bereichs stets herangezogen werden, um die Realitäten eines höheren Bereichs zu symbolisieren; denn in diesem höheren Bereich liegt ihr tieferer Grund, der zugleich ihr Prinzip und Ziel ist. An dieser Stelle sei auf den Fehler der modernen „naturalistischen" Interpretationen traditioneller Lehren aufmerksam gemacht – Interpretationen, die schlicht und einfach die Hierarchie der Verhältnisse zwischen den verschiedenen Wirklichkeitsebenen umkehren: Beispielsweise haben die Symbole oder Mythen niemals dazu gedient, die Bewegungen der Gestirne darzustellen; in Wahrheit findet man in ihnen oftmals Figuren, die von diesen Bewegungen inspiriert und dazu bestimmt sind, in analogischer Weise etwas ganz anderes auszudrücken, da die Gesetze dieser Bewegung die metaphysischen Prinzipien, von denen sie abhängen, physisch zum Ausdruck bringen. Das Niedrigere kann das Höhere symbolisieren, der umgekehrte Fall ist jedoch unmöglich. Wenn das Symbol übrigens der sinnlichen Ordnung nicht näherstünde als das, was es repräsentiert – wie könnte es die Funktion erfüllen, zu der es ausersehen ist? In der Natur kann das Sinnliche das Übersinnliche symbolisieren. Die gesamte natürliche Ordnung kann ihrerseits ein Symbol der göttlichen Ordnung sein; und wenn man andererseits den Menschen genauer betrachtet, ist es nicht legitim zu behaupten, dass auch er selbst ein Symbol sei, wo er doch „nach dem Bilde Gottes geschaffen“ (*Genesis* I, 26-27) wurde? Überhaupt gewinnt die Natur ihre volle Bedeutung erst dann, wenn man sie als ein Mittel betrachtet, um uns zur Erkenntnis göttlicher Wahrheiten zu erheben – was genau der wesentlichen Rolle entspricht, die wir der Symbolik zugestanden haben.[127]

Diese Betrachtungen könnten noch sehr viel weitergeführt werden; aber wir ziehen es vor, es jedem Einzelnen zu überlassen, sie durch Anstrengung persönlicher Reflexion zu entwickeln, da nichts zuträglicher sein könnte. Wie die von uns thematisierten Symbole können auch diese Anmerkungen nur als Ausgangspunkt für die Meditation dienen. Wörter können außerdem nur sehr unvollkommen das ausdrücken, worum es hier geht. Doch gibt es zumindest einen weiteren, im Kontext der hier verfolgten Problematik nicht weniger wichtigen Aspekt, den wir durch einen kurzen Hinweis verständlich machen oder zumindest andeuten wollen.

Das göttliche Wort, so haben wir bemerkt, spricht sich in der Schöpfung aus, und dies ist – analog und in allen Proportionen – vergleichbar mit dem Gedanken, der sich in den Formen ausspricht (es ist hier nicht der Ort, zwischen der Sprache und den eigentlichen Symbolen zu unterscheiden), die ihn zugleich verschleiern und offenbaren. Die ursprüngliche Offenbarung, gleich der Schöpfung ein Werk des Wortes, verkörpert sich sozusagen in Symbolen, die seit den Anfängen der Menschheit von Epoche zu Epoche überliefert wurden; und nicht zuletzt dieser Prozess ist auf seiner Ebene analog zu dem der Schöpfung selbst. Kann man fernerhin in dieser symbolischen Verkörperung der „nicht-menschlichen“ Tradition nicht eine Art von antizipiertem Bild oder „Präfiguration“ der Inkarnation des Wortes erblicken? Und erlaubt uns dies nicht sogar, in gewissem Maße des

---

127 Es ist vielleicht nicht überflüssig darauf hinzuweisen, dass dieser Standpunkt, demzufolge die Natur als Symbol des Übernatürlichen aufgefasst wird, keinesfalls neu ist, sondern dass er gerade im Mittelalter sehr häufig eingenommen wurde; er war namentlich der Standpunkt der Franziskaner, im Besonderen des heiligen Bonaventura. Auch sei angemerkt, dass die Analogie im thomistischen Sinne, die von der Erkenntnis der Kreaturen zur Erkenntnis Gottes aufzusteigen erlaubt, nichts anderes ist als eine symbolische Ausdrucksweise, die in der Entsprechung zwischen natürlicher und übernatürlicher Ordnung gründet.

mysteriösen Bezugs zwischen Schöpfung und Inkarnation – als Krone der Schöpfung – gewahr zu werden?

Wir schließen mit einer letzten Anmerkung, welche die Wichtigkeit der universellen Symbolik des Herzens, genauer: in der Form, die sie in der christlichen Tradition annimmt, d.i. die des Heiligen Herzens, betrifft. Wenn die Symbolik ihrem Wesen nach streng dem „göttlichen Plan" entspricht und wenn das Heilige Herz – tatsächlich und symbolisch – das Zentrum des Seins darstellt, so muss dieses Symbol des Herzens als solches oder in seinen Äquivalenten einen zentralen Platz in allen direkt oder indirekt aus der Urtradition hervorgegangenen Lehren einnehmen; genau dies aber suchen wir in manchen der folgenden Studien zu zeigen.

11. Schöpfung und Manifestation

Wir haben verschiedentlich darauf hingewiesen, dass das Konzept der „Schöpfung" – wenn es in seinem eigentlichen und genauen Sinne, d.h. ohne seinen Bedeutungsumfang übermäßig auszudehnen, verstanden wird – sich in Wahrheit lediglich in einer einzigen Traditionslinie findet, namentlich der, die durch Judentum, Christentum und Islam gebildet wird. Da dies die Linie der als genuin religiös zu bezeichnenden Traditionsformen darstellt, liegt der Schluss nahe, dass ein direkter Bezug zwischen der Schöpfungsvorstellung und dem religiösen Standpunkt als solchem besteht. In allen anderen Kontexten kann das Wort „Schöpfung" – sofern man es überhaupt verwenden will – nur in sehr ungenauer Weise eine eigentlich davon verschiedene Vorstellung wiedergeben, für die im Grunde ein anderer Ausdruck gefunden werden sollte. Im Übrigen ist eine solche Wortverwendung oftmals bloß das Resultat einer jener Verwechslungen oder falschen Anverwandlungen, die im Abendland vor allem hinsichtlich der östlichen Lehren häufig vorkommen. Nun genügt es nicht, diese Verwechslung zu vermeiden; denn man muss sich ebenso sorgfältig vor einem anderen, gegenteiligen Fehler hüten, der darin besteht, einen Widerspruch oder Gegensatz erblicken zu wollen zwischen der Schöpfungsvorstellung und jener anderen Vorstellung, auf die wir anspielen und für die unseres Erachtens der Begriff „Manifestation" von allen verfügbaren Termini am geeignetsten erscheint: Hierauf beabsichtigen wir im Folgenden näher einzugehen.

Weil sie erkennen, dass die Schöpfungsvorstellung sich in den östlichen Lehren nicht findet (mit Ausnahme des Islam, von dem an dieser Stelle abzusehen ist), behaupten manche vorschnell bzw. ohne den Versuch zu unternehmen, den Dingen tiefer auf den Grund zu gehen, die Abwesenheit dieser Vorstellung sei das Zeichen einer Unvollständigkeit oder eines Mangels, um dann hieraus zu schließen, dass die betreffenden Lehren nicht als adäquater Ausdruck der Wahrheit angesehen werden können. Wenn solche Vorwürfe einerseits von gewissen Vertretern der Religionen, die allzu oft einem unerfreulichen „Exklusivismus" anhängen, vorgebracht werden, so ist andererseits nicht zu vergessen, dass ähnliche Behauptungen auch von antireligiöser Seite geltend gemacht werden, die daraus freilich völlig andere Schlüsse zieht: Die Schöpfungsvorstellung wie auch alle anderen

Vorstellungen religiöser Art angreifend, gibt sie vor, in der Abwesenheit genannter Vorstellung eine Art von Überlegenheit zu erblicken; indes behauptet sie dies offensichtlich nur aus dem Geist der Negation und Opposition heraus und gewiss nicht, um eine wirkliche Verteidigung der östlichen Lehren aufzunehmen, um die sie sich in Wahrheit kaum schert. Aber wie dem auch sei – besagte Vorwürfe wie auch Lobreden sind gleichermaßen nichtig; diese sind nicht akzeptabler als jene, da sie letztlich beide dem gleichen Irrtum aufsitzen, der lediglich mit entgegengesetzten, ihren jeweiligen Stoßrichtungen entsprechenden, Intentionen ausgeschlachtet wird. In Wahrheit sind beide Positionen ganz und gar falsch und herrscht in beiden Fällen ein vergleichbares Unverständnis.

Nun ist der Grund für diesen weitverbreiteten Irrtum nicht schwer auszumachen: Die, deren geistiger Horizont nicht über die westlichen philosophischen Konzeptionen hinausgeht, bilden sich für gewöhnlich ein, dass dort, wo nicht von Schöpfung die Rede, aber andererseits deutlich ist, dass die entsprechende Lehre nichts mit materialistischen Theorien zu tun hat, lediglich eine Form von „Pantheismus" vorliegen könne. Doch ist bekannt, wie unbedacht dieses Wort in unserer Zeit verwendet wird: Für die einen repräsentiert es geradezu ein Schreckbild, sodass sie sich davon dispensiert glauben, ernsthaft die damit oft allzu eilig belegten Vorstellungen zu untersuchen (in dieser Hinsicht ist die so gebräuchliche Verwendung des Ausdrucks „dem Pantheismus verfallen" sehr aufschlussreich); die anderen hingegen bekennen sich – vermutlich wegen gerade genannter Einstellung mehr als aus jedem anderen Grund – freiwillig zum „Pantheismus" und sind willens, sich seiner gleich einem Banner zu bedienen. Es ist also recht deutlich, dass das zuvor Gesagte – im Denken der einen wie der anderen – eng mit dem „Pantheismus"-Vorwurf zusammenhängt; ein Vorwurf, der in aller Regel gegen die östlichen Lehren gerichtet ist und dessen gänzliche Falschheit, um nicht zu sagen Absurdität (denn der Pantheismus ist in Wahrheit eine wesenhaft antimetaphysische Theorie), wir bereits verschiedentlich aufgezeigt haben, sodass es nutzlos wäre, hier noch einmal darauf zurückzukommen.

Im Zusammenhang mit dem Pantheismus sei sogleich eine weitere Anmerkung hinzugefügt, die an dieser Stelle von einiger Bedeutung ist. Sie betrifft ein Wort, das für gewöhnlich mit pantheistischen Konzeptionen assoziiert wird: „Emanation". Es wird von manchen – stets aus denselben Gründen und d.h. denselben Verwirrungen – zur Bezeichnung der Manifestation verwendet, wenn diese nicht unter dem Gesichtspunkt der Schöpfung vorgestellt wird. Gleichwohl muss dieses Wort, zumindest soweit es sich um traditionelle und orthodoxe Lehren handelt, völlig beiseite gelassen werden, nicht nur aufgrund der fragwürdigen Assoziationen, die es hervorruft (dass diese unter Umständen gerechtfertigt sind, interessiert uns hier nicht), sondern vor allem, weil es als solches bzw. in seiner etymologischen Bedeutung eine schlichte Unmöglichkeit ausdrückt. Denn die Vorstellung von der „Emanation" ist eigentlich die eines „Austritts"; die Manifestation aber darf keinsfalls derartig betrachtet werden, kann doch nichts wirklich aus dem Prinzip heraustreten. Wenn etwas aus ihm heraustäte, wäre das Prinzip infolgedessen nicht mehr unbegrenzt, würde nämlich durch den Umstand der Manifestation als solchen begrenzt. In Wahrheit kann es außerhalb des Prinzips nichts anderes geben als das Nichts. Selbst wenn man die „Emanation" nicht in Bezug auf das höchste und unendliche Prinzip betrachten wollte, sondern nur in Bezug auf das Sein, d.i. das unmittelbare Prinzip der Manifestation, böte der Begriff noch immer Raum für einen Einwand, der zwar vom vorigen verschieden, gleichwohl nicht weniger entscheidend ist: Wenn die Seienden, um sich zu manifestieren, aus dem Sein heraustäten, könnte man nicht sagen, sie seien wahrhaft seiend. Sie wären recht eigentlich aller Existenz beraubt, weil die Existenz in all ihren Ausprägungen nur in der Teilhabe am Sein bestehen kann. Diese Schlussfolgerung steht aber, abgesehen davon, dass sie offensichtlich – wie im vorangegangenen Falle – als solche absurd ist, im Widerspruch zur Idee der Manifestation.

Nach diesen Anmerkungen sei jetzt deutlich ausgesprochen, dass die Idee der Manifestation – wie diese in den östlichen Lehren in einer rein metaphysischen Weise betrachtet wird – keineswegs im Gegensatz zur Schöpfungsvorstellung steht. Die beiden beziehen sich nur auf verschiedene Ebenen bzw. Standpunkte, sodass man lediglich jeder von ihnen den ihr gemäßen Platz zuzuweisen hat, um zu bemerken, dass sie mitnichten unvereinbar sind. Ihr Unterschied fällt – wie in so vielen anderen Fällen – letztlich mit dem zwischen metaphysischem und religiösem Standpunkt zusammen. Wenn nun zutrifft, dass ersterer Standpunkt von höherstehender bzw. tieferer Ordnung ist als der zweite, so ist jedoch zugleich wahr, dass jener diesen nicht aufheben oder ihm widersprechen kann, was zumal hinreichend durch das Faktum bewiesen wird, dass beide innerhalb derselben Traditionsform parallel fortbestehen können; doch hierauf müssen wir im Folgenden nochmals zurückkommen. Im Grunde handelt es sich nur um eine Differenz, die – obgleich etwas stärker akzentuiert aufgrund der sehr deutlichen Unterscheidung zwischen zwei korrespondierenden Bereichen – nicht außergewöhnlicher noch auch verfänglicher ist als jene zwischen den verschiedenen Standpunkten, auf die man sich innerhalb ein und desselben Bereichs, je nach Tiefe des Verständnisses, legitimerweise stellen kann. Wir denken hier z.B. an die Standpunkte Shankarâchâryas und Râmânujas mit Blick auf den *Vêdânta*. Es ist bekannt, dass die Unverständigen auch hier Widersprüche finden wollten, die eigentlich nicht bestehen; doch dies macht die Analogie nur noch exakter und vollständiger.

Ferner muss die Bedeutung der Schöpfungsvorstellung präzisiert werden, da diese bisweilen Anlass zu Missverständnissen zu geben scheint: Wenn „Schaffen" gemäß der einmütig akzeptierten, aber vielleicht nicht hinreichend expliziten, Definition gleichbedeutend ist mit „Schaffen aus nichts",[128] so hat man darunter gewiss vor allem nichts außerhalb des Prinzips zu verstehen; in anderen Worten genügt das Prinzip, um „Schöpfer" zu sein, sich selbst, und muss sich nicht irgendeiner Art von – außerhalb seiner selbst befindlichen und gewissermaßen unabhängig existierenden – „Substanz" bedienen, was in der Tat unvorstellbar ist. Hieraus wird unmittelbar ersichtlich, dass der Hauptgrund einer solchen Formulierung darin liegt, ausdrücklich zu machen, dass das Prinzip nicht ein bloßer „Demiurg" sei (und hier ist nicht der Ort zu unterscheiden, ob es sich um das höchste Prinzip oder um das Sein handelt, da das Gesagte für beide Fälle gleichermaßen gilt). Dies will freilich nicht notwendigerweise besagen, alle „demiurgischen" Konzeptionen seien gänzlich falsch; in jedem Falle beziehen sie sich aber auf eine viel niedrigere Ebene bzw. auf einen begrenzteren Standpunkt, der lediglich irgendeine sekundäre Phase des kosmogonischen Prozesses und in keiner Weise das Prinzip als solches betrifft. Begnügt man

[128] [Man könnte versucht sein, hier in Anlehnung an die Formel *creatio ex nihilo* mit „Schöpfung/Schaffen aus dem Nichts" zu übersetzen. Gleichwohl steht im Französischen „de rien", wobei Guénon „rien" ausdrücklich von „néant" unterscheidet. Wir übersetzen also das französische „rien" mit „nichts", *das* „néant" mit *dem* „Nichts". – FH]

sich nun damit, vom „Schaffen aus nichts“ zu sprechen, ohne dies näherhin zu erläutern – wie es für gewöhnlich der Fall ist –, muss noch eine andere Gefahr vermieden werden, und zwar dieses „nichts“ als eine Art von Prinzip aufzufassen, das zwar zweifellos negativ sei, aus dem aber faktisch die manifestierte Welt hervorgehe. Dies hieße in einen Irrtum zurückzufallen, der beinah jenem ähnlich wäre, vor dem man sich zu Recht schützen wollte, indem man dem „nichts“ selbst eine gewisse „Substantialität“ zusprach; und in gewissem Sinne wäre dieser Irrtum sogar noch gravierender als der vorhergehende, da er ihm noch einen formalen Widerspruch hinzufügt, der darin besteht, „nichts“, und d.h. letztlich: dem Nichts, irgendeine Realität zuzusprechen. Wenn man nun zur Vermeidung dieses Widerspruchs darauf beharrte, das betreffende „nichts“ sei nicht das reine und einfache Nichts, sondern nur das in seinem Bezug auf das Prinzip vorgestellte, beginge man hiermit erneut einen doppelten Fehler: Einerseits nähme man in diesem Falle etwas Wirkliches außerhalb des Prinzips an, weshalb keine echte Differenz zur „demiurgischen“ Konzeption mehr bestünde; andererseits würde man verkennen, dass die Seienden keineswegs aus diesem relativen „nichts“ zur Manifestation gebracht werden können, denn das Endliche bleibt im Vergleich zum Unendlichen stets nichtig.

In den bisherigen Ausführungen zum Vorgang der Manifestation – wie dieser im Rahmen der Schöpfungsvorstellung zu betrachten ist – fehlt etwas ganz Wesentliches: der Begriff der Möglichkeit. Das aber ist, wie man wohl bemerkt hat, kein Grund zur Klage, und eine derartige Sicht ist, wenn auch unvollständig, deshalb trotzdem legitim, kommt doch in Wahrheit der Begriff der Möglichkeit erst dann ins Spiel, sobald man sich auf den metaphysischen Standpunkt stellt; und wie wir bereits angemerkt haben, wird die Manifestation von diesem Standpunkt aus nicht als Schöpfung angesehen. Metaphysisch betrachtet setzt die Manifestation notwendigerweise gewisse Möglichkeiten voraus, die fähig sind, sich zu manifestieren. Wenn die Manifestation aber dergestalt von der Möglichkeit ausgeht, so kann man nicht sagen, sie wurzele in „nichts“, denn es ist augenfällig, dass die Möglichkeit nicht „nichts“ ist. Doch steht dies, so wird man vielleicht einwenden, nicht genau im Gegensatz zum Schöpfungsgedanken? Die Antwort ist einfach: Alle Möglichkeiten sind in der allumfassenden Möglichkeit enthalten, die mit dem Prinzip als solchem zusammenfällt; in ihm sind sie also letzthinnig in dauerhaftem Zustand und in aller Ewigkeit wirklich enthalten. Wenn dies sich übrigens nicht so verhielte, wären sie wirklich „nichts“ und es könnte überhaupt nicht von Möglichkeiten die Rede sein. Wenn folglich die Manifestation von diesen Möglichkeiten, bzw. manchen von ihnen, ausgeht (wir erinnern an dieser Stelle daran, dass neben den Möglichkeiten der Manifestation ebenso die der Nicht-Manifestation ins Auge zu fassen sind, jedenfalls im höchsten Prinzip, wenn auch schon nicht mehr, wenn man bloß das Sein betrachtet), wurzelt sie in nichts außerhalb des Prinzips Befindlichem; und dies ist genau der Sinn, den wir der recht verstandenen Schöpfungsvorstellung zugestanden haben, sodass die beiden Standpunkte im Grunde nicht nur kompatibel sind, sondern sogar in völligem Einklang zueinander stehen. Die Differenz liegt lediglich darin, dass der auf die Schöpfungsvorstellung bezogene Standpunkt – da es sich noch um einen relativen Standpunkt handelt –, nichts jenseits der Manifestation berücksichtigt bzw. das Prinzip betrachtet, ohne es tiefer zu ergründen, wohingegen vom metaphysischen Standpunkt aus das im Prinzip Enthaltene, d.i. die Möglichkeit, das eigentlich Wesentliche darstellt bzw. viel wichtiger als die Manifestation selbst ist.

Alles in allem ließe sich sagen, dass hier zwei verschiedene Ausdrucksweisen derselben Wahrheit vorliegen, vorausgesetzt, man fügt noch hinzu, dass diese Ausdrucksweisen recht verstanden zwei Aspekten bzw. zwei Standpunkten entsprechen, die ihrerseits wirklich verschieden sind. Man könnte sich nun aber fragen, ob nicht die vollständigste und tiefste der beiden Ausdrucksweisen völlig hinreichend wäre und worin eigentlich die Daseinsberechtigung der anderen liegt. Dies betrifft zunächst und allgemein die Daseinsberechtigung jedes exoterischen Standpunkts als einer Formulierung traditioneller Wahrheiten, die auf jene Ebene beschränkt bleibt, die zugleich für unterschiedslos alle Menschen nötig und erreichbar ist. Außerdem – und stärker auf das hier thematisierte Problem bezogen – kann es Gründe der „Zweckmäßigkeit“ geben, die für bestimmte Traditionsformen typisch und den kontingenten Umständen geschuldet sind, denen sie angepasst werden müssen und die gegebenenfalls einen ausdrücklichen Vorbehalt gegen eine „demiurgische“ Konzeption des Ursprungs der Manifestation erfordern, wohingegen eine derartige Vorsichtsmaßnahme andernorts vollkommen unnötig sein kann. Nimmt man jedoch zur Kenntnis, dass die Schöpfungsvorstellung streng mit dem genuin religiösen Standpunkt verbunden ist, könnte man dadurch veranlasst sein zu glauben, dass es hiermit noch etwas anderes auf sich habe; genau dies wollen wir jetzt untersuchen, auch wenn es uns nicht möglich sein wird, auf alle Entwicklungen einzugehen, zu denen dieser Aspekt des Problems Anlass geben könnte.

Ob es sich nun um die metaphysisch aufgefasste Manifestation oder um die Schöpfung handeln mag – in beiden Fällen wird die völlige Abhängigkeit der manifestierten Wesen in allem, was sie wirklich ausmacht, von ihrem Prinzip klipp und klar bejaht. Lediglich in der Genauigkeit, mit der diese Abhängigkeit ins Auge gefasst wird, kommt eine charakteristische Differenz zum Vorschein, die der zwischen den beiden Standpunkten bestehenden Differenz exakt entspricht. Vom metaphysischen Standpunkt aus ist diese Abhängigkeit zugleich eine Form der „Teilhabe“: In dem Maße, in dem sie wirklich sind, haben alle Wesen am Prinzip teil, da es allein alle Wirklichkeit verbürgt; andererseits ist nicht weniger zutreffend, dass diese Wesen, als kontingente und begrenzte – ebenso wie die Gesamtmanifestation, deren Teil sie sind –, im Vergleich zum Prinzip nichtig sind, wie weiter oben schon bemerkt wurde. In genannter Teilhabe besteht nun allerdings eine Verbindung mit dem Prinzip, folglich eine Verbindung zwischen Manifestiertem und Nicht-Manifestiertem, die den Wesen erlaubt, den mit ihrer Manifestation einhergehenden relativen Zustand zu überschreiten. Der religiöse Standpunkt betont demgegenüber eher die den manifestierten Wesen eigene Nichtigkeit, weil er diese naturgemäß nicht über ihren manifestierten Zustand hinauszuführen sucht; dementsprechend impliziert er die Akzentuierung der Abhängigkeit unter einem Aspekt, dem in praktischer Hinsicht die Haltung *el-ubûdiyah* entspricht, um hier jenen arabischen Terminus zu gebrauchen, der mit „Knechtschaft“ in spezifisch religiöser Bedeutung wohl nur unvollkommen, jedoch trotzdem hinlänglich wiedergegeben wird; besser jedenfalls als mit dem Wort „Gottesdienst“ (welches eher einem anderen Wort mit gleicher Wurzel, *el-ibâdah*, entspricht). Der Zustand des *abd* meint, so betrachtet, eben die Lage der „Kreatur“ gegenüber ihrem „Schöpfer“.

Da wir soeben einen Terminus der islamischen Tradition entliehen haben, fügen wir folgendes hinzu: Es würde gewiss niemand zu leugnen wagen, dass der Islam hinsichtlich seiner religiösen oder exoterischen Seite mindestens ebenso

„kreationistisch" ist wie das Christentum. Doch ändert dies nichts an dem Faktum, dass es in seiner esoterischen Dimension eine bestimmte Betrachtungsebene gibt, auf der die Schöpfungsvorstellung verschwindet. So gibt es einen Ausspruch, dem zufolge „der *Sûfî* (es ist darauf zu achten, dass es sich hier nicht um den bloßen *mutasawwuf* handelt) ungeschaffen ist" (*Es-Sûfî lam yukhlaq*) – was auf die Behauptung hinausläuft, dass sein Zustand jenseits der Beschaffenheit einer „Kreatur" sei, und insoweit er die „höchste Identität" verwirklicht und sich folglich mit dem Prinzip bzw. dem Ungeschaffenen vereint hat, er als solcher notwendigerweise nur ungeschaffen sein könne. Hier ist der religiöse Standpunkt zwangsläufig überschritten, um dem rein metaphysischen Standpunkt zu weichen. Wenn derart aber beide Standpunkte in ein und derselben Tradition koexistieren können, jeder auf dem ihm eingeräumten Rang und innerhalb des ihn betreffenden Bereichs, so zeigt dies sehr deutlich, dass sie nicht in Gegensatz zueinander stehen bzw. sich in keiner Weise widersprechen.

Wir jedenfalls wissen, dass hier kein echter Widerspruch bestehen kann, weder innerhalb einer jeweiligen Tradition noch auch zwischen unterschiedlichen Traditionen, weil sie allesamt nur verschiedene Ausdrucksweisen der einen Wahrheit darstellen. Wenn jemand glaubt, hier offensichtliche Widersprüche zu erblicken – müssen wir daraus nicht schließen, dass er etwas schlecht oder nur unvollständig verstanden hat, anstatt den traditionellen Lehren als solchen irgendwelche Fehler anzulasten, die in Wahrheit nur aufgrund seiner eigenen geistigen Unzulänglichkeit bestehen?

12. Taoismus und Konfuzianismus

Der Mehrzahl der antiken Völker war es nicht darum zu tun, eine strenge Chronologie ihrer Geschichte zu erstellen. Manche von ihnen bedienten sich – zumindest in den am weitesten zurückliegenden Epochen – ausschließlich symbolischer Zahlen; diese als Daten im gewöhnlichen bzw. wörtlichen Sinne zu nehmen, wäre gewiss verfehlt. Die Chinesen stellen in dieser Hinsicht eine bemerkenswerte Ausnahme dar: Sie sind vielleicht das einzige Volk, das seit dem Beginn seiner eigenen Tradition kontinuierlich dafür Sorge getragen hat, seine Annalen mittels präziser astronomischer Beobachtungen – einschließlich der Beschreibung des Himmelsstandes zu dem Zeitpunkt, an dem die zur Erinnerung bewahrten Ereignisse stattfanden – zu datieren. Mit Blick auf China und dessen Frühgeschichte sind mithin genauere Angaben möglich als in vielen anderen Fällen; so weiß man, dass der Ursprung der Tradition, die man im eigentlichen Sinne chinesisch nennen kann, etwa 3.700 Jahre vor Beginn der christlichen Ära zurückreicht. Durch eine recht seltsame Koinzidenz liegt in selbiger Epoche auch der Beginn des jüdischen Zeitalters; für dieses wäre es allerdings schwierig auszumachen, auf welches Geschehnis sich sein Ausgangspunkt tatsächlich bezieht.

Ein solcher Ursprung – auch wenn er im Vergleich zum Ursprung der griechisch-römischen Zivilisation und zu den Datierungen der sogenannten „klassischen" Antike sehr weit zurückliegend erscheinen mag – ist in Wahrheit eigentlich dennoch ziemlich jung. Wie stellte sich die Situation der gelben Rasse, die wahrscheinlich bestimmte Regionen Zentralasiens bewohnte, vor dieser Epoche dar? Dies näherhin zu bestimmen, ist in Ermangelung hinreichend klarer Anhaltspunkte unmöglich. Es scheint, dass diese Rasse eine dunkle Periode von unbestimmter Dauer durchlebt hatte und dass sie aus diesem Schlafzustand zu einem Zeitpunkt herausgerissen wurde, der auch für andere Teile der Menschheit durch wichtige Veränderungen gekennzeichnet war. Es ist also möglich – und dies ist sogar das Einzige, was recht deutlich behauptet werden kann –, dass das, was uns als Anfang erscheint, in Wahrheit nur die Wiedererweckung einer weit älteren Tradition darstellt, die zur Anpassung an die neuen Gegebenheiten in eine neue Form gebracht werden musste. Wie auch immer sich dies verhalten mag, die Geschichte Chinas bzw. desjenigen Landes, das heute so bezeichnet wird, beginnt erst mit Fu

Xi, der als Chinas erster Herrscher angesehen wird; und hier sei sofort darauf hingewiesen, dass der Name Fu-Xi, mit dem das ganze Korpus von Wissenschaften assoziiert ist, das die Essenz der chinesischen Tradition ausmacht, in Wirklichkeit dazu dient, einen sich über mehrere Jahrhunderte erstreckenden Zeitraum zu bezeichnen.

Um die Prinzipien der Tradition festzulegen, machte Fu Xi von linienförmigen Symbolen Gebrauch, die einfach und doch zugleich höchst prägnant waren: die durchgehende und die gebrochene Linie, jeweils Zeichen von *yang* und *yin*, d.h. den aktiven und passiven Prinzipien, welche – aus einer Art Polarisierung der höchsten metaphysischen Einheit hervorgehend – die gesamte Manifestation entstehen lassen. Aus den Kombinationen dieser beiden Zeichen in allen möglichen Anordnungen werden die acht *koua* oder „Trigramme“ gebildet, welche stets die grundlegenden Symbole der fernöstlichen Tradition geblieben sind. Es wird behauptet, dass „Fu Xi, bevor er die Trigramme gezeichnet hat, den Himmel betrachtete, dann den Blick zur Erde senkte, und – ihre Besonderheiten beobachtend – die Charakteristika des menschlichen Körpers und aller äußeren Dinge berücksichtigte“.[129] Dieser Text ist deshalb von besonderem Interesse, weil er den eindeutigen Ausdruck der großen Triade enthält: Himmel und Erde, bzw. die beiden komplementären Prinzipien, aus denen alle anderen Wesen entstanden sind, und der Mensch, der – insofern er seiner Natur nach am einen wie am anderen teilhat – das Mittelglied der Triade, der Vermittler zwischen Himmel und Erde, ist. Man muss präzisieren, dass es sich hierbei um den „wahren Menschen“ handelt, d.h. um jenen, der – weil zur vollen Verwirklichung seiner höheren Vermögen gelangt – „dem Himmel und der Erde helfen kann bei der Pflege und Verwandlung der Wesen und der deshalb neben Himmel und Erde eine dritte Kraft darstellt“.[130] Ferner wird berichtet, dass Fu Xi einen Drachen aus dem Fluss aufsteigen sah, der die Kräfte von Himmel und Erde in sich vereinte und auf dessen Rücken die Trigramme eingraviert waren; dies ist nur eine andere Weise, den gleichen Sachverhalt symbolisch auszudrücken.

Die gesamte Tradition war also ursprünglich ihrem Wesen nach und gleichsam keimhaft in den Trigrammen, diesen

---

129 *Buch der Riten des Königreichs Zhou.*

130 *Das Buch von Mitte und Maß (Zhong Yong)*, Kap. 22.

wunderbaren und als Hilfsmittel für die unterschiedlichsten Möglichkeiten geeigneten Symbolen, enthalten: Man musste aus ihnen lediglich alle erforderlichen Entwicklungen entfalten, sowohl im Bereich der rein metaphysischen Erkenntnis als auch im Bereich ihrer verschiedenen Anwendungen auf die kosmische und menschliche Ordnung. Hierfür verfasste Fu Xi drei Bücher, von denen uns nur das letzte – *I Ging* oder „Buch der Wandlungen“ genannt – überliefert ist; und der Text dieses Buches ist noch dermaßen synthetisch, dass er in vielfachen – übrigens aufs Vollkommenste miteinander übereinstimmenden – Bedeutungen verstanden werden kann, je nachdem, ob man sich streng an die Prinzipien hält oder sie auf irgendeine bestimmte Ordnung anwenden will. So gibt es neben dem genuin metaphysischen Sinn eine Vielzahl kontingenter Anwendungen von unterschiedlicher Wichtigkeit, welche die traditionellen Wissenschaften bilden: logische, mathematische, astronomische, physiologische, soziale Anwendungen, usw. Es gibt sogar eine divinatorische Verwendung, die als eine der niedrigsten angesehen wird und deren Praktizierung herumziehenden Gauklern überlassen wird. Im Übrigen ist es für sämtliche traditionellen Lehren charakteristisch, dass sie in sich von Anfang an alle denkbaren Entwicklungen enthalten, einschließlich einer unbestimmten Mannigfaltigkeit von Wissenschaften – von denen das moderne Abendland nicht die geringste Vorstellung hat – nebst sämtlicher Anwendungen, die späteren Umständen geschuldet sein können. Es darf also nicht wundernehmen, dass die im *I Ging* enthaltenen Doktrinen, von denen Fu Xi selbst erklärt, sie aus einer sehr fernen und kaum datierbaren Vergangenheit bezogen zu haben, ihrerseits zur gemeinsamen Basis zweier Lehren geworden sind, in denen die chinesische Tradition bis auf den heutigen Tag fortbesteht und die dennoch – weil sie sich auf völlig verschiedene Bereiche beziehen – auf den ersten Blick den Eindruck erwecken können, dass sie überhaupt keinen gemeinsamen Berührungspunkt besäßen: Taoismus und Konfuzianismus.

Was aber waren die Umstände, die nach 3.000 Jahren eine Neuanpassung der traditionellen Lehre, d.h. eine Veränderung zwar nicht ihres Grundes, der immer derselbe geblieben ist, sondern der Formen, in welche diese Lehre gehüllt ist, nötig machten? Auch dies wird ohne Zweifel kaum mehr gänzlich zu erhellen sein, da derartige Dinge – in China wie auch anderswo – kaum Spuren in der dokumentierten Geschichte hinterlassen haben, dort, wo die äußerlichen Effekte sehr viel offensichtlicher zu Tage liegen als die tieferen Ursachen. In jedem Falle scheint gewiss zu sein, dass die im Zeitalter Fu Xis formulierte Lehre in ihren wichtigsten Aspekten allgemein nicht mehr verstanden wurde; und zweifellos entsprachen auch die Anwendungen, die aus ihr in anderweitigen Bereichen gezogen wurden – nicht zuletzt auf sozialer Ebene –, nicht länger den Existenzbedingungen der chinesischen Rasse, die sich in diesem Zeitraum merklich verändert haben mussten.

So also war die Lage im 6. Jahrhundert vor der christlichen Zeitrechnung; und es ist anzumerken, dass in diesem Jahrhundert bei fast allen Völkern nennenswerte Veränderungen stattfanden, sodass das in China Geschehene mit einer vermutlich schwer zu bestimmenden Ursache in Verbindung gebracht werden muss, deren Wirkung die ganze Menschheit beeinflusste. Das Einzigartige liegt darin, dass das 6. Jahrhundert generell als Beginn der eigentlich „historischen“ Periode angesehen werden kann: Sucht man weiter zurückzugehen, so ist es unmöglich, auch nur eine grobe Chronologie zu erstellen, abgesehen von einigen Ausnahmefällen wie eben ausgerechnet China. Von dieser Epoche an ist demgegenüber die Datierung der Ereignisse ziemlich genau und allseits bekannt. Dieses Faktum wäre einigen Nachdenkens wert. Die Veränderungen, die stattfanden, weisen freilich je nach Land verschiedene Merkmale auf: Indien beispielsweise erlebte die Geburt des Buddhismus, d.h. eine Revolte gegen den traditionellen Geist, die bis zur Negation aller Autorität, mithin bis zu einer wahrhaften Anarchie auf geistiger wie auf sozialer Ebene, führte.[131] Demgegenüber konstituierten sich

[131] [Dies ist wohlgemerkt nicht Guénons letztes Wort über Wesen und Rechtmäßigkeit des Buddhismus. Nicht zuletzt unter dem Einfluss von A.K. Coomaraswamy (vgl. dessen Werk *Hinduism and Buddhism* sowie Guénons 1945 verfasste Rezension dazu, die in den *Études sur l'Hindouisme* abgedruckt ist) und M. Pallis (vgl. dessen beide Werke *The Way and the Mountain: Tibet, Buddhism, and Tradition* und *Peaks and Lamas: A Classic Book on Mountaineering, Buddhism and Tibet* sowie Guénons Rezensionen von 1947 und 1949 zu zwei Auflagen des letzteren Werkes in den *Études sur l'Hindouisme*) modifizierte Guénon seine anfänglich ablehnende Haltung gegenüber der buddhistischen Tradition. In der späteren Auflage von *La Crise du monde moderne* (Paris 1979, 22 Fn. 2) schreibt er: „Die Frage des Buddhismus ist in Wirklichkeit bei weitem nicht so einfach, wie es dieser kurze Überblick glauben machen könnte; und es ist interessant anzumerken, dass wenn

die beiden neuen doktrinalen Formen in China – d.h. jene Formen, die als Taoismus und Konfuzianismus bezeichnet werden – parallel zueinander und streng auf Linie der Tradition.

Die Gründer dieser beiden Lehren, Lao-tse und Kung-tse, welch letzteren die Abendländer Konfuzius zu nennen pflegen, waren Zeitgenossen und eine Geschichte lehrt uns, dass sie sich eines Tages begegneten. „Hast du das *Tao* gefunden?", fragte Lao-tse. „Ich habe es 27 Jahre lang gesucht und noch immer nicht gefunden", antwortete Kung-tse. Daraufhin beschränkte sich Lao-tse darauf, seinem Gesprächspartner folgende Ratschläge zu erteilen: „Der Weise liebt die Dunkelheit; er offenbart sich nicht jedem Dahergelaufenen; er erforscht die Zeiten und Umstände. Ist der Moment günstig, so spricht er, wenn nicht, so schweigt er. Wer einen Schatz besitzt, zeigt ihn nicht aller Welt; also enthüllt auch der wahrhaft Weise nicht aller Welt seine Weisheit. Das ist alles, was ich dir zu sagen habe; auf dass du deinen Nutzen daraus ziehen mögest." Auf diese Unterredung zurückkommend, bemerkte Kung-tse: „Ich habe Lao-tse gesehen; er ähnelt einem Drachen. Wie im Falle des Drachens weiß ich nicht, wie er

---

die Hindus vom Standpunkt ihrer eigenen Tradition aus die Buddhisten stets verdammt haben, viele von ihnen nichtsdestoweniger dem Buddha als solchen einen großen Respekt entgegenbringen, ja manche sogar so weit gehen, in ihm den neunten *Avatara* zu sehen, während andere diesen mit Christus identifizieren. Was andererseits den Buddhismus angeht, wie er heute bekannt ist, so gilt es feinsäuberlich zwischen seinen beiden Formen, *Mahayana* und *Hînayana* bzw. dem ‚Großen Fahrzeug' und dem ‚Kleinen Fahrzeug', zu unterscheiden. Allgemein gesprochen kann man sagen, dass der Buddhismus außerhalb Indiens sich merklich von seiner ursprünglich indischen Gestalt unterscheidet, die nach dem Tode Ashokas sehr schnell an Boden zu verlieren begann und einige Jahrhunderte später völlig verschwand." Und in der Rezension zu Coomaraswamys *Hinduism and Buddhism* (in: *Études sur l'Hindouisme*, Paris 1979, 194) heißt es: „Der Buddha selbst hat übrigens niemals den Anspruch erhoben, eine neue Doktrin zu lehren, noch auch in den Regeln, die er seinen ‚weltlichen' Hörern lieferte, eine ‚soziale Reform' gepredigt." Vgl. zu Guénons Haltung zum Buddhismus auch M. Lings' Hinweise in seiner Einleitung zu *The Essential René Guénon. Metaphysics, Tradition and the Crisis of Modernity*, Bloomington 2009, xxv, sowie allgemein Pallis, M., „René Guénon et le Bouddhisme", in: *Études Traditionelles* (Juli/November 1951); Schnetzler, J.-P., „René Guénon et le bouddhisme", in: *René Guénon*, ed. par J.-P. Laurant, Paris 1985, 342-350; Cheniqe, F., „René Guénon et le bouddhisme", in: *Politica Hermetica* 16 (2002), 86-110. – FH]

von den Winden und Wolken getragen wird und sich bis zum Himmel erhebt."

Diese Anekdote, die vom Historiker Sima Qian berichtet wird, bestimmt in vollkommener Weise die jeweiligen Positionen der beiden Lehren, oder besser noch: der beiden Zweige der einen Lehre, in die sich die fernöstliche Tradition seither unterteilt: Der eine Zweig beinhaltet im Wesentlichen die reine Metaphysik, der sich all jene traditionellen Wissenschaften angliedern, deren Bedeutung recht eigentlich spekulativ, oder besser gesagt: „von kognitiver Art", ist; der andere Zweig ist auf die praktische Sphäre beschränkt und hält sich ausschließlich an den Bereich sozialer Anwendungen. Kung-tse bekannte selbst, dass er nicht „zur Erkenntnis geboren" sei, d.h. die Erkenntnis *par excellence* – metaphysischer und überrationaler Art – nicht errungen habe. Er war mit den traditionellen Symbolen vertraut, ist aber nicht bis zu ihrem tiefsten Sinn vorgedrungen. Deshalb musste sein Werk notwendigerweise auf einen spezifischen und kontingenten Bereich beschränkt bleiben, der allein seiner Kompetenz entsprach. Zumindest hütete er sich davor, das zu negieren, was sein Verständnis überstieg. Seine späteren Schüler indessen folgten ihm hierin nicht immer, und manche legten – aufgrund eines Irrtums, der bei „Spezialisten" aller Art weit verbreitet ist – bisweilen einen bornierten Exklusivismus an den Tag, was ihnen von Seiten der großen taoistischen Kommentatoren des 4. Jahrhunderts vor Christus, Liä Dsi und besonders Dschuang Dsi, einige Reaktionen von beißender Ironie einbrachte. Derlei Diskussionen und Streitereien, die sich in bestimmten Epochen zutrugen, dürfen uns jedoch nicht dazu veranlassen, Taoismus und Konfuzianismus als zwei rivalisierende Schulen aufzufassen, was sie niemals waren und niemals sein können, da jede ihren eigenen, klar umrissenen Bereich hat. Ihre Koexistenz ist folglich völlig normal und legitim, und in mancher Hinsicht entspricht ihr Unterschied ziemlich genau dem zwischen geistiger Autorität und weltlicher Macht in anderen Zivilisationen.

Wir haben außerdem bereits erwähnt, dass die beiden Lehren auf eine gemeinsame Wurzel zurückgehen, nämlich die noch ältere Tradition. Kung-tsu hatte so wenig wie Lao-tse jemals die Intention, lediglich seine eigenen Anschauungen darzulegen, die als solche jeglicher echten Autorität und Relevanz entbehrten. „Ich bin ein Mann", sagte Kung-tsu, „der die Alten schätzt und alle Anstrengungen unternommen hat, ihre Kenntnisse zu erwerben";[132] und diese Haltung, die dem Individualismus der modernen Abendländer sowie ihrem Anspruch auf „Originalität" um jeden Preis radikal entgegengesetzt ist, ist die einzige mit der Grundverfasstheit einer traditionellen Zivilisation kompatible Haltung. Der Begriff „Neuanpassung", den wir weiter oben verwendet haben, ist in diesem Zusammenhang treffend; und die sozialen Institutionen, die daraus resultieren, sind von einer bemerkenswerten Stabilität, überdauerten sie doch zweieinhalb Jahrtausende und überlebten alle Perioden der Unruhe, die China bis auf den heutigen Tag durchgemacht hat. Doch wollen wir uns hier nicht länger über diese Institutionen verbreiten, die in ihren groben Zügen zumal recht bekannt sind. Wir erinnern lediglich daran, dass ihr Grundzug darin liegt, die Familie als Basis zu erachten und sich von hieraus auf die ganze Rasse zu erstrecken, welcher die Gesamtheit der Familien von gemeinsamer Abstammung angehören. Eine Eigenart der chinesischen Zivilisation besteht nämlich darin, sich auf die Vorstellungen von Rasse und Solidarität, welche die Mitglieder untereinander vereint, zu gründen, wohingegen andere Zivilisationen, die in der Regel Menschen verschiedener oder nur schwer bestimmbarer Rassen umfassen, auf völlig anderen Einheitsprinzipien fußen.

Spricht man im Abendland über China und dessen Lehren, so denkt man in der Regel fast ausschließlich an den Konfuzianismus, was freilich nicht bedeutet, dass dieser immer richtig interpretiert würde. Man beabsichtigt mitunter, aus ihm eine Art östlichen „Positivismus" zu machen, wo er doch in Wirklichkeit etwas völlig anderes ist, zunächst schon aufgrund seines traditionellen Charakters, allerdings auch, weil er – wie schon erwähnt – eine Anwendung höherer Prinzipien darstellt, während der Positivismus im Gegenteil die Negation solcher Prinzipien impliziert. Was den Taoismus betrifft, so wird er im Allgemeinen mit Stillschweigen übergangen, und viele scheinen seine bloße Existenz überhaupt nicht zu beachten oder zumindest zu glauben, dass er längst ausgestorben und heute bloß noch von historischem oder archäologischem Interesse sei. Im Folgenden werden wir die Gründe dieses Irrtums herausstellen.

Lao-tse verfasste nur eine einzige, allerdings sehr prägnante Abhandlung, das *Tao te king* oder „Buch vom Weg und der Geradheit". Alle anderen taoistischen Texte sind entweder

---

132 *Lun Yü*, Kap. VII.

Kommentare zu diesem grundlegenden Buch oder später entstandene Abfassungen bestimmter ergänzender, ursprünglich mündlicher Lehren. Das *Tao*, welches man wörtlich mit „Weg“ übersetzt und das der Lehre als solcher ihren Namen gibt, ist das höchste, vom streng metaphysischen Standpunkt aus betrachtete Prinzip: Es ist zugleich Ursprung und Ziel allen Seins, wie auch sehr deutlich vom ideographischen Charakter angezeigt wird, der es darstellt. Das *Te*, was wir lieber mit „Geradheit“ als mit „Tugend“ – wie es verschiedentlich übersetzt wurde – wiedergeben, um nicht den Anschein zu erwecken, ihm eine „moralische“ Bedeutung zu verleihen, die dem Geist des Taoismus überhaupt nicht entspräche; dieses *Te*, so behaupten wir, kann man als „Spezifizierung“ des *Tao* im Verhältnis zu einem bestimmten Wesen, z.B. dem Menschenwesen, fassen: Es ist die Richtung, die dieses Wesen verfolgen muss, damit seine Existenz sich – in demjenigen Zustand, in dem sie sich gerade befindet – gemäß dem Weg oder, anders gesprochen, im Einklang mit dem Prinzip vollzieht. Laotse stellt sich also zuallererst in die kosmische Ordnung und geht dann zur Anwendung über. Doch auch wenn diese Anwendung eigentlich den Fall des Menschen betrifft, ist sie keinesfalls von einem sozialen oder moralischen Standpunkt aus konzipiert. Was hier ins Auge gefasst wird, ist stets und ausschließlich die Verbindung mit dem höchsten Prinzip, und so treten wir in Wirklichkeit überhaup nicht aus dem metaphysischen Bereich heraus.

Außerdem ist es nicht die äußere Handlung, die im Taoismus als relevant erachtet wird; ja er hält sie als solche letztlich für indifferent und lehrt nachdrücklich die Doktrin des „Nicht-Handelns“, deren wahre Bedeutung zu verstehen den Abendländern im Allgemeinen gewisse Schwierigkeiten bereitet, obgleich man die aristotelische Theorie vom „unbewegten Beweger“ zu Hilfe ziehen könnte, deren Sinn im Grunde der gleiche ist, aus der allerdings wohl niemals die entsprechenden Konsequenzen gezogen wurden. Das „Nicht-Handeln“ ist nicht Trägheit, sondern im Gegenteil die Fülle der Aktivität, einer transzendenten und rein inneren, nicht-manifestierten, im Einklang mit dem Prinzip stehenden Aktivität, die jenseits aller Unterscheidungen und Erscheinungen angesiedelt ist, die der gemeine Mensch fälschlicherweise für die Realität als solche hält, obwohl sie doch bloß ein Abbild dieser Realität darstellen. Weiterhin ist zu bemerken, dass sogar der Konfuzianismus, dessen Standpunkt zwar der des Handelns ist, nichtsdestoweniger von der

„unveränderlichen Mitte“ spricht, d.h. vom Zustand vollkommener Ausgewogenheit, der den unaufhörlichen Wechselfällen der äußeren Welt entzogen bleibt. Doch für ihn kann dies nur Ausdruck eines rein theoretischen Ideals sein; er kann davon in seinem kontingenten Bereich allenfalls ein simples Abbild des wahrhaften „Nicht-Handelns“ erfassen, während es im Taoismus um sehr viel mehr geht, nämlich um eine umfassende und effektive Verwirklichung dieses transzendenten Zustandes. Im Zentrum des kosmischen Rades verortet, bewegt der vollkommene Weise es durch reine Präsenz auf unsichtbare Art und Weise, ohne an der Bewegung teilzuhaben und ohne sich darum bemühen zu müssen, irgendeine Wirkung zu erzielen. Seine völlige Gleichmütigkeit macht ihn zum Herrn aller Dinge, da er durch nichts mehr berührt werden kann. „Er hat völligen Gleichmut erlangt; gegenüber Leben und Tod ist er gleichermaßen indifferent, der Zusammensturz des Universums löste in ihm keinerlei Regung aus. Die Wirklichkeit durchdringend, ist er zur unveränderlichen Wahrheit gelangt, zur Erkenntnis des einzigen universellen Prinzips. Er lässt die Wesen sich ihrer jeweiligen Bestimmung gemäß entwickeln, während er sich selbst im unbeweglichen Zentrum aller Geschicke hält ... Das äußere Zeichen seines inneren Zustandes ist die Unerschütterlichkeit; nicht die eines Kämpfers, der sich um der Ruhmesliebe willen in die Schlacht stürzt, sondern jene des Geistes, der – Himmel, Erde und allen Wesen überlegen – in einem Körper wohnt, an dem er nicht hängt, der die Bilder, die seine Sinne ihm darbieten, nicht beachtet, und durch umfassende Erkenntnis alles in seiner unbeweglichen Einheit erfasst. Dieser völlig unabhängige Geist ist der Herr der Menschen. Wenn es ihm gefiele, sie alle zu versammeln, so kämen sie zu dem bestimmten Tag alle zusammen; doch er strebt nicht danach, dass man ihm diene.“[133] „Wenn ein wahrhaft Weiser, freilich gegen seinen Willen, sich der Aufrechterhaltung eines Reiches widmen müsste, so verwendete er – sich im Nicht-Handeln haltend – die Muße seines Nichteingreifens, um seinen natürlichen Neigungen freien Lauf zu lassen. Das Reich würde großen Nutzen daraus ziehen, in die Hände eines solchen Mannes gelegt worden zu sein. Ohne seine Organe ins Spiel zu bringen, ohne seine körperlichen Sinne zu benutzen, unbeweglich sitzend, würde er alles mit seinem transzendenten Auge erblicken; in Kontemplation

---

133 *Dschuang Dsi*, Kap. V.

versunken, würde er alles gleich dem Donner erschüttern; der sichtbare Himmel würde sich folgsam den Bewegungen seines Geistes anpassen; alle Wesen würden dem Anstoß seines Nichteingreifens folgen, so wie der Staub dem Wind folgt. Warum sollte ein derartiger Mann das Reich äußerlich zu führen versuchen, wo es doch genügt, bloß allem seinen Lauf zu lassen?“[134]

Wir haben hier besonders auf diese Lehre des „Nicht-Handelns“ insistiert; nicht nur, dass sie in der Tat einer der wichtigsten und bezeichnendsten Aspekte des Taoismus darstellt – es gibt noch speziellere Gründe dafür, die im Folgenden besser verständlich werden. Doch stellt sich hier eine Frage: Wie kann man den Zustand des vollkommenen Weisen erreichen? Hier wie in allen entsprechenden Lehren anderer Zivilisationen ist die Antwort sehr klar: Man erreicht ihn ausschließlich durch Erkenntnis. Solche Erkenntnis – eben jene, von der Kung-tsu bekannte, sie nicht erlangt zu haben – ist aber von ganz anderer Natur als die gewöhnliche oder „profane“ Erkenntnis, hat weder einen Bezug zum äußerlichen Wissen der „Gebildeten“, und noch weniger zur Wissenschaft, wie die modernen Abendländer sie verstehen. Zwar besteht hier keine Unvereinbarkeit; doch stellt die gewöhnliche Wissenschaft – aufgrund der Grenzen, die sie setzt, und aufgrund der Denkgewohnheiten, die sie einen annehmen lässt – häufig ein Hindernis dar für den Erwerb wahrhafter Erkenntnis. Und wer immer letztere besitzt, muss die relativen und zufallsbedingten Spekulationen, an denen die Mehrzahl der Menschen Gefallen findet, die detaillierten Analysen und Forschungen, in denen sie sich verlieren, und die vielen voneinander abweichenden Meinungen, die unweigerlich daraus resultieren, zwangsläufig für unbedeutend halten. „Die Philosophen verlieren sich in ihren Spekulationen, die Sophisten in ihren Unterscheidungen, die Forscher in ihren Untersuchungen. All diese Menschen sind, geblendet von den Einzeldingen, in den Grenzen des Raumes gefangen.“[135] Der Weise hat demgegenüber alle dem äußeren Standpunkt inhärenten Unterscheidungen hinter sich gelassen. Im Mittelpunkt, in dem er sich hält, sind alle Gegensätze verschwunden und in einem perfekten Gleichgewicht aufgelöst. „Im Urzustand existierten diese Gegensätze nicht. Sie alle entstammen der Diversifikation der Wesen und ihren durch die universelle

[134] *Dschuang Dsi*, Kap. XI.
[135] *Dschuang Dsi*, Kap. XXIV.

Rotation ausgelösten wechselseitigen Beziehungen. Sie würden aufhören zu sein, wenn Vielheit und Bewegung aufhörten zu sein. Diese hören sofort auf, ein Wesen zu beeinflussen, das sein verbesondertes Ich und seine partikulare Bewegung auf ein Minimum reduziert hat. Denn ein solches Wesen tritt nicht mehr in Widerstreit zu irgendeinem anderen, weil es im Unbegrenzten angesiedelt, im Unbestimmten erloschen ist. Es ist am Ausgangspunkt aller Wandlungen, dem neutralen Punkt, wo es keinen Widerstreit gibt, angekommen und hält sich dort. Durch Konzentration seiner Natur, durch Nährung seines Lebensgeistes, durch Versammlung all seiner Kräfte, hat es sich vereint mit dem Prinzip allen Entstehens. Da seine Natur vollkommen und sein Lebensgeist unversehrt ist, vermag kein Wesen es anzugreifen."[136]

Aus eben diesem Grund und nicht wegen irgendeiner Art von Skeptizismus, welcher auf der hier erreichten Stufe der Erkenntnis ausgeschlossen ist, hält sich der Weise von allen Diskussionen fern, die die gewöhnlichen Menschen bewegen. Denn für ihn sind alle gegensätzlichen Meinungen gleichermaßen wertlos, da sie – aufgrund des bloßen Faktums ihrer Opposition zueinander – alle gleich relativ sind. „Sein eigener Standpunkt ist derjenige, wo dies und jenes, ja und nein, noch ununterschieden erscheinen. Dieser Punkt ist der Dreh- und Angelpunkt jeder Norm, ist das unbewegliche Zentrum einer Peripherie, auf deren Umfang sich alle Kontingenzen, Unterscheidungen und Individualitäten bewegen; in diesem Zentrum sieht man nur das Unendliche, was nicht dieses noch jenes, nicht ja noch nein, ist. Alles in dieser ursprünglichen, noch nicht differenzierten Einheit zu sehen bzw. von einer solchen Distanz aus, dass alles sich auf eines stützt, dies ist echte Geistigkeit ... Wir widmen uns nicht dem Unterscheiden, sondern betrachten alles in der Einheit der Norm. Wir diskutieren nicht um uns durchzusetzen, sondern verwenden im Umgang mit anderen Menschen das Verfahren des Affenzüchters. Dieser sagte zu den Affen, die er aufzog: Ich werde euch drei Taros morgens und vier abends geben. Alle Affen waren jedoch unzufrieden. Also, sagte er, werde ich euch vier Taros morgens, und drei abends geben. Die Affen waren zufrieden. Nicht nur stellte er sie zufrieden, er gab ihnen am Ende pro Tag nicht mehr als die sieben Taros, die er ihnen ursprünglich sowieso zugedacht hatte. So handelt der Weise; er sagt, um des

[136] *Dschuang Dsi*, Kap. XIX.

Friedens willen, ja oder nein, und ruht still im Zentrum des kosmischen Rades, indifferent gegenüber der Richtung, in die es sich dreht.“[137]

Es braucht kaum betont zu werden, dass der Zustand des vollkommenen Weisen mit allem, was er impliziert und auf das wir hier nicht eingehen können, nicht mit einem Schlag erreicht werden kann und dass sogar die niedrigeren, vorbereitenden Stufen nur durch Bemühungen erreichbar sind, zu denen sehr wenige Menschen fähig sind. Die vom Taoismus zu diesem Zweck verwendeten Methoden sind außerdem besonders schwierig zu bewerkstelligen, und die Hilfe, die sie leisten, ist sehr viel beschränkter als jene, die man in den traditionellen Lehren anderer Zivilisationen findet, z.B. in Indien. In jedem Falle sind sie fast unpraktizierbar für Menschen, die zu einer anderen Rasse gehören als zu der, auf die sie abgestimmt sind. Im Übrigen war der Taoismus sogar in China zu keinem Zeitpunkt allzu weit verbreitet, was er – sich jeglicher Propaganda enthaltend – auch niemals angestrebt hat. Dieser Vorbehalt ist ihm gleichsam in seine eigene Natur eingeschrieben, handelt es sich doch um eine sehr verschlossene und wesenhaft „initiatische“ Lehre, die sich nur an eine Elite richtet und keinesfalls unterschiedslos jedem unterbreitet werden kann, da nicht jeder sie zu verstehen und vor allem sie zu „realisieren“ in der Lage ist. Man sagt, Lao-tse habe seine Lehre lediglich zwei Schülern anvertraut, die sie ihrerseits zehn weiteren lehrten. Nach Abfassung des *Tao te king* verschwand er gen Westen. Ohne Zweifel zog er sich in ein schier unzugängliches Gebiet von Tibet oder im Himalaya zurück und, wie der Historiker Sima Qian berichtet, „weiß man weder wo noch wie er seine Tage beendete“.

Die allen gemeinsame Lehre, die jeder nach Maßgabe seiner Fähigkeiten studieren und in die Praxis umsetzen soll, ist der Konfuzianismus, der alle die sozialen Beziehungen betreffenden Angelegenheiten umfasst und für die Belange des alltäglichen Lebens völlig hinreicht. Da der Taoismus die Erkenntnis der Prinzipien repräsentiert, aus der alles andere abgeleitet ist, stellt der Konfuzianismus in gewisser Weise nur eine Anwendung des Taoismus auf den kontingenten Bereich dar und ist ihm qua seiner eigenen Natur untergeordnet. Doch braucht dies die Massen nicht zu kümmern, die davon sowieso keine Ahnung haben, weil

---

[137] *Dschuang Dsi*, Kap. II.

ihr geistiger Horizont nicht über praktische Anwendungen hinausreicht; und dieser Masse muss gewiss sogar die überwiegende Mehrheit der konfuzianischen „Gelehrten“ zugerechnet werden. In dieser faktischen Trennung zwischen Taoismus und Konfuzianismus, zwischen innerer und äußerer Lehre, haben wir – ganz abgesehen von allen Fragen der Form – einen der bemerkenswertesten Unterschiede zwischen chinesischer und indischer Zivilisation vor uns. Denn in letzterer besteht nur ein einziges Lehrkorpus, namentlich das des Brahmanismus, das zugleich das Prinzip nebst all seiner Anwendungen umfasst und zwischen dessen niedrigsten und höchsten Stufen die Kontinuität sozusagen an keiner Stelle durchbrochen ist. Diese Differenz ist in hohem Maße der mentalen Beschaffenheit der beiden Völker geschuldet. Allerdings ist höchst wahrscheinlich, dass die Kontinuität, die in Indien – und zweifellos nur in Indien – aufrechterhalten wurde, einstmals auch in China bestand, und zwar von der Epoche Fu Xis bis zu jener von Lao-tse und Kung-tse.

Jetzt wird man erkennen, warum der Taoismus unter Abendländern so wenig bekannt ist: Er erscheint nicht im öffentlichen Raum wie der Konfuzianismus, dessen Aktivitäten sich sichtbar in allen sozialen Gegebenheiten niederschlagen; er ist vielmehr das exklusive Privileg einer Elite – in ihrer Zahl heute vielleicht begrenzter denn je –, welche die Lehre, deren Hüter sie ist, mitnichten nach außen hin bekanntzugeben sucht. Schließlich sind der taoistische Standpunkt, seine Ausdrucksweisen und Lehrmethoden dem modernen westlichen Geist äußerst fremd. Manche, die sich der Existenz des Taoismus zwar bewusst sind und auch bemerken, dass diese Tradition noch immer lebendig ist, bilden sich dennoch ein, dass – aufgrund ihres verschlossenen Charakters – ihr Einfluss auf die Gesamtheit der chinesischen Zivilisation praktisch unerheblich oder sogar schlichtweg nicht vorhanden sei. Dies ist wiederum ein schwerer Irrtum, und es bleibt uns jetzt – im hier möglichen Umfang – noch zu erklären, wie es sich damit tatsächlich verhält.

Bezieht man sich nochmals auf einige Texte, die wir weiter oben mit Blick auf das „Nicht-Handeln“ angeführt hatten, so lässt sich – zumindest prinzipiell, wenn auch nicht in sämtlichen Anwendungsbereichen – ohne größere Schwierigkeiten begreiflich machen, dass die Rolle des Taoismus in der verborgenen Führung bestehen muss, welche die Geschehnisse durchherrscht, ohne direkt an ihnen teilzunehmen, und die – obgleich äußerlich kaum sichtbar – darum nur umso wirksamer ist. Wie gesagt, erfüllt der Taoismus die Funktion des „unbewegten Bewegers“: Er trachtet nicht danach, sich ins Handeln einzumischen, ja ist daran sogar völlig desinteressiert, insofern er im Handeln nicht mehr als eine einfache, kurzzeitige und transitorische Modifikation sieht, ein winziges Element im „Strom der Formen“, einen Punkt auf der Peripherie des „kosmischen Rades“. Andererseits fungiert er aber als Dreh- und Angelpunkt, um den herum sich das Rad dreht, als Norm, nach der sich alle Bewegung richtet, gerade weil sie selbst nicht an dieser Bewegung teilhat und nicht ausdrücklich in diese eingreifen muss. Alles, was in den Umschwüngen des Rades mit fortgezogen wird, verändert sich und vergeht; allein das besteht dauerhaft, was – mit dem Prinzip vereint – sich unveränderlich im Zentrum hält, unbeweglich wie das Prinzip als solches; und das Zentrum, das in seiner undifferenzierten Einheit durch nichts tangiert werden kann, ist Ausgangspunkt der unbestimmten Vielheit von Modifikationen, die die Gesamtmanifestation ausmachen.

Da allein der vollkommene Weise das Zentrum tatsächlich erreicht hat, sei ergänzend hinzugefügt, dass die vorstehenden Bemerkungen auf Zustand und Funktion dieses Weisen bezogen sind und im strengen Sinne nur für die höchste Stufe der taoistischen Hierarchie gelten. Die anderen Stufen gleichen Vermittlungsstufen zwischen Zentrum und äußerer Welt, und so wie die Speichen des Rades von der Nabe ausgehen und diese mit der Peripherie verbinden, gewährleisten die Vermittlungsstufen die kontinuierliche Übertragung des Einflusses, der vom unveränderlichen Punkt, in dem das „nicht-handelnde Handeln“ ruht, ausströmt. Der Begriff des Einflusses und nicht der des Handelns ist hier eigentlich angebracht. Man könnte auch sagen, dass es sich um eine „aktive Präsenz“ handelt; und sogar die unteren Stufen haben in gewisser Weise an ihr teil, obwohl sie von der Fülle des „Nicht-Handelns“ noch sehr weit entfernt sind. Im Übrigen entgehen die Übermittlungsformen dieses Einflusses notwendigerweise jenen, die nur das Äußere an den Dingen sehen; sie wären dem westlichen Geist (zumal aus denselben Gründen) so wenig verständlich wie die Methoden, die die Erringung verschiedener Stufen der Hierarchie erlauben. Auch wäre es durchaus unnütz, auf die sogenannten „Tempel ohne Türen“, die „Schulen, in denen man nicht unterrichtet“, einzugehen, oder auf die Struktur von Organisationen, die keine jener Charakteristika besitzen, die eine „Gesellschaft“ im europäischen Wortsinn ausmachen; die keine bestimmten äußeren Formen, ja nicht einmal einen Namen besitzen und die trotzdem zwischen ihren Mitgliedern das wirksamste und unauflöslichste Band überhaupt schaffen – mit all dem könnte das westliche Vorstellungsvermögen nichts anfangen, da es mit nichts auch nur annähernd damit Vergleichbarem vertraut ist.

Auf der äußerlichsten Ebene existieren zweifellos Organisationen, die – in die Sphäre des Handelns verwickelt – leichter fassbar erscheinen, obwohl diese so geheim sind wie alle abendländischen Vereinigungen, die den (nicht immer berechtigten) Anspruch erheben, einen solchen Charakter zu besitzen. Diesen Organisationen eignet im Allgemeinen nur eine zeitweilige Existenz. Gebildet zur Verfolgung eines speziellen Ziels, lösen sie sich auf, ohne Spuren zu hinterlassen, sobald ihre Mission erfüllt ist; sie sind bloße Ausläufer anderer wichtigerer und beständigerer Organisationen, von denen sie ihre eigentliche Weisung erhalten, auch wenn deren scheinbare Führer ganz außerhalb der taoistischen Hierarchie stehen. Einige dieser Führer, die in einer teils fernen Vergangenheit eine beträchtliche Rolle gespielt haben, haben im Geist des Volkes Erinnerungen hinterlassen, die sich in Form von Legenden aussprechen: So haben wir die Erzählung vernommen, dass in der Vergangenheit die Meister einer solchen Geheimgesellschaft eine Handvoll Nadeln nahmen, sie auf den Boden warfen, und aus diesen Nadeln lauter voll bewaffnete Soldaten entsprangen. Dies entspricht genau der Geschichte von Kadmos, der die Zähne des Drachens säte; und derlei Legenden, die das gemeine Volk fälschlicherweise nur wörtlich nimmt, verbergen unter ihrer naiv anmutenden Erscheinung eine sehr reale symbolische Bedeutung.

Außerdem stehen die betreffenden Vereinigungen – oder zumindest die äußerlichsten von ihnen – recht häufig in Opposition oder sogar im Konflikt zueinander. Oberflächliche Beobachter werden nicht zögern, aus diesem Sachverhalt einen Einwand gegen das von uns Gesagte zu ziehen und aus ihm zu schließen, dass eine einheitliche Richtung unter solchen Umständen nicht existieren könne. Diese Menschen vergessen allerdings eines, nämlich dass die in Frage stehende Richtung „jenseits“ der von ihnen konstatierten Opposition und nicht in dem Bereich, in dem sie auftritt und für den sie allein Gültigkeit besitzt, liegt. Wenn wir auf derartige Einwände antworten müssten, würden wir uns damit begnügen, an die taoistische Lehre von der Gleichwertigkeit von „ja" und „nein" in der ursprünglichen Undifferenziertheit zu erinnern, und würden – bezüglich der praktischen Umsetzung dieser Lehre – schlicht und ergreifend auf die Geschichte vom Affenzüchter verweisen.

Wir glauben, hiermit genug gesagt zu haben, um verständlich zu machen, dass der reale Einfluss des Taoismus äußerst wichtig sein kann, auch wenn er stets unsichtbar und verborgen geblieben ist. Dinge dieser Art existieren nicht nur in China, doch scheinen sie dort dauerhafter präsent zu sein als irgendwo sonst. Man wird auch verstehen, dass die, die ein Wissen von der Rolle dieser traditionellen Organisationen besitzen, vorsichtig und sehr zurückhaltend sein müssen bei der Beurteilung von Ereignissen, wie sie sich momentan im fernen Osten abspielen; denn solche Ereignisse werden allzu oft durch Vergleich mit Geschehnissen in der westlichen Welt beurteilt, was sie in einem völlig falschen Licht erscheinen lässt. Die chinesische Zivilisation hat in der Vergangenheit ganz andere Krisen durchlaufen und letztlich immer wieder ihr Gleichgewicht gefunden. Schließlich deutet bisher nichts darauf hin, dass die gegenwärtige Krise viel gravierender sei als die vergangenen Krisen; und selbst wenn man annähme, sie sei viel gravierender, so wäre dies immer noch kein Grund zu glauben, dass sie die tiefste und wesentlichste Dimension der Tradition dieser Rasse betrifft. Außerdem ist eine kleine Anzahl von Menschen hinreichend, die Tradition in Zeiten der Verwirrung unversehrt zu bewahren, da derartige Angelegenheiten nicht auf der rohen Gewalt der Menge basieren. Der Konfuzianismus, der lediglich die äußere Seite der Tradition darstellt, kann unter Umständen sogar verschwinden, sollten sich die sozialen Bedingungen bis zu dem Punkt verändern, dass sie die Bildung einer völlig neuen Form erforderlich machen; der Taoismus aber steht jenseits dieser Kontingenzen. Vergessen wir nicht, dass der Weise – jenen taoistischen Lehren zufolge, auf die wir uns bezogen haben – „ruhig im Zentrum des kosmischen Rades verharrt", wie auch immer die Umstände sein mögen, und dass sogar „der Zusammensturz des Universums in ihm keinerlei Regung auslöste".

13. Die islamische Esoterik

Von allen traditionellen Lehren ist die islamische Lehre möglicherweise diejenige, in welcher die Unterscheidung zwischen den zwei komplementären Bereichen, die man als Exoterik und Esoterik bezeichnen kann, am deutlichsten ausgeprägt ist. Bei diesen Bereichen handelt es sich – der arabischen Terminologie zufolge – um *es-shariyah*, d.i. wörtlich der allen gemeinsame „breite Weg", und *el-haqîqah*, d.i. die innere „Wahrheit", die einer kleinen Elite vorbehalten bleibt; dies wohlgemerkt nicht kraft irgendeiner willkürlichen Entscheidung, sondern aufgrund der Natur der Dinge selbst, da nicht jeder die erforderlichen Fähigkeiten oder „Qualifikationen" besitzt, die innere „Wahrheit" zu erkennen. Man hat diese beiden Dimensionen oftmals mit der „Schale" und dem „Kern" (*el-qishr wa el-lobb*) verglichen, um ihren „äußeren" bzw. „inneren" Charakter auszudrücken, oder auch mit einer Peripherie und deren Zentrum. Die *shariyah* umfasst alles, was die abendländische Sprache als eigentlich „religiös" bezeichnen würde, insbesondere den sozialen und legislativen Bereich, der im Islam integraler Bestandteil der Religion ist. Man könnte sagen, dass die *shariyah* zuvörderst eine auf das Handeln bezogene Regel darstellt, während die *haqîqah* reine Erkenntnis ist; doch verleiht wohlgemerkt besagte Erkenntnis der *shariyah* als solcher allererst ihren höheren bzw. tieferen Sinn und ihre eigentliche Daseinsberechtigung, sodass sie – auch wenn nicht alle, die an der Tradition teilhaben, sich dessen bewusst sind – das echte Prinzip der *shariyah* darstellt, analog zum Zentrum in dessen Verhältnis zur Peripherie.

Aber dies ist noch nicht alles: Es lässt sich ferner sagen, dass die Esoterik nicht nur die *haqîqah* umfasst, sondern auch die Mittel, sie zu erreichen. Die Gesamtheit dieser Mittel wird *tarîqah* genannt, „Weg" oder „Pfad", der von der *shariyah* zur *haqîqah* führt. Wenn wir das symbolische Bild von der Peripherie nochmals aufgreifen, so entspricht die *tarîqah* dem Radius, der von der Peripherie zum Zentrum reicht. Wir sehen weiterhin, dass mit jedem Punkt auf der Peripherie ein bestimmter Radius korrespondiert; nun führen alle Radien – und es gibt eine unbestimmte Anzahl derselben – gleichermaßen zum Zentrum. In diesem Sinne lässt sich behaupten, dass die Radien lauter *turuq* („Wege") darstellen, die den jeweiligen Wesen, welche auf den verschiedenen Punkten der Peripherie „verortet" sind, entsprechend der

Verschiedenheit ihrer individuellen Naturen angepasst sind. Deshalb heißt es, dass „die Wege zu Gott so zahlreich sind wie die Seelen der Menschen“ (*et-turuqu ila 'Llahi Ka-nufûsi bani Adam*); die „Wege“ sind also vielfältig und desto unterschiedlicher, je näher sie ihrem Ausgangspunkt auf der Peripherie stehen. Das Ziel aber ist eines, da es nur ein einziges Zentrum und eine einzige Wahrheit gibt. Streng genommen verschwinden die anfänglichen Unterschiede mit der „Individualität“ als solcher (*el-inniyah*, von *ana*, „Ich“). Wenn die höheren Seinszustände erreicht sind und die Attribute (*çifât*) der Kreatur (*el-abd*), die eigentlich bloße Begrenzungen sind, sich auflösen (*el-fanâ* oder das „Erlöschen“), um allein die Attribute *Allahs* (*el-baqâ* oder die „Beständigkeit“) weiter bestehen zu lassen, wird das Wesen in seiner „Personalität“ oder „Essenz“ (*edh-dhât*) mit diesen Attributen Allahs identifiziert.

Die Esoterik – so verstanden, dass sie zugleich *tarîqah* und *haqîqah* als Mittel und Ziel umfasst – wird im Arabischen mit dem allgemeinen Begriff *et-taçawwuf* bezeichnet, den man exakterweise nur mit „Initiation“ übersetzen kann; wir werden später noch darauf zurückkommen. Die Abendländer haben das Wort „Sufismus“ geprägt, um die islamische Esoterik im Speziellen zu benennen (obgleich *taçawwuf* für alle esoterischen und initiatischen Lehren gleich welcher Traditionsform verwendet werden kann). Doch abgesehen davon, dass es lediglich eine völlig konventionelle Benennung darstellt, bringt das Wort „Sufismus“ einen recht unerfreulichen Nachteil mit sich: Seine Endung („-ismus“) beschwört beinah zwangsläufig die Vorstellung von einer Lehre herauf, die einer bestimmten Schule zu eigen sei, obwohl es sich in Wahrheit um nichts dergleichen handelt, da die Schulen hier nur verschiedene *turuq*, d.h. unterschiedliche Methoden, darstellen, ohne dass im Grunde eine doktrinale Differenz zwischen ihnen bestehen kann: Denn „die Lehre von der Einheit ist einzig“ (*et-tawhîdu wâhidun*). Was die Ableitung der Bezeichnungen *taçawwuf* bzw. „Sufismus“ betrifft, so stammen sie offensichtlich vom Wort *çûfî*. Hinsichtlich dieses Wortes ist zunächst folgendes anzumerken: Niemand kann sich jemals selbst als *çûfî* bezeichnen, wenn nicht aus reiner Ignoranz, da er gerade hierdurch zeigt, dass er nicht wirklich ein *çûfî* ist, ist diese Eigenschaft doch notwendigerweise ein „Geheimnis“ (*sirr*) zwischen dem echten *çûfî* und *Allah*. Man kann sich lediglich *mutaçawwuf* nennen – ein Begriff, der sich auf jeden anwenden lässt, der den initiatischen „Weg“ betreten hat, ungeachtet der Frage, bis zu welcher Stufe er gelangt sein mag. Der *çûfî* im eigentlichen Wortsinn ist indessen nur derjenige, der die höchste Stufe erklommen hat. Dem Wort *çûfî* als solchem wird eine Vielzahl von Ursprüngen nachgesagt; aber diese Frage ist von dem Standpunkt aus, von dem man sie zumeist betrachtet, zweifellos unlösbar. Wir gestehen gerne zu, dass dieses Wort zu viele mutmaßliche Etymologien – eine nicht plausibler als die andere – besitzt, als dass nur eine einzige von ihnen wahr sein könne. In Wahrheit muss man in dem Wort vielmehr eine rein symbolische Bezeichnung erblicken, eine Art „Chiffre“, wenn man so will, die als solche strenggenommen keiner sprachlichen Ableitung bedarf; übrigens ist dieser Fall keineswegs einzigartig, findet sich doch Vergleichbares in anderen Traditionen. Was die sogenannten Etymologien anlangt, so betreffen sie im Grunde genommen nur phonetische Ähnlichkeiten, die außerdem – den Gesetzen einer bestimmten Symbolik gemäß – dem Verhältnis zwischen diversen Vorstellungen entsprechen, die sich eher beiläufig um das betreffende Wort herum gruppieren. Trägt man dem Charakter der arabischen Sprache Rechnung (einem Charakter, den sie zumal mit der hebräischen Sprache gemeinsam hat), muss der erste und grundlegende Sinn eines Wortes durch die Zahlen vorgegeben werden; und es ist in der Tat höchst bemerkenswert, dass das Wort *çûfî* durch Addition des Zahlenwertes der Buchstaben, aus denen es gebildet ist, die gleiche Zahl ergibt wie *El-Hekmah el-ilahiyah*, d.h. „die göttliche Weisheit“. Der echte *çûfî* ist also jener, der diese Weisheit besitzt; er ist, in anderen Worten, *el-ârif bi' Llah*, d.h. „jener, der durch Gott erkennt“, da Er nur durch Sich selbst erkannt werden kann. Dies ist die höchste und „vollkommene“ Stufe in der Erkenntnis der *haqîqah*.[138]

[138] In einem Werk über den *taçawwuf*, geschrieben auf Arabisch, allerdings aus einer sehr modernen Perspektive, ließ ein syrischer Autor – er kennt uns übrigens ziemlich schlecht, da er uns für einen „Orientalisten“ hält – es sich angelegen sein, eine ziemlich eigenartige Kritik an uns zu richten: Weil er – wir wissen nicht, weshalb – *eç-çûfiah* anstelle von *çûfî* gelesen hat (in der Sonderausgabe der *Cahiers du Sud* von 1935 über *L'Islam et l'Occident*), bildete er sich ein, unsere Berechnung sei ungenau; daraufhin selbst eine eigene Berechnung erstellend, ist er aufgrund einiger Fehler im Zahlenwert der Buchstaben (diesmal als Äquivalent zu *eç-çûfî*, was noch immer falsch ist) zu *el-hakîm el-ilahî* gekommen, ohne zu bemerken, dass – ein *ye* entspricht zwei *he* – diese Wörter genau dieselbe Summe ergeben wie *el-hekmah el-ilahiyah*! Wir

Aus dem bislang Gesagten können wir einige wichtige Schlussfolgerungen ziehen, und zwar zunächst, dass der „Sufismus" nicht etwas der islamischen Lehre gleichsam nachträglich und von außen „Hinzugefügtes" darstellt, sondern im Gegenteil ein wesentlicher Teil von ihr ist, da sie ohne ihn offensichtlich unvollständig, ja sogar unvollständig „von oben", d.h. bezüglich ihres Prinzips als solchen, wäre. Die völlig haltlose Annahme eines fremden – griechischen, persischen oder indischen – Ursprungs des „Sufismus" wird ferner ausdrücklich durch das Faktum widerlegt, dass die der islamischen Esoterik eigenen Ausdrucksmittel streng an den Aufbau der arabischen Sprache gebunden sind. Und wenn es zweifellos Ähnlichkeiten zu anderswo existierenden Lehren entsprechender Art gibt, so erklären sie sich völlig natürlich, ohne dass die Notwendigkeit bestünde, auf hypothetische „Entleihungen" zu rekurrieren. Da die Wahrheit eine einzige ist, sind alle traditionellen Lehren ihrem Wesen nach – und der Verschiedenheit der Formen, in die sie sich kleiden, zum Trotz – notwendigerweise identisch. Was diese Frage nach dem Ursprung betrifft, so ist kaum relevant, ob das Wort *çûfî* einschließlich seiner Ableitungen (*taçawwuf, mu-taçawwuf*) von Anfang an in der Sprache vorhanden war oder ob es erst in einer späteren Epoche aufgetaucht ist – ein großes Diskussionsthema unter Historikern. Die Sache kann sehr wohl vor dem Wort existiert haben, entweder unter einer anderen Bezeichnung oder sogar ohne dass überhaupt ein Bedürfnis verspürt wurde, ihr einen Namen zu verleihen. In jedem Falle – und dies muss genügen, die Frage für jeden auszuräumen, der die Dinge nicht einfach „von außen" betrachtet – weist die islamische Tradition ausdrücklich darauf hin, dass Esoterik wie Exoterik ihren Ursprung unmittelbar in der Lehre des Propheten selbst haben und dass jede authentische und reguläre *tarîqah* eine *silsilah* bzw. „Kette" initiatischer Überlieferung besitzt, die – vermittels einer mehr oder

---

wissen nur zu gut, dass das *abjad* (Alphabet) im gegenwärtigen Bildungskanon ignoriert wird, der bloß noch die grammatische Anordnung der Buchstaben kennt. Bei jemandem, der dann allerdings noch den Anspruch erhebt, derlei Fragen zu behandeln, übersteigt die Ignoranz jedoch die gerade noch akzeptablen Grenzen ... Wie dem auch sei – *el-hakîm el-ilahî* und *el-hekmah el-ilahiyah* haben im Grunde dieselbe Bedeutung; ersterer Begriff ist allerdings eher ungewöhnlich, während der zweite demgegenüber, wie wir angedeutet haben, ganz traditionell ist.

weniger großen Anzahl von Zwischengliedern – letztlich immer auf den Propheten zurückgeht. Auch wenn später einige *turuq* in der Tat manche Einzelheiten ihrer jeweiligen Methoden „entliehen", oder besser gesagt „adaptiert", haben (obwohl sogar noch hier die Ähnlichkeiten sich gut aus dem Besitz derselben Kenntnisse erklären lassen, besonders mit Blick auf die „Wissenschaft vom Rhythmus" in ihren verschiedenen Zweigen), so ist dies nur von untergeordneter Relevanz und berührt keinesfalls das Wesentliche. In Wahrheit ist der „Sufismus" so arabisch wie der Koran selbst, in dem er seine direkten Prinzipien hat. Um diese freilich dort zu finden, muss der Koran gemäß denjenigen *haqaiq*, die seinen tieferen Sinn bilden, verstanden und interpretiert werden, und nicht bloß vermittels der linguistischen, logischen und theologischen Verfahren der *ulamâ ez-zâhir* (wörtlich: „Gelehrte des Äußeren") bzw. der Doktoren der *shariyah*, deren Kompetenz sich nur auf den exoterischen Bereich erstreckt. Es handelt sich hier nämlich um zwei klar voneinander geschiedene Bereiche, weshalb zwischen ihnen auch niemals ein Widerspruch oder ein echter Konflikt bestehen kann. Außerdem ist evident, dass man in keiner Weise die Exoterik der Esoterik entgegensetzen kann, da diese ihre Basis und ihren Ausgangspunkt notwendigerweise in jener findet und beide lediglich zwei Aspekte oder Anblicke ein und derselben Lehre darstellen.

Nächstdem müssen wir anmerken, dass – entgegen einer derzeit bei Abendländern allzu weit verbreiteten Meinung – die islamische Esoterik nichts mit „Mystik" gemein hat; die Gründe hierfür sind auf Basis dessen, was wir bis jetzt dargelegt haben, leicht einzusehen. Zunächst einmal scheint die Mystik in Wirklichkeit dem Christentum eigen zu sein; lediglich aufgrund irriger Vergleiche kann man vorgeben, in anderen Traditionen mehr oder weniger genaue Entsprechungen zu finden. Ursache dieses Irrtums sind sicherlich irgendwelche rein äußerlichen Ähnlichkeiten in der Verwendung bestimmter Ausdrücke; indes können sie den Irrtum keinesfalls rechtfertigen, wo doch Unterschiede bestehen, die das Wesentliche betreffen. Die Mystik gehört *per definitionem* ganz und gar dem religiösen Bereich an, ist also schlicht und einfach Teil der Exoterik; darüber hinaus ist das von ihr angestrebte Ziel gewiss weit von der reinen Erkenntnis entfernt. Im Übrigen kann der Mystiker über keinerlei Methode verfügen, da er eine „passive" Haltung einnimmt und sich folglich darauf beschränkt, das zu empfangen, was ihm gewissermaßen spontan und ohne jegliche Eigeninitiative zuteilwird. Es kann also keine mystische *tarîqah* geben, ja eine solche ist schlicht undenkbar, weil in sich widersprüchlich. Weiterhin hat der Mystiker – stets ein Vereinzelter, und zwar schon aufgrund des „passiven" Charakters seiner „Verwirklichung" – weder einen *sheikh* bzw. „spirituellen Meister" (der recht verstanden durchaus nichts gemeinsam hat mit einem „Seelsorger" im religiösen Sinne) noch eine *silsilah* bzw. „Kette", durch die ihm ein „geistiger Einfluss" (wir verwenden dieses Wort, um möglichst exakt die Bedeutung des arabischen Terminus *barakah* wiederzugeben) übermittelt würde, wobei letzterer Sachverhalt sich unmittelbar aus ersterem ergibt. Die ordnungsgemäße Übertragung des „geistigen Einflusses" ist es aber, was die „Initiation" ihrem Wesen nach charakterisiert bzw. was sie eigentlich ausmacht; eben deshalb haben wir dieses Wort weiter oben zur Übersetzung von *taçawwuf* verwendet. Die islamische Esoterik ist – wie jede echte Esoterik – „initiatisch" und kann nichts anderes sein. Und selbst wenn wir uns nicht in die Frage nach den unterschiedlichen Zielen vertiefen – die aus den unterschiedlichen Bereichen, auf die sie sich jeweils beziehen, resultieren –, können wir sagen, dass der „mystische Weg" und der „initiatische Weg" qua ihres jeweiligen Charakters völlig inkompatibel sind. Muss man noch hinzufügen, dass es im Arabischen überhaupt kein Wort gibt, mit dem man „Mystik" auch nur annähernd übersetzen könnte, da die Vorstellung, die sich darin ausspricht, der islamischen Tradition völlig fremd ist?

Das Wesen der initiatischen Lehre ist rein metaphysisch im echten und ursprünglichen Sinne des Wortes. Indes beinhaltet sie im Islam – wie auch in anderen Traditionsformen – aufgrund gewisser Anwendungen auf diverse kontingente Bereiche noch eine ganze Anzahl „traditioneller Wissenschaften". Diese Wissenschaften sind den metaphysischen Prinzipien, von denen sie abhängen bzw. denen sie entstammen, gleichsam angegliedert; sie gewinnen aus dieser Rückbindung bzw. den „Umsetzungen", die sie erlaubt, ihren eigentlichen Wert und sind hierdurch – obwohl von sekundärem bzw. untergeordnetem Rang – integraler Bestandteil der Lehre als solcher, keinesfalls künstliche oder überflüssige Hinzufügungen. Dieser Sachverhalt mag für Abendländer besonders schwer verständlich sein, namentlich weil sie diesbezüglich keinen entsprechenden Vergleichspunkt in ihrer eigenen Zivilisation finden können. Gleichwohl gab es derartige

Wissenschaften auch im Westen, d.h. in der Antike und im Mittelalter; doch sind sie bei den modernen Menschen, die die wahre Natur dieser Wissenschaften verkennen und sich häufig noch nicht einmal über ihre Existenz im Klaren sind, völlig in Vergessenheit geraten. Vor allem verstehen jene, die Esoterik mit Mystik verwechseln, nicht, worin die Rolle solcher Wissenschaften bestehen kann, spiegeln diese doch offenbar Erkenntnisse wider, die von den Anliegen eines Mystikers weit entfernt sind und deren Eingliederung in den „Sufismus" demnach ein unlösbares Rätsel für sie darstellen muss. Von solch traditioneller Art ist die Wissenschaft der Zahlen und Buchstaben, von der wir bei der Interpretation des Wortes *çûfî* bereits oben ein Beispiel gegeben haben und die sich in vergleichbarer Form nur in der hebräischen *qabbalah* wiederfindet, nämlich aufgrund der engen Verwandtschaft der Sprachen, die jeweils als Ausdrucksmittel dieser beiden Traditionen dienen – Sprachen, deren tiefere Kenntnis selbst allererst durch besagte Wissenschaft möglich wird. Traditionell sind auch die verschiedenen „kosmologischen" Wissenschaften, die zur sogenannten „Hermetik" gehören; diesbezüglich ist anzumerken, dass die Alchemie nur von den Unwissenden, für die die Symbolik nicht mehr ist als der tote Buchstabe, in einem „materiellen" Sinne aufgefasst wird – von eben jenen Menschen mithin, die von den echten Alchemisten des abendländischen Mittelalters mit Namen wie „Kohlebläser" oder „Kohlebrenner" gebrandmarkt wurden und die die echten Vorläufer der modernen Chemie darstellen, so unrühmlich dieser Ursprung für sie auch sein mag. Desgleichen ist die Astrologie – eine weitere kosmologische Wissenschaft – in Wirklichkeit etwas völlig anderes als die „divinatorische Kunst" oder die „spekulative Wissenschaft", welche die Modernen in ihr einzig und allein erblicken wollen. Sie bezieht sich nämlich zuallererst auf die Erkenntnis der „zyklischen Gesetze", die in allen traditionellen Lehren eine gewichtige Rolle spielen. Es besteht im Übrigen eine gewisse Korrespondenz zwischen all diesen Wissenschaften, die aufgrund des Umstandes, dass sie wesensmäßig allesamt aus denselben Prinzipien hervorgehen, gleichsam als unterschiedliche Verkörperungen von ein und derselben Sache gelten können: So übersetzen Astrologie, Alchemie und sogar die Wissenschaft der Buchstaben gewissermaßen nur ein und dieselben Wahrheiten in für verschiedene Wirklichkeitsebenen geeignete Sprachen, wobei diese Wirklichkeitsebenen durch das Gesetz der universellen Analogie – die

Basis aller symbolischen Entsprechungen – unter sich vereint sind. Und kraft derselben Analogie finden diese Wissenschaften durch passende Umsetzung ihre Anwendung auf den Bereich des „Mikrokosmos“ genauso wie auf den des „Makrokosmos“; der initiatische Prozess ahmt nämlich in all seinen Phasen den kosmologischen Prozess als solchen nach. Um ein volles Bewusstsein von all diesen Korrelationen zu gewinnen, muss man allerdings eine sehr hohe Stufe in der initiatischen Hierarchie errungen haben – namentlich jene Stufe, welche als die des „roten Sulphur“ (*el-Kebrît el ahmar*) bezeichnet wird. Wer diese Stufe erlangt hat, kann mittels der *simiâ* genannten Wissenschaft (ein Wort, dass nicht mit *Kimiâ* zu verwechseln ist) – indem er gewisse Wandlungen der Buchstaben und Zahlen herbeiführt – auf diejenigen Wesen und Dinge einwirken, die ihr (d.h. dieser Stufe) auf kosmischer Ebene entsprechen. Der *jafr*, welcher der Tradition zufolge seinen Ursprung keinem anderen als Alî ibn Abî Tâlib selbst verdankt, ist eine Anwendung derselben Wissenschaften auf die Vorhersage zukünftiger Ereignisse; und diese Anwendung, bei der natürlich die gerade erwähnten „zyklischen Gesetze“ ins Spiel kommen, weist für den, der sie zu verstehen und zu interpretieren weiß, die volle Strenge einer exakten und mathematischen Wissenschaft auf (denn sie verfügt über eine Art „Kryptographie“, die im Grunde nicht erstaunlicher ist als die algebraische Schreibweise). Man könnte noch weitere „traditionelle Wissenschaften“ anführen; und manche von ihnen würden dem nicht mit ihnen Vertrauten vielleicht noch fremder erscheinen. Doch müssen wir uns mit dem Gesagten begnügen, da alles andere den Rahmen dieser Darlegung sprengen würde, bei der wir uns ja strikt an Fragen allgemeiner Art halten wollen.

Zu guter Letzt sei noch eine abschließende Beobachtung hinzugefügt, die zum Verständnis des eigentlichen Charakters der initiatischen Lehre von erheblicher Relevanz ist: Diese Lehre hat nichts mit „Gelehrtheit“ zu tun und man kann sie sich keinesfalls – wie etwa gewöhnliche und „profane“ Kenntnisse – durch Lektüre von Büchern aneignen. Sogar die Schriften der größten Meister können lediglich als „Hilfsmittel“ zur Meditation dienen. Man wird nicht zu einem *mutaçawwuf*, indem man allein derartige Schriften gelesen hat; außerdem bleiben diese den „Unqualifizierten“ zumeist ohnehin unverständlich. Zunächst muss man gewisse angeborene Dispositionen bzw. Eignungen besitzen, die keine Anstrengung ersetzen kann; es bedarf ferner des Anschlusses an eine reguläre *silsilah*, da – wie bereits erwähnt – die Übertragung des „geistigen Einflusses", die durch diesen Anschluss ermöglicht wird, die notwendige Bedingung darstellt, ohne die es keine Initiation – noch nicht einmal auf der elementarsten Stufe – gibt. Diese Übertragung, die ein für allemal erworben wird, muss Ausgangspunkt einer rein inneren Arbeit sein, für die alle äußeren Mittel lediglich Hilfen bzw. Stützen sein können – notwendige freilich, insofern man der faktischen Natur des Menschen Rechnung trägt. Einzig und allein durch diese innere Arbei vermag ein menschliches Wesen sich Stufe um Stufe zu erheben – wenn es dazu in der Lage ist, bis zum Gipfel der initiatischen Hierarchie, der „höchsten Identität", dem schlechterdings immerwährenden und unbedingten Zustand jenseits der Begrenzungen aller kontingenten und transitorischen Existenz: dem Zustand des wahren *çûfî*.

14. Die Künste und ihre traditionelle Auffassung

Wir haben oftmals betont, dass die profanen Wissenschaften nur das Produkt einer verhältnismäßig jungen Degeneration darstellen, welche dem Nicht-mehr-Verstehen der vormals traditionellen Wissenschaften – oder genauer: manchen von ihnen, sind andere doch gänzlich der Vergessenheit anheimgefallen – geschuldet ist. Was diesbezüglich auf die Wissenschaften zutrifft, besitzt auch für die Künste Gültigkeit, zumal der Unterschied zwischen Wissenschaften und Künsten in früheren Zeiten weit weniger deutlich akzentuiert war als heute. Das lateinische Wort *artes* bezeichnete mitunter auch Wissenschaften und die sogenannten „freien Künste" des Mittelalters beinhalten Gegenstände, die heutzutage teils unter die eine, teils unter die andere Kategorie subsumiert würden. Allein diese Bemerkung wäre bereits hinreichend um zu zeigen, dass Kunst etwas anderes war als das, was man heutzutage darunter versteht und dass sie eine echte Erkenntnis mit einbegriff, mit der sie gewissermaßen eine Einheit bildete; diese Erkenntnis war offenbar von gleicher Art wie die der traditionellen Wissenschaften.

Nur vor diesem Hintergrund wird verständlich, dass in manchen initiatischen Organisationen des Mittelalters wie etwa bei den „Getreuen der Liebe" die sieben „freien Künste" in eine Entsprechung zu den sieben „Himmeln" gebracht wurden, d.h. zu den Stufen, die mit den verschiedenen Initiationsgraden identifiziert wurden.[139] Somit mussten die Künste – wie auch die Wissenschaften – für eine solche Übertragung, die ihnen eine genuin esoterische Bedeutung verlieh, geeignet erscheinen. Tatsächlich ermöglicht das Wesen traditioneller Erkenntnis als solcher eine derartige Übertragung. Diese Erkennntis – von welcher Art sie auch sei – bleibt nämlich stets an transzendente Prinzipien rückgebunden und ist von genuin symbolischer Bedeutung, insofern sie sich auf die zwischen verschiedenen Wirklichkeitsebenen bestehenden Korrespondenzen gründet. Es sei jedoch betont, dass diese symbolische Dimension besagter Erkennntis keineswegs nur akzidentell zukommt, sondern im Gegenteil sogar das tiefere Wesen jeder normalen und legitimen Erkenntnis ausmacht, was als solches den Wissenschaften und Künsten ursprünglich

[139] Vgl. *L'Esotérisme de Dante*, 10-15.

innewohnt und in eben dem Maße in ihnen fortbesteht, wie sie noch nicht von ihren Prinzipien abgewichen sind.

Dass die Künste von diesem Standpunkt aus betrachtet werden können, wird nicht wundernehmen, wenn man vergegenwärtigt, dass die Handwerke in ihrer traditionellen Konzeption selbst als Basis für eine Initiation dienen – was wir in einem unserer Aufsätze dargelegt haben.[140] Obendrein müssen wir diesbezüglich an das bereits Gesagte erinnern, nämlich dass die Unterscheidung zwischen Künsten und Handwerken als genuin modern und lediglich als Folge jener Degeneration anzusehen ist, die den profanen Standpunkt aufkommen ließ; einen Standpunkt, der an und für sich einer Verneinung des traditionellen Geistes als solchen gleichkommt. Ob es sich nun um Kunst oder Handwerk handle – in gewissem Maße ging es bei beiden stets um die Anwendung und Realisierung gewisser höherer Erkenntnisse, die mit der initiatischen Erkenntnis stufenweise verbunden waren. Außerdem wurde auch die unmittelbare Umsetzung initiatischer Erkenntnis als Kunst bezeichnet; Ausdrücke wie „priesterliche Kunst“ und „königliche Kunst“, die sich auf die „großen Mysterien“ und die „kleinen Mysterien“ beziehen, zeugen hiervon unmissverständlich.

Wenn wir nun die Künste betrachten und diesem Wort eine begrenztere und zugleich gebräuchlichere Bedeutung zuweisen, nämlich die der „schönen Künste“, so müssen wir eingedenk des Vorausgegangenen sagen, dass jede von ihnen eine Art symbolischer, dem Ausdruck gewisser Wahrheiten angemessene, Sprache schaffen muss, und zwar sowohl vermittels visueller, als auch vermittells auditiver bzw. akustischer Formen – daher ihre übliche Unterteilung in zwei Gruppen, d.h. in „plastische Künste“ und in „phonetische Künste“. In früheren Studien haben wir dargelegt, dass diese Unterscheidung – gleich jener zwischen zwei korrespondierenden Arten des Ritus, die sich desgleichen auf die genannten beiden Kategorien symbolischer Formen gründen – sich ursprünglich auf die Differenz bezieht, die zwischen den Traditionen sesshafter und nomadischer Völker besteht.[141] Möge es sich übrigens um Künste der einen oder der anderen Gattung

---

140 Vgl. „L'Initiation et les métiers“ in: *Mélanges*.

141 Vgl. „Cain et Abel“ in: *Le Règne de la quantité et les signes des temps*, Kap. XXI sowie „Le rite et le symbole“ in: *Aperçus sur l'initiation*, Kap. XVI.

handeln – allgemein betrachtet ist schlicht zu konstatieren: Je traditionsgebundener die jeweilige Zivilisation ist, aus der die Künste erwachsen sind, desto symbolischer sind sie. Denn ihr eigentlicher Wert liegt weniger in ihnen selbst als vielmehr darin, dass sie Ausdrucksmöglichkeiten jenseits der gewöhnlichen Sprache bieten. Anders gesagt sind die Produkte solcher Künste zuallererst dazu bestimmt, als „Hilfsmittel" für die Meditation, als „Ausgangspunkt" für eine möglichst tiefe und umfassende Erkenntnis zu dienen. Genau dies ist der Daseinsgrund aller Symbolik;[142] und alles muss bis ins kleinste Detail durch diesen Zweck bestimmt und ihm untergeordnet sein. Keinesfalls ist hier Raum für irgendwelche unnützen Hinzufügungen, die jeglicher Bedeutung beraubt wären oder eine rein „dekorative" bzw. „ornamentale" Rolle zu spielen hätten.[143]

Man wird bemerken, wie weit eine derartige Konzeption von allen modernen und profanen Theorien entfernt ist, z.B. jener der „art pour l'art", die im Grunde darauf hinausläuft zu behaupten, dass Kunst nur dann Kunst sei, wenn sie nichts bedeute; oder von der Theorie der „moralistischen" Kunst, die vom Gesichtspunkt der Erkenntnis aus betrachtet freilich auch nicht mehr wert ist. Die traditionelle Kunst ist sicherlich kein „Spiel" – um hier einen gewissen Psychologen so teuren Ausdruck zu verwenden – oder Mittel, um dem Menschen bloß eine Art besonderes Vergnügen zu bereiten, das als „höheres" eingestuft wird, ohne dass man recht eigentlich wüsste, weshalb. Denn wenn es sich nur um ein Vergnügen handelt, geht es nicht über rein individuelle Vorlieben hinaus, zwischen denen sich logischerweise keinerlei Hierarchie etablieren lässt. Ferner ist traditionelle Kunst auch keine leere und sentimentale Deklamation; hierfür wäre die gewöhnliche Sprache gewiss mehr als hinreichend, weshalb überhaupt keine Notwendigkeit bestünde, auf irgendwelche mysteriösen bzw. enigmatischen Formen zurückzugreifen, die in jedem Falle sehr viel komplizierter wären als das, was sie eigentlich auszudrücken suchten. Und weil man hierauf

---

142 Dies meint der hinduistische Begriff *pratîka*, der ebensowenig ein „Idol" wie ein Produkt der individuellen Imagination oder Phantasie bezeichnet; diese beiden – in gewissem Sinne gegensätzlichen – westlichen Interpretationen sind gleichermaßen falsch.

143 Die Entartung gewisser Symbole zu ornamentalen Motiven ist – dem Nicht-mehr-Verstehen ihres Sinnes geschuldet – eines der charakteristischen Merkmale der profanen Abweichung.

nicht genug insistieren kann, sei nebenbei an die vollkommene Nichtigkeit der „moralischen“ Interpretationen erinnert, die manche von jeder Symbolik zu geben beanspruchen, einschließlich der genuin initiatischen Symbolik: Wenn es sich wirklich nur um vergleichbare Banalitäten handeln würde, ist nicht verständlich, warum man immer darauf bedacht war, sie irgendwie zu „verschleiern“. Wäre es dann nicht sogar angemessener, ganz einfach zu behaupten, dass es in Wirklichkeit weder Symbolik noch Initiation gibt?

Vor dem Hintergrund vorstehender Bemerkungen kann man sich nun fragen, von welchen der verschiedenen traditionellen Wissenschaften die Künste am unmittelbarsten abhängen; was natürlich nicht ausschließt, dass sie auch zu anderen Wissenschaften in mehr oder weniger engem Bezug stehen, bleibt hier doch alles notwendigerweise auf die zugrundeliegende Einheit der Doktrin rückbezogen, die durch die Vielzahl ihrer Anwendungen nicht zerstört, ja noch nicht einmal berührt werden kann. Die Vorstellung von streng „spezialisierten“ und gänzlich voneinander getrennten Wissenschaften ist offensichtlich antitraditionell, insofern sich ein prinzipieller Mangel in ihr ausspricht und sie charakteristisch ist für den „analytischen“ Geist, der die profanen Wissenschaften motiviert und beherrscht, während jeder traditionelle Standpunkt nur wesenhaft „synthetisch“ sein kann. Eindegenk dieses Vorbehaltes lässt sich sagen, dass der gemeinsame Grund aller Künste prinzipiell in der Anwendung der Wissenschaft vom Rhythmus in ihren verschiedenen Formen liegt – einer Wissenschaft, die als solche unmittelbar mit der Zahlenkunde zusammenhängt. Bei dieser Zahlenkunde handelt es sich wohlgemerkt nicht um die profane Arithmetik, wie etwa die Modernen sie auffassen, sondern um etwas, dessen bekannteste Beispiele man in der Kabbala und im Pythagoreismus findet, wozu jedoch – in verschiedener Form und unterschiedlich stark ausgeprägt – in allen traditionellen Lehren Äquivalente existieren.

Das soeben Ausgeführte mag vor allem im Falle der phonetischen Künste evident erscheinen, deren Produkte stets durch eine Gesamtheit von in der Zeit sich ausfaltenden Rhythmen konstituiert werden; und die Dichtung verdankt ihren rhythmischen Charakter dem Umstand, dass sie ursprünglich die rituelle Ausdrucksweise der „Sprache der Götter“ oder der „heiligen

Sprache“ *par excellence* war[144] – eine Funktion, von der sie sich sogar bis in die jüngere Vergangenheit, als die „Literatur“ noch nicht erfunden war, etwas bewahrt hatte.[145] Mit Blick auf die Musik braucht man besagte Basis kaum eigens hervorzuheben, da ihr numerisches Fundament sogar von den Modernen noch anerkannt wird, wenn auch in verfälscher Weise, da auch die Musik ihren traditionellen Grundlagen verlustig gegangen ist. In früheren Zeiten konnten – wie man besonders deutlich im fernen Osten sieht – nur solche Modifikationen in die Musik eingebracht werden, die in Übereinstimmung mit bestimmten Veränderungen standen, die sich den periodischen Zyklen gemäß im Weltzustand selbst ereigneten. Denn die musikalischen Rhythmen waren zugleich eng mit der menschlichen bzw. sozialen sowie mit der kosmischen Ordnung verbunden, ja drückten in gewisser Weise gerade die Bezüge zwischen diesen Ordnungen aus. Das pythagoreische Konzept der „Sphärenharmonie“ gehört zu eben dieser Art von Vorstellungen.

Mit Blick auf die plastischen Künste, deren Produkte sich in der Ausdehnung des Raumes entfalten, mag das Gesagte nicht unmittelbar einleuchtend erscheinen, ist diesbezüglich aber nicht weniger streng gültig. Der Rhythmus ist hier sozusagen nur in seiner Simultanität fixiert, anstatt sich wie im vorigen Fall sukzessiv zu entfalten. Dies wird vor allem dann kenntlich, wenn man bemerkt, dass innerhalb dieser zweiten Gruppe die Architektur als die typische und grundlegende Kunst gelten muss, von der die anderen Künste wie Skulptur und Malerei letztlich – zumindest bezüglich ihrer ursprünglichen Bestimmung – völlig abhängig bleiben. In der Architektur drückt sich der Rhythmus nun unmittelbar in den Proportionen aus, die zwischen den verschiedenen Teilen des Ganzen bestehen; ferner in den geometrischen Formen, die – von unserem Standpunkt aus betrachtet –

---

144 Vgl. „La Langue des Oiseaux“ in: *Symboles fondamentaux de la science sacrée*, 75.

145 Es ist ziemlich merkwürdig, dass die modernen „Gelehrten“ es dahin gebracht haben, dieses Wort „Literatur“ unterschiedslos auf alles anzuwenden, sogar auf heilige Schriften, die sie unter demselben Titel und mit denselben Methoden wie andere Schriften zu studieren trachten. Und wenn sie – die Bedeutung der Dichtung bei den Alten völlig verkennend – von „biblischen Gedichten“ oder „vedischen Gedichten“ sprechen, so liegt ihre Intention wiederum darin, alles auf das rein Menschliche zu reduzieren.

letzten Endes nur räumliche Übersetzungen der Zahlen und ihrer Verhältnisse sind.[146] Offensichtlich muss auch hier die Geometrie in einer ganz anderen Weise aufgefasst werden als die profanen Mathematiker sie betrachten; und das verglichen mit diesen Mathematikern hohe Alter der Geometrie widerlegt jene, die dieser Wissenschaft einen „empirischen" und utilitaristischen Ursprung zuschreiben wollen. Wir haben hier nicht zuletzt ein Beispiel für die Art und Weise vor uns, in der – wie weiter oben erwähnt wurde – die Wissenschaften vom traditionellen Standpunkt aus wechselseitig miteinander verknüpft sind, und zwar in einem solchen Ausmaß, dass man sie verschiedentlich nur als Ausdrücke von ein und denselben Wahrheiten in unterschiedlichen Sprachen ansehen konnte – was freilich eine völlig natürliche Konsequenz des „Gesetzes der Entsprechungen", dem Fundament aller Symbolik, darstellt.

Diese Bemerkungen, so summarisch und unvollständig sie sein mögen, sind zumindest hinreichend, um den wesentlichsten Aspekt in der traditionellen Konzeption der Künste, d.i. jene Dimension, die sie am tiefsten von der profanen Auffassung unterscheidet, verständlich zu machen – sowohl hinsichtlich ihrer Basis, insofern sie Anwendungen bestimmter Wissenschaften sind, als auch hinsichtlich ihrer Bedeutung, insofern sie verschiedene Ausprägungen einer Symbolsprache sind, sowie nicht zuletzt hinsichtlich ihrer Bestimmung, insofern sie Mittel darstellen, dem Menschen die Annäherung an die wahrhafte Erkenntnis zu erleichtern.

---

[146] An dieser Stelle ist anzumerken, dass der „Geometer-Gott" Platons mit Apollon identisch ist, der allen Künsten vorsteht. Dies – übrigens direkt dem Pythagoreismus entlehnt – hat eine besondere Bedeutung hinsichtlich der Frage nach der Herkunft gewisser traditioneller griechischer Lehren und deren Verbindung zu einem „hyperboräischen" Ursprung.

15. Die Bedeutung von „Folklore“[147]

Der Begriff Folklore, wie er für gewöhnlich verstanden wird, beruht auf einer grundsätzlich falschen Vorstellung; auf der Vorstellung nämlich, dass Folklore eine „Schöpfung des Volkes“, ein spontanes Produkt der Volksmassen, sei. Was hier sofort ins Auge springt, ist die enge Verbundenheit einer derartigen Sichtweise mit den demokratischen Vorurteilen. Wie treffend bemerkt wurde, „liegt das eigentlich Interessante aller sogenannten ‚volkstümlichen‘ Traditionen in erster Linie darin, dass diese ganz und gar nicht volkstümlichen Ursprungs sind“. Und wir fügen hinzu, dass wenn es sich dabei, und dies ist zumeist der Fall, um traditionelle Elemente im eigentlichen Sinne des Wortes und um Dinge von genuin symbolischer Bedeutung – auch wenn diese bisweilen deformiert, unvollständig oder fragmentarisch vorliegen – handelt, all dies – weit davon entfernt, volkstümlichen Ursprungs zu sein – sogar noch nicht einmal menschlichen Ursprungs ist. „Volkstümlich“ kann allein die Tatsache ihres „Fortbestehens“ sein, nämlich wenn diese Elemente zu verschwundenen Traditionsformen gehören; und in dieser Hinsicht kommt dem Terminus „Folklore“ eine dem Begriff „Paganismus“ recht ähnliche Bedeutung zu, jedenfalls wenn wir lediglich dessen etymologische Bedeutung berücksichtigen und weniger die polemische und abfällige Intention, die mit der Verwendung dieses Wortes in der Regel verknüpft ist.

Das Volk bewahrt demnach unwissentlich Bruchstücke alter Traditionen, die mitunter sogar bis in eine so ferne Vergangenheit zurückreichen, die genauer zu bestimmen unmöglich ist, weshalb man sich zumeist damit begnügt, sie dem dunklen Bereich der „Prähistorie“ zuzuordnen. Dem Volk kommt diesbezüglich also die Rolle einer Art von unbewusstem, kollektivem Gedächtnis zu, dessen Inhalt sich offensichtlich aus anderen Quellen speist. In diesem Sinne nimmt es eine wesenhaft lunare Funktion ein und es ist anzumerken, dass – der in vielen Traditionen präsenten Lehre von den astralen Entsprechungen gemäß –

[147] [Bei diesem Text handelt es sich über weite Strecken um einen Teil von Guénons Aufsatz „Le Saint Graal“ (in: *Symboles fondamentaux de la science sacrée*), der in vorliegender Form auf Italienisch in der Zeitschrift *Diorama Filosofico* erschienen ist. Es ist diese italienische Fassung, die unserer Übersetzung zugrunde liegt. – FH]

die Volksmasse mit dem Mond korrespondiert, was sehr treffend ihren rein passiven Charakter anzeigt, unfähig zur Initiative und Spontaneität.

Geht man nun den Dingen näher auf den Grund, so wird man erstaunlicherweise feststellen, dass das derart Bewahrte in mehr oder weniger verhüllter Form eine beträchtliche Anzahl von Gehalten esoterischer Art, die sich auf eine Ebene transzendenter Erkenntnis beziehen, enthält – also folglich genau das, was wesenhaft nicht „volkstümlich" ist. Dieses Faktum legt von sich aus eine Erklärung nahe; wir beschränken uns hier darauf, sie in wenigen Worten darzulegen. Wenn eine Traditionsform am Punkt ihres Erlöschens angelangt ist, können ihre Repräsentanten dem kollektiven Gedächtnis, von dem wir gesprochen haben, aus freien Stücken gewisse Elemente anvertrauen, die andernfalls unwiederbringlich verloren gingen. Dies ist kurzum die einzige Weise, das zu retten, was überhaupt gerettet werden kann. Gleichzeitig liefert das natürliche Unverständnis der Massen eine hinreichende Garantie dafür, dass die Gehalte esoterischer Art hierdurch nicht verloren gehen, sondern nur gleichsam als Zeugnis der Vergangenheit für jene erhalten bleiben, die in einer anderen Epoche fähig sein werden, sie zu verstehen.

Was die Symbolik anlangt, so können wir nicht oft genug wiederholen, dass jedes echte Symbol eine Vielzahl von Sinngehalten in sich trägt, und zwar von Anfang an, da es nicht kraft menschlicher Übereinkunft gebildet wird, sondern kraft des „Gesetzes der Entsprechung", das alle Welten miteinander verbindet. Wenn nun manche Menschen dieser Bedeutungen gewahr werden und andere nicht oder nur teilweise, so heißt das nicht, dass diese Bedeutungen in letzterem Falle tatsächlich weniger im betreffenden Symbol enthalten wären, sondern dass die ganze Differenz sich auf den „geistigen Horizont" eines jeden bezieht. Was immer man vom profanen Standpunkt aus darüber denken mag – die Symbolik ist eine exakte Wissenschaft, keine Ausschweifung, bei der den individuellen Phantasien freien Lauf gelassen werden könnte.

In dieser Hinsicht glauben wir folglich auch nicht an die „Erfindungen der Dichter", auf die viele Menschen gewissermaßen alles zurückzuführen suchen. Solche Erfindungen berühren kaum das Wesentliche, ja verstellen es lediglich – ob willentlich oder unwillentlich –, indem sie es in den trügerischen Schein irgendeiner „Fiktion" einhüllen: Und wenn sie überhandnehmen, verstellen sie es bisweilen so sehr, dass es schier unmöglich wird, noch den tieferen und ursprünglichen Sinn zu entdecken. Ist bei den Griechen die Symbolik nicht zur „Mythologie“ entartet? Diese Gefahr ist vor allem dann zu befürchten – und es ist offenkundig, dass dieser Fall eintreten kann –, wenn der Dichter kein Bewusstsein vom wirklichen Wert der Symbole hat. Die Fabel vom „Esel, der die Reliquien trägt“, gilt hier ebenso wie in vielen anderen Fällen. Und der Dichter wird mithin eine Rolle spielen analog zu der des profanen Volkes, das unwissentlich Gehalte höherer, d.h. „esoterischer“, Natur bewahrt und überliefert.

Quellennachweise

1. La métaphysique orientale (Vortrag an der Sorbonne vom 17.12.1925, als eigenständige Veröffentlichung 1939 erschienen)
2. Que faut-il entendre par tradition?, in: *Introduction générale à l'étude des doctrines hindoues* (1921)
3. Tradition et religion, in: *Introduction générale à l'étude des doctrines hindoues* (1921)
4. Caractères essentiels de la métaphysique, in: *Introduction générale à l'étude des doctrines hindoues* (1921)
5. Pour un humanisme nouveau, in: *Cahiers de Foi et Vie* (März 1930), erneut publiziert in: *Cahiers de l'Unité*, Vol. 1 (2016)
6. L'esprit de l'Inde, in: *Le Monde Nouveau* (Juni 1930), später aufgenommen in: *Etudes sur l'Hindouisme* (1966)
7. Sanâtana Dharma, in: *Cahiers du Sud* (1949, Sonderausgabe *Approches de l'Inde*), später aufgenommen in: *Etudes sur l'Hindouisme* (1966)
8. A propos du rattachement initiatique, in: *Études Traditionelles* (Januar/Februar/März 1947), später aufgenommen in: *Initiation et réalisation spirituelle* (1952)
9. Voie initiatique et voie mystique, in: *Aperçus sur l'initiation* (1946)
10. Le Verbe et le symbole, in: *Regnabit* (Januar 1926), später aufgenommen in: *Symboles fondamentaux de la science sacrée* (1962)
11. Création et manifestation, in: *Études Traditionelles* (Oktober 1937), später aufgenommen in: *Aperçus sur l'ésotérisme islamique et le taoïsme* (1973)
12. Taoisme et Confucianisme, in: *Le Voile d'Isis* (August/September 1932), später aufgenommen in: *Aperçus sur l'ésotérisme islamique et le taoïsme* (1973)
13. L'esoterisme islamique, in: *Cahiers du Sud* (1935, Sonderausgabe *L'Islam et l'Occident*), später aufgenommen in: *Aperçus sur l'ésotérisme islamique et le taoïsme* (1973)
14. Les arts et leur conception traditionelle, in: *Le Voile d'Isis* (April 1935), später aufgenommen in: *Mélanges* (1976)
15. Significato del "folk-lore", in: *Diorama Filosofico* (16.03.1934), später aufgenommen in: *Precisazioni necessarie. I saggi di Diorama* (1988)